浙大法律评论

二〇二四年 第一辑 总第十辑

ZHEJIANG UNIVERSITY LAW REVIEW

霍海红 — 主编

当代中国出版社
Contemporary China Publishing House

图书在版编目（CIP）数据

浙大法律评论.2024年.第1辑:总第10辑/霍海红主编.-- 北京:当代中国出版社,2024.7.-- ISBN 978-7-5154-1429-4

Ⅰ.D90-53

中国国家版本馆CIP数据核字第20244G03A5号

出版人	王　茵
责任编辑	邓颖君　李　昭
责任校对	贾云华　康　莹
印刷监制	刘艳平
封面设计	宋　涛　鲁　娟
出版发行	当代中国出版社
地　　址	北京市地安门西大街旌勇里8号
网　　址	http://www.ddzg.net
邮政编码	100009
编辑部	（010）66572156
市场部	（010）66572281　66572157
印　　刷	中国电影出版社印刷厂
开　　本	710毫米×1000毫米　1/16
印　　张	18.25印张　1插页　304千字
版　　次	2024年7月第1版
印　　次	2024年7月第1次印刷
定　　价	78.00元

版权所有，翻版必究；如有印装质量问题，请拨打（010）66572159联系出版部调换。

编辑委员会

编委会

（以姓氏拼音为序）

［德］埃里克·希尔根多夫（Eric Hilgendorf） 何勤华 侯欣一
胡建淼 胡 铭 霍存福 霍海红 林来梵 刘思达 彭诚信
［日］山本和彦 苏亦工 ［法］夏竹立（Julien Chaisse） 姚建宗
张卫平 郑成良 ［韩］郑永焕 周江洪

主　　编 霍海红

教师编辑

（以姓氏拼音为序）

冯　洋（宪法）　　　李　辉（民诉法）　　　李世阳（刑法）
牟绿叶（刑诉法）　　彭　巍（法律史）　　　钱　旭（国际法）
徐万龙（交叉法）　　王凌皞（法理）　　　　魏立舟（知产法）
吴佩乘（经济法）　　查云飞（行政法）　　　章　程（民法）
周　淳（商法）

学生编辑

（以姓氏拼音为序）

柴雨润　马　歌　王　睿

执行编辑　马　歌

目　　录

特　稿

法吏薛瑄与其《大理箴》的"听明、断平"主旨 / 霍存福、杨秋生 / 003

专题　民事在线诉讼

德国民事诉讼中的电子文档和电子签名 / [德]彼得·哥特瓦尔德著，
　　曹志勋译 / 055

迈向在线诉讼时代的法国民事诉讼改革 / [法]纳塔莉·斐塞罗著，
　　巢志雄译 / 068

美国的ODR及其创新 / [美]艾米·施密茨、珍妮特·马丁内斯著，
　　张兴美编译 / 082

民事诉讼的信息化
　　——2022年《民事诉讼法》修订的体系性解读 / [日]山本和彦著，
　　史明洲译 / 135

民事电子诉讼的成果与展望
　　——以规范性为中心 / [韩]全然在著，朴顺善译 / 162

教　学

"民法总论"课程的三重维度
　　——一份初步的教学总结 / 姚明斌 / 199

探寻理想的中国法课程体系 / 茅少伟 / 212

兼总条贯　知至知终
　　——教税法的一些体会 / 钟瑞庆 / 227

读　书

法律的权威与解释
　　——拉兹《在权威与解释之间》的解读与阐释 / 朱　振 / 245

论颜元 / 屠　凯 / 270

特　稿

法吏薛瑄与其《大理箴》的"听明、断平"主旨

霍存福 杨秋生*

内容提要：薛瑄是明代大儒，河东学派创始人，同时也是法吏，仕宦生涯一直做监察御史、按察司佥事、大理寺少卿等官。他既是合格的风宪官、黜贪官墨吏、罢病痞生员，又是合格的慎刑官，职司大理，公直驳案，刚勇辩冤。他撰《御史箴解》，推崇"清、平、刚、直"四德；撰《从政名言》，提炼"公、慈、明、刚"四要；撰《大理箴》，阐发鉴"明"、衡"平"，又讲到"听狱明、慎，用刑平、恤"，在唐五代"听明、断平"的理念中，分别加入慎、恤，观念虽旧，提法却新。薛瑄是其治狱箴言的忠实践行者。因此，他的法吏形象甚至超过其学者形象。他是儒者型的法吏。

关键词：明代　法吏　薛瑄　大理箴　听讼明　断狱平

引　子

14年前，笔者曾发表《"断狱平"或"持法平"：中国古代司法的价值标准——"听讼明"、"断狱平"系列研究之一》，[1] 就刘昫《旧唐书·徐有功传》对

---

* 霍存福，沈阳师范大学特聘教授；杨秋生，辽宁工程技术大学公共管理与法学院教授。本文系国家社科基金重点项目"古代法官箴言及其传承与创新研究"（项目批准号：19AFX003）阶段性成果。

[1] 霍存福：《"断狱平"或"持法平"：中国古代司法的价值标准——"听讼明"、"断狱平"系列研究之一》，载《华东政法大学学报》2010年第5期，第3—12页。

（明）薛瑄：《薛瑄全集》（全三册），孙玄常等点校，三晋出版社2015年版

传主"听讼惟明，持法惟平"❶之"赞"语，探讨过其所表达的"听（审）明""断（判）平"的司法标准、司法价值、司法理念问题，并将其与唐代《考课令》"推鞫得情，处断平允，为法官之最"❷相对照比较，提出"得情"为"明"、"平允"为"平"，从而提出结论：五代史家不过是以唐代法令规定的标准评价法官徐有功；其所用语词、所持观念，来历清楚，绝非史家凭空造作。

自此以后，我一直以"处断平"或"持法平"为中国古代未曾动摇过的司法标准、价值甚至理念之一。但读明儒薛瑄"治狱四要"，则一度出现过迷惑。薛瑄曰："治狱有四要：公、慈、明、刚。公则不偏，慈则不刻，明则能照，刚则能断。"❸这一治狱理讼箴言的四点要诀，讲了"明"，却没有提到"平"；虽然

---

❶ 《旧唐书·徐有功传》赞。

❷ 《唐六典》卷二考功郎中员外郎条。《旧唐书·职官志二》《新唐书·百官志一》同。据《金史·百官志一》记载，金朝沿用唐制，也以"议狱得情，处断公平，为法官之最"。

❸ （明）薛瑄：《读书录》卷四，载山西文化编纂委员会编：《薛瑄全集》（第2册），孙玄常等点校，三晋出版社2015年版，第753页。又见《薛文清公从政名言》卷二，载《薛瑄全集》（第3册），第1070页（下引该书仅列诗文名、卷数、册数、页码）。

有"公",但"公"似乎不能涵盖"平"。难道自西汉以来倡导的"断狱平",至明朝已不复讲?但这又与我以往掌握的史料及印象相悖,比如:明朝端复初,洪武初任刑部尚书,"用法平";❶明孝宗时,"前后所任司寇(即刑部尚书)何乔新、彭韶、白昂、闵珪,皆持法平者"。❷明朝论法官,一直是崇尚"用法平""持法平"的。

问题出在哪里?按四库馆臣的说法,薛瑄的"治狱四要","作于奉使沅州时也",❸也即其仕宦生涯的早期,在出任广东道监察御史时提出的。这是他的初官,第一任监察御史。依此,"治狱四要"是初涉法务的新人对治狱的感受:它指出了法官的这四种操守对治狱是重要的,而未必是欲提出治狱的全面的标准、价值或理念。甚至这里的治狱,估计也仅限于他正在做的御史职业范围,不一定包含刑部官、大理寺官。而进一步的阅读表明,薛瑄确实也是以"听明""断平"作为其司法理念的基本崇尚的:他撰《退思亭记》云"听狱思所以明慎,用刑思所以平恤",直言"听狱明""用刑平";他所撰一些《表》《序》论人物,屡屡言及"狱事明、允"❹"用法平而恕"❺"议法平恕"❻,也涉及"明""平";他撰《大理箴》,更对"听明""断平"进行了全面而形象的比喻和论证,将"克明、克允"之责,分别寄托于"镜鉴"与"衡秤"——因为历来所谓"鉴灼隐伏""衡持重轻",鉴、衡一直是"明""平"的象征物。

一、薛瑄其人其事:法吏形象甚至超过学者形象

人人皆知薛瑄为学者、大儒、理学大家,他开创了"河东之学",其北方朱学,与南方阳明之学,为有明两大学脉;却很少有人措意薛瑄的任官,清一色的

---

❶ 《明史·端复初传》。
❷ 《明史·刑法志二》。
❸ 《四库全书总目》卷九十五《子部五·儒家类存目一·从政名言》:"案瑄《年谱》,宣德元年四月,服阕至都,上章愿就教职。宣宗特擢为御史,寻差监沅州银场。此书第二条称'吾居察院',第四条称'余始自京师来湖南',则作于奉使沅州时也。其言皆切实通达。然精要已见《读书录》中,此其绪余矣。"
❹ 《文清公薛先生文集》卷二十三《墓表·故嘉议大夫陕西按察使何公墓表》,载《薛瑄全集》(第2册),第617页。
❺ 《文清公薛先生文集》卷十六《序·送邓大参赴任序》,载《薛瑄全集》(第2册),第507页。
❻ 《文清公薛先生文集》卷十五《序·赠万太守秩满序》,载《薛瑄全集》(第2册),第494页。

是监察御史、按察司佥事、大理寺少卿，同时也是个标准的法吏。当然，薛瑄做法吏，并没有影响他以学问为志业。❶

（一）薛瑄任官履历

薛瑄（1389—1464），字德温，号敬轩，明山西河津县（今运城市万荣县）人。著名思想家、理学家、文学家，河东学派的创始人。成祖永乐十九年（1421）进士，后居祖父、祖母、父丧，至宣宗宣德三年（1428）始入仕，授广东道监察御史，❷出外监湖广银场；❸居继母丧，宣德十年（1435），复除云南道监察御史。英宗正统元年（1436），升按察司佥事，提调山东学政。六年（1441）授大理寺右少卿，转大理左少卿，因不拜见宦官王振，与振交恶，作《大理箴》以自警；❹因辩贺氏被诬魇魅夫死案持正，下狱，被销职归家。正统十四年（1449）八月二十五日，奉召乘传诣京。土木之变，英宗被俘，九月初六，郕王朱祁钰（景帝，代宗）即位。十月初七，命薛瑄为大理寺右寺丞。景泰元年（1450）奉敕至四川、云南督饷。二年（1451）复任大理寺右丞，十二月诏升南京大理寺卿；四年（1453）八月，召至京，调为北京大理寺卿。天顺元年（1457），石亨、徐有贞、曹吉祥等发动夺门政变，英宗复辟。正月十九日，升为礼部右侍郎兼翰林院学士，入阁预机务。五月升左侍郎，仍兼学士。因不满石亨、曹吉祥乱政并于谦被害，六月初十，以老疾乞致仕，许之。家居八年，以教授生徒为业。死，谥文清。著有《读书录》11卷、《读书续录》12卷、《理学粹言》1卷、《从政名言》3

---

❶《明史·儒林一·薛瑄传》："宣德中服除，擢授御史。三杨当国，欲见之，谢不往。出监湖广银场，日探性理诸书，学益进。"

❷《明宣宗实录》卷四十一宣德三年四月庚辰（二十八日）条：因"御史多缺"，"擢推官王豫、知县李灏……进士薛瑄……监生张鹏"等25人"俱为监察御史"。薛瑄与另一进士张善，属广东道，与其他9道御史，皆隶行在都察院；另外6道御史，隶南京都察院。见台北"中央"研究院历史语言研究所校印本，1962年版，第1020—1021页。监察御史隶属行在（后北京）、南京，是因其"出按复命，都御史覆劾其称职、不称职以闻"，南北都察院分别进行。又，《明史·职官志二》："十三道监察御史一百十人，正七品，浙江、江西、河南、山东各十人，福建、广东、广西、四川、贵州各七人，陕西、湖广、山西各八人，云南十一人。"

❸沅州银场在湖广布政使司辖区。薛瑄此次任命，当由广东道监察御史改为湖广道监察御史。

❹《薛文清公行实录》卷一《李贤〈薛文清公神道碑〉》云："未几，用杨文贞公荐，召为大理寺右少卿。明日，转为左少卿。公作《大理寺箴》以自警。时中官王振权倾一时，欲邀公拜其门，公正色曰：'安有受爵公朝，拜官私门邪？'已而遇诸途，众行跪礼，公独不屈，振由是不悦。"载《薛瑄全集》（第3册），第1127—1128页。

卷、《文章》1 卷、《策问》1 卷、《河汾诗集》8 卷、《薛文清公文集》24 卷等。

薛瑄任官履历及事迹，详见表1。

表1　薛瑄任官履历及事迹一览 *

起讫	历时	官职	具体任务、事迹
宣宗宣德三年（1428.4.28）—宣德七年（1432.8）**	4年	广东道监察御史	1. 宣德三年四月二十八日（庚辰），进士薛瑄等俱为监察御史。薛瑄、张善，广东道。 2. 监湖广银场，至则黜贪墨，正风俗。 3. 其间，作《御史箴集解》。 4. 后丁继母忧，辞官
宣德十年（1435.8.22）	近1年	云南道监察御史	似未巡按
英宗正统元年（1436.4.28）—正统六年（1441.9.17）	5年多	山东提学佥事（山东按察司佥事）	1. 正统元年十二月三日（甲子）山东提调学校佥事薛瑄奏：廪膳增广生员久病者，宜黜退为民。从之。 2. 四年二月二十五日（甲戌）薛瑄奏：乞将山东赎罪银数，照时值斟酌轻重，使之送纳。上命户部、三法司会议以闻。 3. 四年闰二月七日（乙酉）薛瑄言儒学生员屡犯刑宪，宜废纳米赎罪例。上命行在刑部议。 4. 四年八月二十一日（丙申）林芊言：薛瑄罢黜疾病生员，追偿廪米太过。上命行在礼部除其令。 5. 五年七月二十日（庚申）因薛瑄奏，释放山东按察司捕囚官副使韩玺。 6. 六年九月十七日（庚戌）薛瑄奉召至京
正统六年（1441.9.20）—正统八年（1443.6.21）	近2年	大理寺右少卿，转左少卿	1. 正统七年三月十三日（甲戌）大理寺左少卿薛瑄为贡士殿试读卷官。 2. 其间，作《大理箴》以自警。 3. 未及五阅月，辩白锦衣卫已成案大狱十余起。 4. 八年六月二十一日（甲辰），下大理寺左少卿薛瑄等于狱，坐驳死罪囚不实被劾也。 5. 七月二日（乙卯）坐大理寺左少卿薛瑄死罪。 6. 九月二十四日（乙亥），大理寺左少卿薛瑄坐罪，当秋后处斩，二次覆奏如律。瑄子淳等三人诉，愿以一人代死、二人充军赎父罪。不允。及三覆奏，上命锦衣卫监禁之
正统八年（1443.9）—正统十四年（1449.8）	6年	放归田里	设教河汾

续表

起讫	历时	官职	具体任务、事迹
正统十四年（1449.10.7）—代宗景泰元年—二年（1450—1451）	2年	大理寺右寺丞	1. 正统十四年八月二十五日（壬申），召前大理寺少卿薛瑄乘传诣京。 2. 十月七日（甲寅）薛瑄为大理寺右寺丞。 3. 十月十六日（癸亥）命薛瑄分守正阳等九门（也先入侵，分守北门）。 4. 十月二十日（丁卯）薛瑄奏宜择各王最贤者三二人召来参预大议，匡辅圣明。帝曰不必召。 5. 十月二十二日（己巳）命薛瑄往四川、云南督运军饷于贵州。 6. 代宗景泰元年二月二十二日（丁酉），命薛瑄于贵州出榜劝谕舍余商民出银米助军储旌表、给冠带。 7. 二年二月十六日（乙酉）薛瑄以老疾乞致仕，从之。 8. 七月二十八日（甲子）江渊言薛瑄告老致仕，年甫六十三，精力未衰，不宜舍而不用。诏瑄既未衰，仍令视事
景泰二年（1451.12.7）—景泰四年（1453.8）	1年半	南京大理寺卿	1. 景泰二年十二月七日（辛未）升大理寺右寺丞薛瑄为南京大理寺卿。 2. 三年十一月二十日（戊寅），巡按直隶监察御史刘孜言：南京大理寺卿薛瑄学有源委，实君子之儒，乞召回京供馆阁之职。诏曰：素未简在，遽难任用。姑已之。 3. 三年十二月二十七日（乙卯）薛瑄奏：南京细民斫造薪炭、竹帚抽分例，不宜科以舶商匿番货罪，宜论以匿税律，诏从之。 4. 其间，办富豪杀人案，辨周氏冤狱等。 5. 刑部尚书杨宁、大理少卿廖庄，见薛瑄行事，叹曰："先生当于古人中求之！"
景泰四年（1453.8.24）—英宗天顺元年（1457）	3年半	北京大理寺卿	1. 景泰四年八月二十四日（戊申）召南京大理寺卿薛瑄至京，调为大理寺卿。 2. 五年二月七日（戊子）薛瑄言：今法司发拟罪因，多加参语奏请，变乱律意，刑罚失中。请敕自今一依祖宗律令，不许妄加参语，从之。 3. 二月二十八日（己酉），以薛瑄为读卷官。 4. 四月七日（戊子），薛瑄奏今年取中进士，除授外，余乞放回读书，俟有员缺，以次取用。 5. 六年五月十五日（己未），薛瑄乞致仕，不允。 6. 其间，辩冤草场火患案，辩冤苏州饥民掠粟纵火案

续表

起讫	历时	官职	具体任务、事迹
天顺元年（1457.1.3—6.10）	5月	升礼部右侍郎兼翰林院学士，入内阁参预机务；后升左侍郎，仍兼学士	1. 天顺元年正月三日（甲申）因左都御史杨善荐，升大理寺卿薛瑄为礼部右侍郎兼翰林院学士，于内阁参与机务。 2. 二月八日（壬寅）命薛瑄等为考试官。 3. 二月二十日（甲寅）薛瑄等言考得试卷三场合格、词理通畅者三百三十人，其余文理平顺、堪中副榜者甚众。上命正榜取三百人。 4. 五月二日（甲子），升礼部右侍郎兼翰林院学士薛瑄等俱为本部左侍郎仍兼学士。 5. 五月三十日（壬辰），学士薛瑄等言于上曰：乞敕增加紫荆、倒马及龙泉谷关官军，拱卫京畿。上命兵部摘神武、定州等卫官军分戍之。 6. 六月十日（壬寅），薛瑄以老疾乞致仕，许之
天顺元年（1457.6.10）—天顺八年（1464.6.15）	7年	居故里	1. 天顺二年六月二十五日（辛巳），薛瑄等初在内阁时写敕赐晋王，误称为兄，王以闻命，巡按御史鞫之，论瑄、彬当杖。上宥其罪。 2. 设教河汾，开馆授徒。 3. 八年六月十五日病卒

* 本表据《明宣宗实录》《明英宗实录（废帝郕戾王附录）》记事而作。兼参考钱国莲、薛冰：《薛瑄年谱》，浙江大学出版社2015年版。

** 《明宣宗实录》三年四月二十八日（庚辰）任命，七月到任；七年八月似在任。

薛瑄从宣德三年（1428）三月入京，继而入仕授职，至天顺元年（1457）六月致仕，其间，除丁继母忧近3年、被罢职居乡6年，实际居官共19年半，致仕后又居乡7年而逝世。薛瑄的形象，首先是个学者、教育家。贬官时、致仕后，两度居乡授徒，均系私学，分别为6年、7年，合计13年，他是弟子满天下的大儒。❶ 其次，薛瑄为官，几乎全部执掌法纪。御史台、大理寺、刑部所谓三法司，他在前两个官署都有不只一任的职务：两度出任监察御史，❷ 一度出任按察司金

---

❶ 赵北耀撰《薛瑄全集·前言》云：薛瑄55岁罢官归里，设教河汾，"秦楚吴越来学者以百数"；69岁致仕还乡，又设教河汾，开馆授徒，"四方从学者日众"，"至市馆不能容"，至76岁卒。一生直接从教近20年。载《薛瑄全集》（第1册），"前言"第5页。

❷ 薛瑄丁继母忧后，宣德十年（1435）复授云南道监察御史。但翌年即英宗正统元年（1436），春在北京，夏授山东提学金事，秋即至山东。故其云南道监察御史是否到任履职，颇成问题。很可能没赴任，就被从监察御史升为山东按察司金事了，故其云南事迹不见记载。

事，❶四度出任大理寺官，包括大理寺少卿、大理寺右丞、南京大理寺卿、北京大理寺卿，加起来达19年，仅在后期出任了5个月的礼部右侍郎兼翰林院学士，入内阁参预机务，因而他实际上又是一个很纯粹的法吏。在内心，薛瑄自认是教育家、学者："先生至都，上章愿就教职，以卒所学。会上思振风纪，擢御史。"❷其初心是教职（教官），却被皇帝提拔任用为法吏。再后来，他被任命为山东提学，别人"薄教职"，他却"欣然说：'此吾事也。'"❸不过，提举学政不是教职，只能说与教职相关，不应计入薛瑄的从教生涯。它不过是比监督银场、督运军饷更接近薛瑄的读书事业、更令薛瑄兴奋不已。明朝的教职，据《明史·职官志四》："儒学：府，教授一人，训导四人。州，学正一人，训导三人。县，教谕一人，训导二人。教授、学正、教谕，掌教诲所属生员，训导佐之。"❹薛瑄父亲薛贞，倒是一生皆任教职，先后担任北平真定府元氏县、河南荥阳县、北直隶玉田县、河南鄢陵县、河南河内县等诸县儒学教谕。而薛瑄的提学，正是提调这些人的，是教职或教官的管理者；同时，提学又是风宪官，保留有监察权及部分的司法权，❺划入法吏并不错。

（二）薛瑄的法吏事迹一：监察御史、按察司佥事

在明代，御史"司纠察"，大理寺"专审录"，❻皆为法司。薛瑄官历二司，

---

❶ 佥事（正五品）虽属按察司，但职任是提学。明初，以按察司官和巡按御史监督学政。《明英宗实录》卷十七：正统元年五月，各省"添设按察司官一员，南北直隶御史各一员，专一提调学校"。参见郭培贵：《试论明代提学制度的发展》，载《文献》1997年第4期，第63页。
❷ 杨鹤：《薛文清公年谱》，载《薛瑄全集》（第3册），第1184页。
❸ 同上书，第1188页。
❹ 薛瑄的父亲薛贞，先后任元氏、玉田、荥阳、鄢陵、河内等县儒学教谕，一生任教职40年。
❺ 据《明英宗实录》卷十七正统元年五月二十七日（壬辰）条，添设提学，专一提调学校，"合行事宜"共15条，依祖规、提学司法监察权之外，是管理三种人，可归纳为五类（按条文顺序排列）：一、学生管理：1.德行；2.读书；3.作文；7.黜退（充吏、为民）；8.补充（选考）；9.免役（二丁）；13.诈冒（诈冒乡贯应试）；15.卫所子弟读文、习武。二、教官管理：4.教官管理（考察德行、学问，分别礼待、诫励、黜罢、具奏逮问）。三、对府州县有司监督：6.有司参与（读书、会馔）；10.有司提调（师生教读，房舍修理）；14.提调有司贪淫（许巡按监察御史指实奏闻）。四、提学司法监察权：11.提学风宪监察（军民利病，官吏贪酷，事干奏请者，奏闻），12.提学受词（受理军民人等冤枉事状，下卫所府州县，及送按察司问）。五、5.依祖规。学校一切事务，并遵依洪武年间卧碑，不许故违。提学对全省学政监督、管理，是其主要执掌；另又握有全面监察权与有限司法权（只受词、不审讯）。
❻ （清）孙承泽撰：《春明梦余录》（下册）卷五十《大理寺·大理卿刘玉疏》，王剑英点校，北京出版社2018年版，第1072页。

法吏薛瑄与其《大理箴》的"听明、断平"主旨

最先任职于"主察纠内外百司之官邪"的十三道监察御史。❶

1. 广东道监察御史——监湖广银场

宣宗宣德三年（1428）三月，薛瑄至北京。四月，在内阁首辅杨士奇等举荐下，薛瑄被任命为广东道监察御史。时三杨（杨士奇、杨荣、杨溥）当国，令人邀薛瑄，欲一识面。薛瑄曰："某忝纠劾之任，无相识之理。"后觅于班行中，曰："先生见且不可得，况屈之乎！"❷不久，薛瑄出监湖广银场。七月，至沅州总司。

湖广银场即沅州银场，辖湘西10余县的20多处银场，有民夫50余万人。明阎禹锡《礼部左侍郎兼翰林学士薛先生行状》，谓薛瑄"至则黜贪墨，正风俗"；❸杨鹤汇编《薛文清公年谱》载："按先生在沅凡三年余，所至多惠政。首黜贪墨，正风俗，奏罢采金宿蠹，沅民大悦。"❹所记主要是以下两件事。

一是"奏罢采金"事。据乾隆《辰州府志》卷十六《物产考下》云："明御史薛瑄，念地虚受产金之名，民实受赔金之困，奏免之。曰：'水银不常产者，《广舆记》出沅陵、泸溪，未确也。'"《明史·食货志》曰："矿脉微细无所得，勒民偿之。而奸人假开采之名，乘传横索之财，陵轹州县。有司恤民者，罪以阻挠，逮问罢黜。时中官多暴横。富家巨族诬以盗矿，良田美宅则指以下有矿脉，率役围捕，辱及妇女。甚之断人手足投之江，其酷虐如此，民不聊生。山西巡抚魏允贞上言：嗜利小人，借开矿以肆饕餮。倘衅由中作，则矿夫冗役为祸尤烈。"这虽是就全国而言，沅陵当也如是。由此就可以明确所谓"采金宿蠹"为何人了。❺

二是"黜贪墨，正风俗"事。后半句源自巡按御史职责。《明史》卷七三《职官志二·都察院》："十三道监察御史，在外巡按，按临所至，……表扬善类，剪除豪蠹，以正风俗，振纲纪。"薛瑄确实在许多场合也说过类似的话，如"郡邑之中，有猾胥奸民干纪害政者，必挫抑而芟除之"。❻又说："巡历部属，必严必勤，蒐诘奸慝，遏抑豪暴，疏涤枉滞，洗濯善柔，凡可以去害泽物者，为之不厌。"❼

---

❶ 《明史》卷七十三《职官志二·都察院》。
❷ 杨鹤：《薛文清公年谱》，载《薛瑄全集》（第3册），第1184页。
❸ 《薛文清公行实录》卷一《阎禹锡〈礼部左侍郎兼翰林学士薛先生行状〉》，载《薛瑄全集》（第3册），第1122页。
❹ 杨鹤：《薛文清公年谱》，载《薛瑄全集》（第3册），第1186页。
❺ 参见杨金鑫：《薛瑄在湖南》，载《船山学刊》1992年第1期，第163页。
❻ 《文清公薛先生文集》卷十三《序·赠蒲州刘太守序》，载《薛瑄全集》（第1册），第454页。
❼ 《文清公薛先生文集》卷十五《序·赠金宪袁茂实考满序》，载《薛瑄全集》（第2册），第486—487页。

因之，薛瑄在沅州的巡行，主要是落实抑制猾吏奸民等豪暴、以正风俗的任务上了。在宝庆府，薛瑄作《答何永芳》三首，有云："独骑骢马经行遍，喜见民风处处清"，"持斧自天行郡邑，溪山随处好风清"，❶关注的是民风。至于"黜贪墨"的一面，下文将述及。

在沅州，薛瑄出巡，"往来洞庭、潇湘间郡邑"，❷其行政区涉及湖广布政司的湖南中西部的四府一州（辰州府、常德府、长沙府、宝庆府、靖州）；监察区涉及沅州（总司）、辰州（分司）等地。

表2 薛瑄在湖南历年出巡（及进京纳命）路线*

年份	薛瑄在湖南出巡路线	赴任路线
宣德三年（1428）	至北京（3月），授广东道监察御史（4月），出监湖广银场。发北京，至沅州（7月）。发沅州（8月）巡行：罗旧堡、黔阳（9月）、辰溪、常德府（10月）、龙阳、益阳、宁乡（11月）、长沙府、宝庆府（12月）、武冈、风门岭、靖州、黔阳（回沅州）	出京师（夏），元氏、邯郸、磁州（邢台）、荥阳、钧州（禹州）、襄城、叶县、舞阳、信阳、应山、云梦、汉口、武昌、嘉鱼（咸宁）、洞庭湖、岳阳、公安、沣州、常德、武陵、桃源（7月）、界亭、辰溪、沅州（今怀化市）
宣德四年（1429）	在沅州（1—3月）。发沅州（3月）巡行：黔阳（夏初）、辰阳（辰溪）（5月）、壶头、乔口、长沙府、沅州（6—7月）。发沅州（8月初），朝京师：武口驿、洞庭湖（8月）、武昌（8月）、彭泽小孤山、南京（9月）、仪真、洪泽湖、徐州、沛县、北京。发北京，往沅州：通州（10月初）、流河驿、荥阳（10月）、襄城（11月初）、昆阳、新野、邓城、樊城、襄阳（11月）、鹿门山、岳阳、洞庭湖（12月）、武陵、桃源（回沅州）	
宣德五年（1430）	在沅州（1—4月），入靖州（6月）。在沅州（8—9月），入溆浦（10月），武溪（卢溪）（11月），在辰州（分司）（12月）	
宣德六年（1431）	在辰州（春），入沅州（1—4月）。泛黔阳江、辰州（夏），归沅州（秋）。泛黔江（11月），在辰州（腊月）	
宣德七年（1432）	在辰州（春），泛黔江（5月）。在沅州（7月），闻继母卒（8月），北归荥阳（9月）。又北上赴京纳命	

* 本表据李安纲：《薛瑄行踪考》（《运城高专学报》1994年第3期），钱国莲、薛冰：《薛瑄年谱》（浙江大学出版社2015年版）等所考定的薛瑄行踪而作。

---

❶ 《文清公薛先生文集》卷八《律诗·答何永芳（三首）》，载《薛瑄全集》（第1册），第319页。
❷ 杨鹤：《薛文清公年谱》，载《薛瑄全集》（第3册），第1187页。

薛瑄有时驻节沅州，有时驻节辰州，二地在行政上属辰州府。其地理位置分布及薛瑄巡历顺次，见图1（以数字及英文显示来往之先后）。

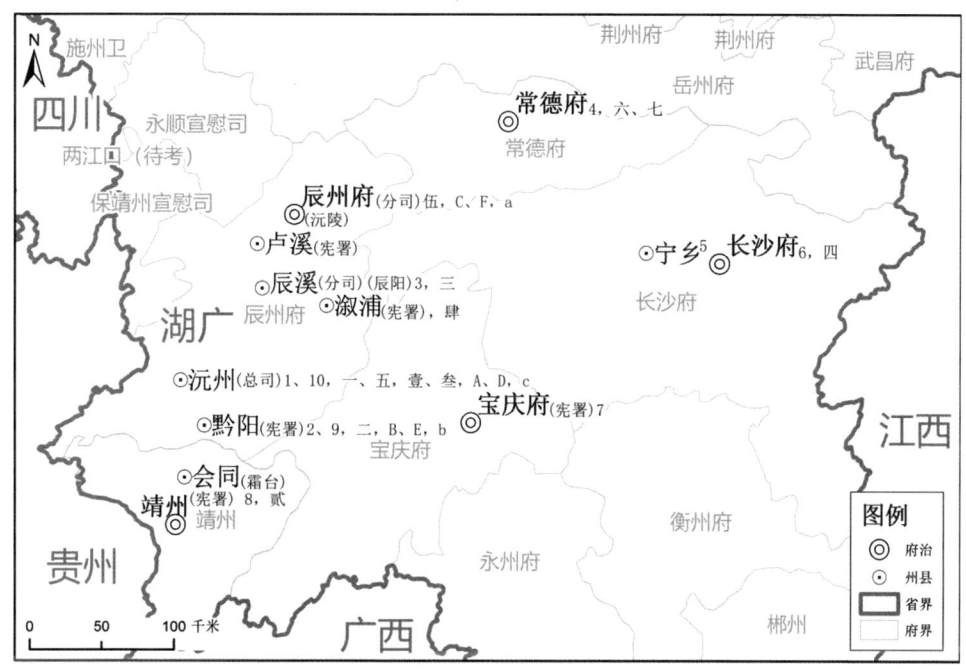

图1　四府一州位置及薛瑄巡历顺次示意图❶

薛瑄巡历所停留的诸城（府、州、县），史载及其诗文所涉及者，首先是其湖广银场监察驻地的沅州总司（称乌府、霜台、宪府、柏台、乌台、宪台）、分司（辰州、辰溪）及其他设有驻地、也称为宪署、宪府、宪台、柏府或乌府的城镇［如靖州、黔阳（霜台、柏台、行院）、溆浦、卢溪（驻节、霜台、乌台）、宝庆府（霜台）］。其往来京师所停留者，或为他府监察的分司［如钧州、武昌、桃源（柏台、行台、分司）］，或有驻节地之城［如舞阳（宪台）、襄城（宪府）、襄阳（宪台、乌台、柏台）］，其余称"柏府""乌府"者（《溆浦杂咏》）不论。当然，北京都察院也称宪台、柏台、柏府、乌台。

出巡期间，薛瑄作诗明志，间接反映其职责履行情况。宣德三年（1428）七

---

❶ 图中，阿拉伯数字123、汉字简体一二三、汉字繁体壹贰叁、英文大写字母ABC、英文小写字母abc等，分别代表宣德三年、四年、五年、六年、七年巡历所经四府一州、沅州总司和其他重要地点。该图请南开大学法学院冯学伟副教授绘制，其底图为谭其骧编：《中国历史地图集·明》"湖广"西南部。

月,初到沅州驻节地,薛瑄作诗云:"永日已应无两造,清宵时复望三台。"❶ 讲他对沅州宪署无讼无狱的期待。九月,巡行黔阳,薛瑄作诗云:"清昼柏台无讼牒,旋吟佳句旋焚香。"❷ 按《明史》卷七三《职官志二》:御史"按临所至,必先审录罪囚,吊刷案卷,有故出入者理辩之",则审核部内刑狱,录囚徒、刷案卷,监督是否存在故意出入人罪的情况,以纠正之,是其重要职责。此地既无讼牒,又无人喊冤,故他能悠闲地赋诗焚香。宣德四年(1429),薛瑄诗云:"驻节沅州整一年,……久知按部无膏泽,自愧居官费俸钱。"❸ 反映他虽自甘清贫做御史,但有时又自愧贡献不大、无以报效国家的心情。

宣德五年(1430),薛瑄在辰州分司,将吏们以捕虎来贺,他却说:老虎"彼皮毛之班炳,爪牙之铦利,炰然乎山林,抟噬民物以自肥者,人皆知其为暴而可杀,如前所云者是也。"其实,害人者还有一类是人,"抑又孰知于此有不皮毛、不爪牙、不山林,号为灵物,而剥人之脂膏以自养者,暴不下彼而可恶也哉"?这类人"以饕餮之资,挟弇张之势,或柄一隅,或统一军,或任一邑,无问癃残窭富,悉被其朝吞夕噬之苦,是又孰得避之哉"?因而,除虎害是"总戎"的任务,除人患是我的职任。一者,"除恶安民,亦绣衣公之志也",是我的志业;二者,按劾他们,"此则予职也",是我的职责。为此,薛瑄表示:"国家宪纪,素以完具",他自己"方图所以少施其方略,以覃惠泽于远迩",❹ 准备振作本职、肃清官常,也就是前述的"黜贪墨"了。

按"柄一隅",指主持一地某项事务,如盐、茶、漕、关等,类别众多;"统一军",指卫、所的军官;"任一邑",即知府、知州、知县,皆为掌握经济、军事、行政实权,从而可以祸民、也可以利民者。按《明史》卷七三《职官志二》:监察御史"在外巡按","而巡按则代天子巡狩,所按藩服大臣、府州县官诸考察,举劾尤专,大事奏裁,小事立断",从地方大员至中下层官员,皆有权举劾。薛瑄这里针对的主要是中下层官员。

在辰州分司,有人将院内一小亭命名为"退思亭","盖取孔子之言,以为我

---

❶《文清公薛先生文集》卷八《律诗·沅州简刘主事》,载《薛瑄全集》(第1册),第314页。
❷《文清公薛先生文集》卷八《律诗·黔阳》,载《薛瑄全集》(第1册),第316页。
❸《文清公薛先生文集》卷八《律诗·发沅州舟中寄陈侍御(二首)》,载《薛瑄全集》(第1册),第324页。
❹《文清公薛先生文集》卷十一《杂著·捕虎答》,载《薛瑄全集》(第1册),第414—415页。

宪职勉也"，薛瑄为作《退思亭记》，就势发挥道："盖必理有未明，思以明之；心有未正，思以正之。贿源思所以防遏，积蠹思所以刮磨，听狱思所以明慎，用刑思所以平恤。善人在下，思以陟之；贪暴鸱张，思以击之；忠诚思所以效竭，惠泽思所以宣布，是皆思之所当急而不可缓焉者也。"其"防遏贿源""刮磨积蠹""听狱明慎""用刑平恤""陟善人""击贪暴""效竭忠诚""宣布惠泽"，❶大抵御史的职责，都列举到了。他作《送宪副王士悦之任序》，劝这位即将任浙江按察司副使王士悦，当"益端其心，益洁其行，益平其法"。❷可见他所明确表达的，仍是"听讼明""用法平"也即唐五代以来"听明、断平"的司法理念、司法价值和标准；"端其心"的正心、"洁其行"的廉洁，是"平其法"的心理前提和操行基础。

在4年御史职任期间，薛瑄所作的与职务相关的作品，除了上述诗文外，其最重要的创作当是《御史箴解》（也称《御史箴集解》）。据载："宣宗宣德四年，先生四十一岁，在沅州。是春作《御史箴集解》成，并序以自警。"❸薛瑄认定该《御史箴》是张养浩的作品，其《〈御史箴解〉序》云："《御史箴》者，张文忠公所作也。公为御史时，尝著《风宪忠告》，以明风纪之要；又作是《箴》，并以致戒焉。大意谓：御史之职，关系甚重；任是职者，当思其重，而为所当为，戒所当戒。其言简，其理备，其词直，其义切，诚宪臣之药石也。公既没，而其箴盛行于世。今内自台署，外及臬司以至宪臣之家，靡不列之于屏、于几，以比韦弦之诚。《传》曰：'仁人之言，其利博哉！'信矣。余以菲才，备员风纪，恒诵是《箴》以自勉；暇日复述前闻，以释其义。虽于文忠公作《箴》之意，未能尽得其蕴，然读是《箴》者，诚能因是训诂，以玩其词、求其意，体诸身心而自省，则当为、当戒者，固已不昧所从事。又能历览《忠告》之全书而有得焉，则于风纪之职业，为可举矣。宣德四年岁次己酉正月望日。"❹这是薛瑄任职监察御史的第二年春天，在薛瑄到任6个月之后。

---

❶ 《文清公薛先生文集》卷十八《记·退思亭记》，载《薛瑄全集》（第2册），第543页。
❷ 《文清公薛先生文集》卷十四《序·送宪副王士悦之任序》，载《薛瑄全集》（第1册），第461页。
❸ 杨鹤：《薛文清公年谱》，载《薛瑄全集》（第3册），第1185页。
❹ （元）张养浩：《风宪忠告》、（明）薛瑄：《御史箴解》合刻本，北京图书馆藏。感谢北方工业大学法律系章燕博士为我查阅该书，并录文给我。参见《文清公薛先生文集》卷十三《序·御史箴解序》，载《薛瑄全集》（第1册），第446页。与前者文字略有差异。

《御史箴》所强调的"当为""当戒",薛瑄在前述《退思亭记》中大抵都谈到了。虽然薛瑄错认了该箴作者为元代张养浩,而其实它的实际作者是金代赵秉文,但薛瑄讲到该箴在明代都察院、按察司及宪臣之家,或书于屏风、或置于几案,都有陈列,则是值得注意的现象。这表明《御史箴》在行业内的影响,还是比较大的。薛瑄推崇它,也是当时风潮或风习中事。本来,整个御史任期,薛瑄"日夕精研理学,……或思有所得,即起燃灯记之……,遂积为《读书录》"十一卷。❶ 他是学者,阐明学问是他的天职。然而,他也作了《御史箴集解》。后者完全是他的职业所需,是典型的职务作品。

出任御史之职,薛瑄自然有许多御史朋友。他为同年赵宽作《侍御赵君墓志铭》,称其"读书为良子弟,登科为名进士,列官为才御史"。❷ 才名、才情都用于御史振职上,是他的崇尚,也是他的抱负。

此外,薛瑄还注重兴办教育。监沅州银场时,他"修治沅陵县学,进诸生讲说道义,一时争为兴起"。❸ 盖御史也有"勉励学校"❹之责也。

2．山东按察司佥事——提调学政

(1) 提调学政的由来与薛瑄相关事迹

阎禹锡云:英宗"正统元年,有言学政不举者,由提督不得其人,诏遴选硕儒。吏部尚书郭进首荐先生学行履历之详,升佥事,提调山东学政"。❺《明史》卷二八二《儒林一·薛瑄传》也曰:薛瑄"正统初还朝,尚书郭琎举为山东提学佥事。"可见,各省提学的设置,是朝廷欲整顿学政的结果。《明会典》卷七十八:"正统元年奏准:各处添设按察司副使或佥事一员,南、北直隶监察御史各一员,请敕专一提督学校。"❻《明史·选举志一》略同。薛瑄正是因此而由都察院的内台官(监察御史)升为外台官。按,监察御史七品,按察司佥事正五品。薛瑄是首

---

❶ 杨鹤:《薛文清公年谱》,载《薛瑄全集》(第 3 册),第 1186—1187 页。
❷ 《文清公薛先生文集》卷二十二《墓志铭·侍御赵君墓志铭》,载《薛瑄全集》(第 2 册),第 605 页。
❸ (清)守忠等修,许光曙等纂:同治《沅陵县志》卷二十九,光绪二十八年(1902)重印本。
❹ 《明史》卷七三《职官志二》。
❺ 《薛文清公行实录》卷一《阎禹锡〈礼部左侍郎兼翰林院学士薛先生行状〉》,载《薛瑄全集》(第 3 册),第 1122 页。
❻ (明)申时行、赵用贤等纂修:《大明会典》卷七十八《礼部三十六·学校·儒学·风宪官提督》,万历十五年(1587)刻本。

批被从监察御史升用的按察司佥事(提学)。❶

提调学政的政策与制度背景既然如是,那么,山东按察司佥事、或山东提学(提调学政)一职,就只能计入法吏,不能两算为法吏与教职兼有。就工作内容而言,是提督学政,管学校、管教官、管学生,监督地方对教育的投入;就隶属关系言,是按察司官,是外台,即使薛瑄有时"亲为诸生讲解",但5年的外台提学,所管虽系官学,他仍属风宪官。尽管有时薛瑄谦称其为"咨询职"。

薛瑄在山东提学事迹,阎禹锡《薛先生行状》云:薛瑄"首以朱子《白鹿洞规》开示学者,俾先致知而后力行,居敬以穷理,由经以求道。按临所至,必先询其力行,而后及于文艺。亲为诸生讲解,恳恳告以为人为己之学。诲人必随其才器成就之,或以行步,或以字画,或以讲诵,或以诗赋,各因其所长取之,不求全而责备。数者皆无,然后不得已,必使以儒冠拜祖宗而后去之。诸生感慕不已。至今谈及,辄皆下泣。无老少贤愚,皆以道学薛夫子目之"。❷《明史·儒林一·薛瑄传》亦曰:薛瑄"首揭《白鹿洞学规》,开示学者。延见诸生,亲为讲授。才者乐其宽,而不才者惮其严,皆呼为薛夫子"。❸这当是对薛瑄理学及教育思想的比较精炼的概括。如"居敬穷理",是其弟子阎禹锡学成归家前,薛瑄告诫他的"为学之要"。❹薛瑄将之先广泛使用于提学任内。

(2)提学的按临职责与薛瑄在山东的巡历

薛瑄深知其提学按临的职责所在。

正统元年(1436)六月,薛瑄出京赴山东,作诗《祗命山东》云:"手捧天书出禁中,又乘骢马按山东。……小臣谬忝咨询职,愿得英贤佐九重。"❺按,骢马,青白色相杂的马。"乘骢马"是用汉代典故,❻后世以"骢马使"指御史。薛瑄说,他乘骢马"按"山东的目的,是为皇帝作育人才。

---

❶ 黄明光、徐书业:《明代省级教育行政官员——"提学"研究》,载《广西教育学院学报》1998年第2期,第16—17页。

❷ 《薛文清公行实录》卷一《阎禹锡〈礼部左侍郎兼翰林学士薛先生行状〉》,载《薛瑄全集》(第3册),第1122—1123页。

❸ 《明史·儒林一·薛瑄传》。

❹ 同上。

❺ 《文清公薛先生文集》卷九《律诗·祗命山东》,载《薛瑄全集》(第1册),第344页。

❻ 《后汉书·桓典传》:"(桓典)辟司徒袁隗府,举高第,拜侍御史。是时宦官秉权,(桓)典执政无所回避。常乘骢马,京师畏惮,为之语曰:'行行且止,避骢马御史。'……在御史七年不调,后出为郎。"

薛瑄还作诗《发通津驿（三首）》，其二云："新捧天书带紫泥，又承恩旨按三齐。"其三云："五色天书出禁中，儒臣将命按山东。沧波南下通洙泗，鱼跃鸢飞总帝功。"❶"按三齐""按山东"都是"按临"。第三首更以"儒臣"自许，点清了他将在诞生了孔子及儒学的地方，执掌教育督察大权，以成就帝王作育之功。

薛瑄按临山东，6年之中，4年有巡历；从地区看，也只走了济南府、青州府、莱州府、登州府、东昌府、兖州府6府中的兖州府、登州府、东昌府3个府县，而不是遍历全省。看来他是有选择的。

表3　薛瑄提学山东按临路线

时间	薛瑄在山东出巡路线
英宗正统元年（1436）秋	至济南，未巡历
正统二年（1437）正月—九月	嘉祥（分司。兖州府境）；灵岩寺（济南府境）
正统三年（1438）二月	发黄县，历冈坂，下登州（登州府境）；至东平（行台。兖州府境）
正统四年（1439）十一月	发博平，至清平（东昌府境）
正统五年（1440）	未巡历
正统六年（1441）春—九月	在曲阜（兖州府境。拜谒孔子，并拜谒衍圣公孔彦缙❷）；夏，离山东，赴京师

英宗正统元年（1436）夏，薛瑄授山东提学佥事。秋，至山东。其年未巡历。可能其任务是熟悉环境、熟悉工作。

正统二年（1437）正月，薛瑄作《嘉祥分司正统二年元宵》云："行台北面是苍山，古柏风生分外寒。又值元宵春一度，漫烧红烛伴清欢。"❸按，嘉祥，属兖州府，今山东省济宁市嘉祥县。嘉祥既然是分司，主官莅临，自然不过。这是薛瑄的首次按临。赶在赴任第二年的正月来这里，正可见薛瑄的积极状态。薛瑄在嘉祥盘桓时间不详，但工作内容不外前述"按临所至，必先询其力行，而

---

❶ 《文清公薛先生文集》卷五《绝句·发通津驿（三首）》，载《薛瑄全集》（第1册），第188页。

❷ 孔子第58代孙孔彦缙，字朝绅，明永乐八年（1410）袭衍圣公，孔公鉴子。正统六年（1441）卒，年五十五。明焦竑编：《国朝献征录》卷六，言其为第59代，万历四十四年刻本。

❸ 《文清公薛先生文集》卷十五《绝句·嘉祥分司元宵》，载《薛瑄全集》（第1册），第190页。

后及于文艺。亲为诸生讲解",等等。九月七日,薛瑄作《游灵岩寺》:"谁谓无生真可学?山中亦自有年华!"❶按,灵岩寺,位于济南府西南泰山北麓,始建于东晋。无论是返途一游,还是专门游览,都表明薛瑄已折返济南府总司途中。

正统三年(1438),薛瑄作诗《登州行》:"骢马晓辞莱子国,北上高岗俯辽碣。"莱子国始建于西周初期,灭亡于齐灵公十五年(公元前567年),其都城位于今龙口市黄城东南。《河汾诗集·登州行》序云:"正统四年春,余按海右,二月廿一日早,发黄县,历冈坂,下登州,遂作《登州行》以纪岁月日云。"❷按,山东古代有"海右"雅称。古时正向为南,大海在左,陆地在右,故称海右。黄县,今烟台龙口市;登州府,府治蓬莱县,今烟台蓬莱市。薛瑄巡行的第二站,是东海边陲的登州府。夏六月,"如东平(行台)",再入兖州府境。

正统四年(1439)三月,薛瑄在青州;四月,至京师考绩;九月,复职归山东,十月至。十一月,按部出济南,十二月至清平。《喜雪》序云:"正统四年十一月十六日,予出按所部,二十六日抵东昌之博平,二十九日早,发博平,至清平,连三日夜,雪乃止。是冬十二月朔日书。"❸东昌府,在济南府西,位于山东之西北。博平,东昌府属县,位于府治东北,新中国成立后为聊城市所辖县,1956年撤销,并入茌平县。清平县,东昌府属县,位于博平东北,1956年撤销建制,其辖区分别划归临清县、高唐县、茌平县。薛瑄的第三次巡历选择在这里,为济南周边。

正统五年(1440),薛瑄在山东,未巡历。

正统六年(1441)春,薛瑄至曲阜拜谒孔子、并拜谒衍圣公孔彦缙。这次到兖州界,是完成他到山东以来从未实现的拜谒孔子的愿望。又逢衍圣公孔彦缙卒,一同拜谒。五月,过诸城;九月至京师。

---

❶《文清公薛先生文集》卷九《律诗·游灵岩寺》,载《薛瑄全集》(第1册),第344页。
❷《文清公薛先生文集》卷三《歌·登州行》,载《薛瑄全集》(第1册),第128页,注【一】。
❸《文清公薛先生文集》卷六《律诗·喜雪(有序)》,载《薛瑄全集》(第1册),第253页。

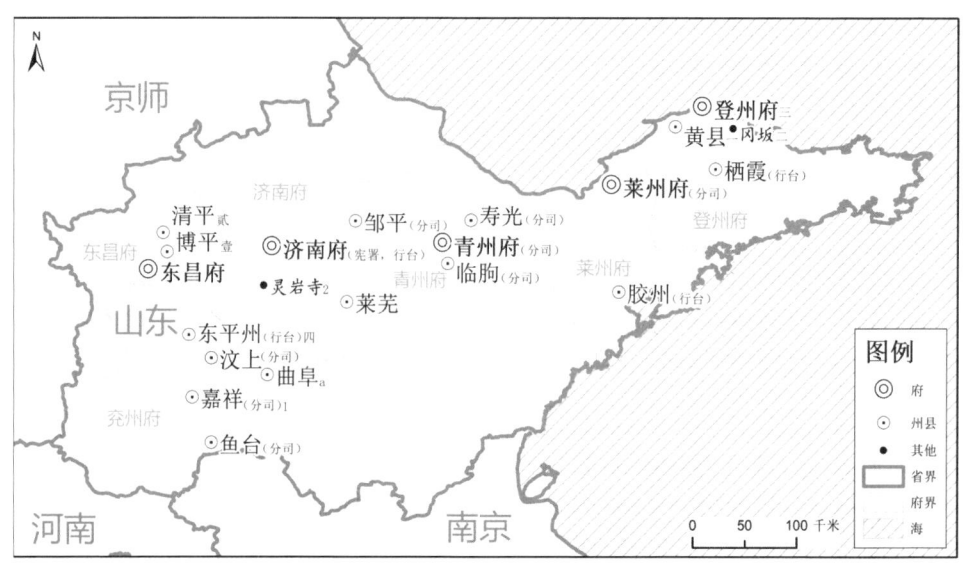

图2　薛瑄提学山东按临路线示意图❶

据薛瑄诗作,济南府按察司称行台,也称宪府、宪台、柏台;其余地方,有的直称分司(如嘉祥、汶上、邹平、青州、鱼台、寿光)或行台(如胶州、栖霞),而有的分司也称行台(如嘉祥、邹平、临朐)、霜台(如登州、汶上)、宪台(如临朐)、宪府(如临朐)等。

(3)薛瑄在山东的建言

在山东,薛瑄的建言内容,有属于学政者,但也有出于教育范围者。

其一,有关学政的建言,共有两项,都最终被皇帝听从;其中1项则被质疑过于苛刻而遭废除。

英宗正统元年(1436)十二月三日(甲子),在赴任的年底,"山东提调学校佥事薛瑄奏:'各处儒学廪膳、增广生员,有久病不瘥及已成废疾者,虚费廪米,徒芘差徭。宜令有司视验不堪医治者,黜退为民。'事下,行在礼部覆奏言:'提学敕内,无处置残疾生员条例。今宜因瑄所奏,通行遵守。'从之。"❷ 这里包含由

---

❶ 本图参考了钱国莲、薛冰:《薛瑄年谱》,浙江大学出版社2015年版,第140—169页。该图请南开大学法学院冯学伟副教授绘制,其底图为谭其骧编:《中国历史地图集·明》"山东"。

❷ 《明英宗实录》卷二十五,台北"中央"研究院历史语言研究所校印本,1962年版,第492页。

公家给以膳食的廪膳生,以及定额外增加的增广生两类,❶其事涉及创立淘汰其中残疾生员的新制。故礼部查阅"提学敕"称,其中缺乏如何处置残疾生员的条例,因薛瑄议论合理,建议将其立为新条制。皇帝依从了。

正统四年(1439)闰二月七日(乙酉),山东按察司佥事薛瑄言:"各处儒学生员,多有屡犯刑宪,全无忌惮。盖缘例许纳米赎罪还学,不但刁顽无耻,终难教养,抑且良善同居,被其染污。况考试不中者,皆发充吏、为民;奸恶犯法者,却得赎刑复业。轻重失宜,何以劝惩?"上以薛瑄所言有理,命行在刑部议决。刑部侍郎何文渊等覆奏:"自今生员有犯,除诖误听赎、被人侵损者许家人诉,其余廪膳追米解京,增广发附近军民衙门充吏。"帝从之。❷此事属于条例规定不合理,使得犯法生员钻制度的空子:允其还学,惩戒不力,未必能学好,又容易带坏他人;且使其复业的规定,比生员考试不中者"充吏、为民"的处理为轻,又属制裁制度规定上严重不平衡。经行在刑部议覆,新规定是:两种例外——一个听赎、一个许诉,其余有犯者,廪膳生员追米解京,增广生员发衙门充吏,不再允许其纳米赎罪还学了。实际上是立了新制、同时也废除了旧规。

正统四年(1439)八月二十一日(丙申),"江西南安府知府林芊言:'比者提调学校佥事薛瑄建议:'凡生员疾病不堪教养者,罢黜之,追偿所给廪米。'臣窃以为:'生徒有志于学,不幸而有疾,罢之可也。至于廪给,糜用于累岁,而追索于一朝,固亦难矣。且使其父兄惩偿纳之患,而不能保其子弟之无疾。虽有俊秀,孰肯令其就学哉?'上是其言,命行在礼部除其令。"❸据此,是因薛瑄建议而形成的条例太苛刻,林芊以为可以"罢黜",不可以"追偿",否则可能影响父兄送子弟入学的积极性。此事似乎是,薛瑄的建议初被采纳,后又遭废除。

但此事需要分辨。前述薛瑄在正统元年十二月三日的奏章只要求将"久病不痊及已成废疾者""黜退为民",并没有提出"追偿所给廪米"一层;礼部所立新例,也未提及此层。追偿一事,可能确实也立为规矩了,但未必一定是出自薛瑄的主意。明沈德符《万历野获编》卷十四《礼部·廪生追粮》载:"正统元年,初

---

❶ 明代称由公家(府、州、县)给以膳食的生员为廪膳生。生员初有定额,皆食廪。其后名额增多,因谓初设食廪者为廪膳生员,省称"廪生",增多者谓之"增广生员",省称"增生"。又于额外增取,附于诸生之末,谓之"附学生员",省称"附生"。后凡初入学者皆谓之附生,其岁、科两试等第高者可补为增生、廪生。廪生中食廪年深者可充岁贡。见《明史·选举志一》。
❷ 《明英宗实录》卷五十二,第994—995页。
❸ 《明英宗实录》卷五十八,第1118页。

设提学省直宪臣。时山东提学佥事薛瑄，疏请'凡廪生考斥者，俱追粮为民。'时以为苦。至成化九年，北直隶提学御史阎禹锡奏：'今斥生已奉敕充吏，请停追粮。'上许之。"❶ 阎禹锡为薛瑄的亲授弟子，但这里不是学生纠正了老师。此处"考斥"，系考试不合格，与薛瑄之淘汰残废生员不同，也与《明实录》所记不合。沈德符没有注意到两者的差异，为此设问云："按正统四年八月，江西南安知府林芉言……，上是之，行礼部除其令矣。何以成化间，而禹锡又有免追之疏，想林疏已行而中止耶？"❷ 盖阎禹锡所针对者，是"斥生奉敕充吏"；林芉所针对者，是"生员疾病罢黜"为民，对象不同，两者并不矛盾。

上述3事，1个欲立新条制，1个要立新废旧，1个据称是薛瑄所定规矩，都与学规有关。从中可以看到薛瑄提调学政关注的重点所在。

其二，不属于学政事务者，也有两项。

正统四年（1439）二月二十五日（甲戌），因朝廷"更定山东等处罪囚赎银例"，行在户部奏准"将山东、浙江、江西、直隶犯罪该纳赎米者折银"，自死罪至笞十，各有定数，"俱本处官司收贮，半年一次，差人类解陕西布政司交收"。此命下达后，山东按察司佥事薛瑄奏云："山东每银一两，买米五石，以银折米，数多三倍有余。乞将赎罪银数，照依时直，斟酌轻重，使之送纳。无力者，官吏解京做工，其余仍照旧例发落。庶赎刑得轻重之宜，狱囚蒙宽恤之惠。"上命户部、三法司会议以闻。为此，有关部门重新制定了山东纳米罪囚的纳银规则，"上从之"。❸ 这属于赎刑制度的执行问题。在道理上，这本是按察司管刑狱官员的分内职责，他们应该提出应对之策；佥事专管学政，可以不提此议。但薛瑄知无不言，还是上奏了。

正统五年（1440）七月二十日（庚申），"释山东按察司捕囚官副使韩玺等，令还司视事。从佥事薛瑄奏请也"。❹ 捕囚官副使韩玺等被押，可能确有隐情，薛瑄为其开脱，竟然奏明皇帝释放。可见在当时这是个大事件。不过，此事在理论上也是按察司其他官员的职责，未必与学政有瓜葛。但薛瑄还是上奏章了。这是因为，御史在本职上可以知无不言，如《明史·职官志》所云巡按御史"凡政事

---

❶ （明）沈德符：《万历野获编》卷十四《礼部·廪生追粮》，中华书局1959年版，第358页。
❷ 同上书，第358—359页。
❸ 《明英宗实录》卷五十一，第988—989页。
❹ 《明英宗实录》卷六十九，第1344页。

得失,军民利病,皆得直言无避",❶ 外台佥事如此,也不算越职,故所奏也都被听从了。

(三)薛瑄的法吏事迹二:大理寺少卿、大理寺丞、大理寺卿

1. 大理寺左少卿——辩白成案、驳奏冤案

薛瑄后来任职大理寺,进入国家"掌审谳平反刑狱之政令"的最高机构。❷ 他在大理寺任各职期间,除大理丞一职外,其余皆有办案记录。

正统六年(1441)九月,因杨士奇推荐,薛瑄受召入京;十月,授大理寺右少卿,既而转左少卿。作《大理箴》以自警。因不愿意谄事大宦官王振,既不见、见又不拜,遭王振忌恨。

正统七年(1442),薛瑄"为大理少卿,掌印。未及五阅月,辩白锦衣卫已成案大狱十余起。指挥马顺滋不悦,屡谮于太监王振"。❸

正统八年(1443)六月二十一日(甲辰),薛瑄"坐驳死罪囚不实,被劾,下狱"。

七月初二(乙卯),薛瑄坐死罪。据《明英宗实录》本日条记载,该案的审理一波三折:先是审被告,后是审"体访"御史,最后是审驳案法官。

(1)审被告

A. 一夫死,人告其妻厌魅所致。锦衣卫指挥马顺鞫问;

B. 送刑部议罪,❹ 拟凌迟处死;

C. 大理寺少卿薛瑄等复审"驳"案;

D. 调都察院重审,结论同刑部;

E. 大理寺少卿薛瑄等奏:请派监察御史"体访(察访)"该案;

F. 都察院委派御史潘洪体访,结论为:丈夫实为病死,其妻得以释放。

案件至此,大理寺履行了其"详谳"或"复审"的程序与职能。依《明史》卷七十三《职官志二》:"(大理)卿掌审谳平反刑狱之政令。少卿、寺丞赞

---

❶ 《明史》卷七十三《职官志二·都察院》。
❷ 《明史》卷七十三《职官志二·大理寺》。
❸ 《薛文清公行实录》卷一《阎禹锡〈礼部左侍郎兼翰林院学士薛先生行状〉》,载《薛瑄全集》(第3册),第1123页。
❹ 此即"锦衣卫审讯后,应移送法司拟罪"程序。法司即刑部。见那思陆:《明代中央司法审判制度》,北京大学出版社2004年版,第75页。

之。""凡刑部、都察院、五军断事官所推问狱讼,皆移案牍,引囚徒,诣寺详谳。""详谳"或"复审"的过程,常规是:"既按律例,必复问其款状,情允罪服,始呈堂准拟具奏",否则就进入一系列的"驳案"环节。始则"驳令改拟,曰照驳;三拟不当,则纠问官,曰参驳;有牾律失入者,调他司再讯,曰番异;犹不惬,则请下九卿会讯,曰圆审;已评允而招出未明,移再讯,曰追驳;屡驳不合,则请旨发落,曰制决"。在体制设计上,"凡狱既具,未经本寺评允,诸司毋得发遣。误则纠之"。❶ 大理寺始终保持着两项权力:对罪名轻重"有出入"的照驳,对事有"冤情不实"的辨明。❷

这六道程序,薛瑄初则"照驳",针对刑部。然而,案件审理的第二道程序"参驳"(仍然针对刑部)被跳过,直接进入"调他司再讯"的第三道程序,由都察院"调问",但结论仍旧。薛瑄等乃奏请差遣监察御史"体访",这超出了大理寺控制的程序范围,但薛瑄似乎以为不如此不能得真情。御史体访结果,搞清了案情,是个冤案,这也表明薛瑄的选择是合理的。

但原审机构锦衣卫对此不服,一校尉上言:死者妻子厌魅有证据,监察御史潘洪复核不实。于是案件又起波澜。

(2)审"体访"官

A. 根据锦衣卫校尉的指控,"体访"官御史潘洪,被"下锦衣卫狱"。

B. 审潘洪,"坐斩罪",后又"宥充军"。这里,没有讲是哪个机构审讯和判决的,似乎是锦衣卫审理,但"宥"死罪而降为"充军",显然又出自皇帝意旨。

清算继续进行。针对"体访"御史的攻击成功后,六科给事中、御史也相继发难,矛头对准薛瑄等大理寺复审驳案的一众官员。

(3)审驳案法官

A. 给事中、御史劾大理寺少卿薛瑄等"脱囚"罪。皇帝命群臣廷鞫薛瑄等

---

❶ 《明史·刑法志》云:"情词不明或失出入者,大理寺驳回改正,再问驳至三,改拟不当,将当该官吏奏问,谓之照驳。若亭疑谳决,而囚有番异,则改调隔别衙门问拟。二次番异不服,则具奏,会九卿鞫之,谓之圆审。至三四讯不服,而后请旨决焉。"按,《刑法志》所言与《职官志》略同,唯缺"追驳";且"照驳"包含了"驳回""奏问",实际相当于《职官志》的"照驳"与"参驳"。余"番异""圆审""旨决"皆同。又,《明会典》卷一百六十八《大理寺》有洪武间制定的大理寺公式,称"合律照驳式",包括"照驳""准拟""番异式""二次番异式",与之基本对应。

❷ 《诸司职掌·大理寺》:"本寺官其所属左右寺官,职专审录天下刑名。凡罪有出入者,依律照驳;事有冤枉者,推情辨明。务必刑归有罪,不陷无辜。"学者谓"明代大理寺的主要职掌是平反冤狱"。见那思陆:《明代中央司法审判制度》,北京大学出版社2004年版,第27页。

人，启动了会审。

B．在廷鞫过程中，薛瑄语侵都御史王文。薛瑄指责王文作为都察院长官应回避，无权审讯自己。

C．王文与群臣议，坐薛瑄以"朦胧奏请律"斩；其余5人中，左少卿贺祖嗣、右少卿顾惟敬、左寺副周观、费敬、评事张枅，俱处流罪。

按"以'朦胧奏请律'斩"，《大明律》卷三《吏律二·公式》"事应奏不奏"条第三款："其合奏公事，须要依律定拟，具写奏本。其奏事及当该官吏，佥书姓名，明白奏闻。若有规避，增减紧关情节，朦胧奏准施行，已后因事发露，虽经年远，鞫问明白，斩。"❶ 该条属于"真犯死罪，秋后处决"的"斩罪"之一，❷ 虽不是专门针对法官定立的，但适用于大理寺官也可以。且这个罪名不轻，属欺君之死罪。

D．廷鞫后，皇帝仍疑薛瑄等有私，命锦衣卫复鞫之。这等于再次审讯，又牵扯出大理寺左寺丞仰瞻曾嘱咐薛瑄，脱该妇女罪。当时仰瞻督事于京外，并逮之。自然也治罪了。

但三法司中的刑部，此时出来质疑廷鞫判决的定性问题了。认为对薛瑄等所定罪名过重，应当改用轻罪名。

E．刑部尚书王质等奏：薛瑄等人的行为，"俱属奏事不实，当赎徒、还职"。

按"奏事不实"，《大明律》卷二十四《刑律·诈伪》"对制上书诈不以实"条："凡对制及奏事上书，诈不以实者，杖一百、徒三年；非密而妄言有密者，加一等；若奉制推按问事，报上不以实者，杖八十、徒二年；事重者，以出入人罪论。"❸ 奏事诈不以实，虽也属故意，罪该杖徒，但不是死罪、流罪；因系官员，可以赎其徒罪，之后便可还职。

皇帝不从，命对薛瑄"如初议，斩"，余5人贺祖嗣、顾惟敬、周观、费敬、张枅，赎流讫，降二等用；仰瞻赎流讫，谪戍威远卫。❹ 从犯减降刑罚了，但主犯不减降。

F．九月二十四日（乙亥），大理寺左少卿薛瑄"坐罪，当秋后处斩。二次覆

---

❶ 《大明律（附大明令、问刑条例）》，怀效锋点校，辽沈书社1990年版，第37页。

❷ 后来，弘治十年奏定的《真犯杂犯死罪》，将其列为"真犯死罪，秋后处决，斩罪"第12条，即"奏事及当该官吏，若有规避，增减紧关情节，朦胧奏准施行者"。见黄彰健编著：《明代律例汇编》，台北"中央"研究院历史语言研究所专刊之七十五，1979年版，第176、446页。

❸ 《大明律（附大明令、问刑条例）》，怀效锋点校，辽沈书社1990年版，第190页。

❹ 以上均见《明英宗实录》卷一百六正统八年七月乙卯条。

奏如律。薛瑄子（薛）淳等三人诉，愿以一人代死，二人充军赎父罪。不允。及三覆奏，上命锦衣卫监禁之"。❶

阎禹锡《礼部左侍郎兼翰林学士薛先生行状》，对该案记载略有不同，颇具细节：

> 会有百户实病死二年，其妾私通行事校尉，遂欲娶之。妻贺氏执以服未满，不从。校尉唆其妾诬妻厌魅夫死，锦衣卫成案，送都察院审。先生数辩其冤，改问者八道，仍依其旧。先生奏调刑部再问，郎中潘洪躬察其事，果冤。先生遂劾奏堂上官及经该官吏。时都御史王文素憾先生，遂与马顺谮于王振。振大怒，嗾谏臣劾先生"是古非今，辄辩已成大狱"。诏下刑部狱，拟先生"大臣巧言谏免、暗邀人心律"大辟，待决。时秋后复奏，有工部侍郎王伟素与振善，亦闻公论不惬，乃谓振曰："人言薛某狱实冤，若决此人，皆谓不能容贤。"振默然，遂调先生锦衣卫狱。时学士刘球上章，因忤振，下锦衣卫狱以死。及先生赴狱，人皆危之。先生怡然曰："死生，命也。"手持《周易》，读诵不辍。通政使李锡闻之曰："真铁汉也！"大臣为申救于中，遂放回为民。正统八年正月也。❷

依此，该案流程则是：A.锦衣卫成案；B.送都察院审；C.薛瑄所在的大理寺

---

❶ 《明英宗实录》卷一百八正统八年九月乙亥条。
❷ 《薛文清公行实录》卷一《阎禹锡〈礼部左侍郎兼翰林学士薛先生行状〉》，载《薛瑄全集》（第3册），第1124页。但尾署"正统八年正月"应为"正统九年正月"。又，《明史·儒林一·薛瑄传》云："指挥某死，妾有色，振从子山欲纳之，指挥妻不肯。妾遂讦妻毒杀夫，下都察院讯，已诬服。瑄及同官辨其冤，三却之。都御史王文承振旨，诬瑄及左、右少卿贺祖嗣、顾惟敬等故出人罪，振复讽言官劾瑄等受贿，并下狱。论瑄死，祖嗣等末减有差。系狱待决，瑄读《易》自如。子三人，愿一子代死，二子充军，不允。及当行刑，振苍头忽泣于爨下。问故，泣益悲，曰：'闻今日薛夫子将刑也。'振大感动。会刑科三覆奏，兵部侍郎王伟亦申救，乃免。"清谷应泰《明史纪事本末》卷二十九《王振用事》所记与之略同，皆突出王振、王文作用："监王振陷大理寺少卿薛瑄下锦衣狱，诬死罪。瑄素不为振屈，振衔之。会有武吏病死，其妾有色，振侄王山欲夺之，妻持不可，妾因诬告妻毒其夫。都御史王文究问，已诬服。瑄辨其冤，屡驳还之。王文诣事振，谮之，嗾御史劾瑄受贿，故出人罪。廷鞫，竟坐瑄死，下狱。瑄怡然曰：'辨冤获咎，死何愧焉。'在狱读《易》以自娱。初，瑄既论死，子淳等三人请一人代死，二人戍，赎父罪。不许。将决，王振老仆泣于爨下，振问之，曰：'薛少卿不免，是以泣。'曰：'何以知之？'曰：'乡人也。'因述其平生。振少解。会侍郎王伟申救之，得免死。除名，放归田里。"从《明英宗实录》言锦衣卫校尉定案后复控看，他是该案主角，王振侄子王山未必与该案有关。二书简述审案流程，但都察院讯、大理寺辩冤、廷鞫三事皆在。王振衔薛瑄，王文憾薛瑄，二人共同推动薛瑄冤案进行。钱国莲、薛军曾论及王山是否卷入该案，及侍郎王伟究竟何人。见氏著：《薛瑄年谱》，浙江大学出版社2015年版，第177—180页。

"数辩其冤,改问者八道,仍依其旧",未能改变;D.薛瑄"奏调刑部再问"。经"郎中潘洪躬察其事,果冤"。随之,"先生遂劾奏堂上官及经该官吏"。❶

这样,该案审讯经锦衣卫,又遍历都察院、大理寺、刑部三法司,程序4道,与《明英宗实录》所言之锦衣卫、刑部、大理寺、都察院、大理寺、监察御史体访都察院的6道程序,差异较大。

首先,弄清厌魅事实不存在的,二者皆言是潘洪,但《明英宗实录》谓其为监察御史,《薛先生行状》言其为刑部郎中。查《明英宗实录》,潘洪于正统八年(1443)四月十五日(庚子)由行人擢为监察御史,七月二日(乙卯)"都察院以委御史潘洪体访"厌魅案。4年后他是国子监丞,2年后又重为监察御史。景泰四年(1453)五月升为广西按察司佥事。❷ 则潘洪不曾任职刑部,他是以监察御史身份"体访(察访)"该案,《明实录》的记载不误。他这时的工作,由于该案件先后经过了锦衣卫、刑部、大理寺、都察院,四者皆是其体访对象。不过,监察御史"体访(察访)"都察院,有个悖论:监察御史归属都察院管理,且与其长官都御史存在上下级关系。因此,"及午门会问,先生呼王文曰:'若安能问我!若为御史长,自当避。'文怒奏先生'囚不听理'。诏绑于市杀之"。❸ 薛瑄的意思是:我否定都察院的审判结论,你作为都察院长官,属于当事机构,有利害关系,应该回避。也可能因为这一点,后人遂附会薛瑄要求调另一个法司——刑部再问,矛头针对的是都察院的定判。虽合情,却不符事实。

其次,《明史》卷二八二《儒林一·薛瑄传》称"瑄及同官辩其冤,三却之",依照《明实录》,是两次,即大理寺初则"驳"案,继则奏请体访;而《薛先生行状》则说是"改问者八道"。"三"和"八"大抵都是形容多次的意思。《明史纪事本末》说"瑄辨其冤,屡驳还之",也是此意。

最后,《明实录》所谓"以'朦胧奏请律'斩",依《薛先生行状》,称薛瑄罪为"大臣巧言谏免,暗邀人心律",当"大辟"。按,《大明律》卷二《吏律一·职制》"奸党"条第二款:"若犯罪律该处死,其大臣小官,巧言谏免,暗邀

---

❶ 《薛文清公行实录》卷一《阎禹锡〈礼部左侍郎兼翰林学士薛先生行状〉》,载《薛瑄全集》(第3册),第1123页。
❷ 见《明英宗实录》卷一百三、卷一百六、卷一百五十、卷一百八十一、卷一百八十四、卷二百二十九。
❸ 杨鹤:《薛文清公年谱》,载《薛瑄全集》(第3册),第1192页。

人心者，亦斩。"❶ 属于"真犯死罪，秋后处决"的"斩罪"之一。❷ 虽与前述所拟刑罚相同，但罪名不一。

明王鏊云：薛瑄"为大理卿，驳正冤狱，宁忤权奸。至赴市曹，神色自若，略不为屈"，❸ 即指前事。依《实录》，英宗直到最后，对薛瑄仍有怀疑。最终因朝臣出救，获释，免官，放归田里，算是万幸。薛瑄作诗"廿载超迁历寺台"，❹ 正是总结他自永乐十九年（1421）进士及第尤其宣德三年（1428）入仕至此即正统八年（1443）先后任监察御史、大理寺少卿的法吏经历。

薛瑄等为女妇辩冤案，代表着士人集团对宦官王振专权、刑狱（尤其锦衣卫治狱）黑暗的反抗。❺ 压制辩冤而冲在前的是锦衣卫校尉、指挥马顺，王振在后坐镇，附会者是都察院都御史王文。大理寺官员，尤其少卿薛瑄与寺丞仰瞻，是抵制阵营中的核心人物："正统间，宦官王振用事，百官多奔走其门，惟瞻与大理卿薛瑄不往。会与瑄辨杀夫冤狱，益忤振，下狱，谪戍大同。"❻ 王振后来在英宗土

---

❶ 《大明律（附大明令、问刑条例）》，怀效锋点校，辽沈书社1990年版，第33页。

❷ 黄彰健编著：《明代律例汇编》，台北"中研院"历史语言研究所专刊之七十五，1979年版，第175页。

❸ （明）王鏊撰：《王文恪公笔记·薛瑄》。

❹ 《文清公薛先生文集》卷九《律诗·出京师（二首）》，载《薛瑄全集》（第1册），第358页。

❺ 《明史·刑法志二、三》相继云："至（正统）六年，王振始乱政，数辱廷臣，刑章大紊。侍讲刘球条上十事，中言：'天降灾谴，多感于刑罚之不中。宜一任法司，视其徇私不当者而加以罪。虽有触忤，如汉犯跸、盗环之事，犹当听张释之之执奏而从之。'帝不能用。而球即以是疏触振怒，死于狱。""至正统中，王振擅权，尚书刘中敷，侍郎吴玺、陈瑺，祭酒李时勉率受此辱（即枷）。""王振用指挥马顺流毒天下，枷李时勉，杀刘球，皆顺为之"。对大臣用枷，英宗、王振各有所需。《明史》卷一百五十七《刘中敷传》："正统改元，俄召拜户部尚书。帝冲年践阼，虑群下欺己，治尚严。而中官王振假以立威，屡撼大臣小过，导帝用重典，大臣下吏无虚岁。三年讽给事御史劾中敷与左侍郎吴玺等，下狱，释还职。"《明史》卷三百四《宦官一·王振传》："英宗立，年少。振狡黠得帝欢，遂越金英等数人掌司礼监，导帝用重典御下，防大臣欺蔽。于是大臣下狱者不绝，而振得因以专权。"要者如"侍讲刘球因雷震，上言陈得失，语刺振。振下球狱，使指挥马顺支解之。大理少卿薛瑄、祭酒李时勉素不礼振。振撼他事陷瑄几死，时勉至荷校国子监门。御史李铎遇振不跪，谪戍铁岭卫。驸马都尉石景其家阍，振恶贱己同类，下璟狱。怒霸州知州张需禁饬牧马校卒，逮之，并坐需举主王铎。又械户部尚书刘中敷，侍郎吴玺、陈瑺于长安门。所忤恨，辄加罪谪。内侍张环、顾忠，锦衣卫卒王永心不平，以匿名书暴振罪状。事发，磔于市，不复奏。"其中许多案件，王振干预、马顺执行。《明史》卷一百六十指挥任信、陈斌讦罗绮不法案，"法司拟赎，振令锦衣卫再鞫。指挥同知马顺锻炼成狱，谪戍辽东"。"王振用事，法务严峻"所造成的乱象，《明史》卷一百六十二《陈祚传》载御史陈祚上言："乃者法司论狱，多违定律。如侍郎吴玺误举主事吴轨，宜坐'贡举非其人律'，乃坐以'奏事有规避律'斩。及轨自经死，狱官狱卒罪应递减，乃援'不应为重'罪，概杖之。一事如此，余可推矣。"

❻ 《明史》卷一百五十《仰瞻传》。仰瞻也是一个薛瑄式的人物。景泰初，召为右寺丞，执法愈坚，在位者多不悦。移疾归，加大理少卿。

木堡兵败时"为乱兵所杀",❶马顺稍后在朝堂上被大臣击杀。❷

2. 大理寺丞——起复任用,守门、督饷

正统十四年(1449)八月,召前大理寺少卿薛瑄入京。十月,被新即位的代宗任为大理寺右寺丞。其时,瓦剌骑兵进犯京师,薛瑄受命守都城北门。不久,又受命赴四川、云南,督运兵饷于贵州。景泰元年,代宗朝命薛瑄在贵州募集助军银米。

期间,薛瑄撰《赠万太守秩满序》称:万氏任南京都察院福建道监察御史,"能以风纪之节自砥砺。其论事急于大体,而缓于碎微;议法虽轻重不同,而必要诸平恕;纠治必以实,而不过为增饰。……一时台官虽趋向不同,咸推服以为能"。❸薛瑄在贵州的工作内容,虽与大理寺审复无关,但他对御史同道"断平""宽恕"的期待,仍然突出。

景泰二年(1451)二月,薛瑄以老病乞求致仕,诏书允许,遂自四川返京。七月,户部右侍郎兼翰林学士江渊上奏,以为薛瑄"心术正大,操行醇洁",虽63岁,但"精力未衰",不宜舍而不用,建议"擢馆阁论思之职"。诏薛瑄既未衰,仍令视事。

3. 南京大理寺卿——济民释法,"公""明"断案

景泰二年(1451)十二月,升大理寺右寺丞薛瑄为南京大理寺卿。他在之任途中作诗:"昔捧天书按部来,之官又上凤凰台。频登风纪知庸德,屡陟廷平愧非才。"❹"按部"指其到山东按察司做佥事(山东提学佥事);"频登风纪"指广东道监察御史、云南道监察御史,"屡陟廷平"指出任大理寺左少卿、大理寺右寺丞、南京大理寺卿。他谦言自己德行不称风纪官的要求,才能也达不到"廷平"这种审谳官的标准。

景泰三年(1452)十一月,巡按直隶监察御史刘孜奏,以薛瑄为君子之儒,不宜置之闲远,应召回京师,任馆阁之职,使之讲学辅德。诏曰:"内阁乃朝廷机密之地,其职非常人可保。"意思是推荐馆阁职务的人,应该是高层的事。薛瑄是

---

❶ 《明史》卷三百四《宦官一·王振传》。
❷ 《明史卷》一七七《王竑传》:"英宗北狩,郕王摄朝午门,群臣劾王振误国罪。读弹文未起,王使出待命。众皆伏地哭,请族振。锦衣指挥马顺者,振党也,厉声叱言者去。竑愤怒,奋臂起,捽顺发呼曰:'若曹奸党,罪当诛,今尚敢尔!'"且骂且啮其面,众共击之,立毙。"
❸ 《文清公薛先生文集》卷十五《序·赠万太守秩满序》,载《薛瑄全集》(第2册),第494页。
❹ 《文清公薛先生文集》卷十《律诗·德州除夕》,载《薛瑄全集》(第1册),第380页。

"素未简在"者,朕不熟识他,"遽难任用"。此事就作罢吧。

十二月,薛瑄奏:南京细民斫造薪炭、竹帚、锄柄、檐杙等,"例当抽分";但对匿不报者,法司辄科以"舶商匿番货"罪,尽没入官,他以为太过。薛瑄以为,"番货海外珍贵",而"竹木诸物"粗贱,比类不当;且斫造诸物,又是贫民济饥寒的生计,非泛海富商可比。遂提出"但宜论以匿税律,入半于官"。诏从之。❶ 这是薛瑄关于对法律适用问题的建议。

当时有两个案件,薛瑄提出了自己的不同司法意见,都被采纳了,且效果都好。

其一,"有富豪残虐人命者,狱久不决,执法欲贷之。瑄曰:'死者何辜!'竟抵于法。"❷ 富者也得抵命。在法律报应面前,富、贫一律,这是"公",所谓"公则不偏"是也。其二,"周氏冤狱积年不明,先生为洗雪其冤,人皆称快。其他平反多类此,不能悉记。"❸ 平反冤狱、洗雪冤枉,鳏寡沾惠,这是"明",所谓"明则能照"是也。故当时的南京,"时有谣语,颂公明断。刑部尚书杨宁、都御史张纯,初以才力相尚,及与公同事,叹曰:'如公,当于古人中求之'"。❹ 才高气傲者,也最终服气他。他提出"公、慈、明、刚"的"治狱四要",作为大理官,他在这两个案件中就分别践履了"公"和"明"。

"公""慈(恕)""平(允)""明"等,一直都是薛瑄对法官的期许。景泰三年(1452),薛瑄作《送邓大参赴任序》,云邓氏两任刑部主事,升南京刑部山东司郎中,凡十余年,"持身修谨,不妄有所为,用法平而恕。凡事情之盘错难析者,不二剖决之,立得其理,所谓老成持重有施为者"。❺ "难析者剖决"之,也有"明"了。薛瑄还曾作《故嘉议大夫陕西按察使何公墓表》,言何自学(1397—1452)任刑部河南司主事,"以中正明远自励,尽心狱事,时称明、允"。❻ "中正"即"公"。以上虽是薛瑄作为大理卿评价刑部官,但他对法吏"断平""慈恕"及

---

❶ 《明英宗实录》卷二二四《废帝郕戾王附录第四十二》。
❷ (明)雷礼:《国朝列卿纪》卷十《内阁大学士行实·薛瑄》,明万历徐鉴刻本。
❸ 《薛文清公行实录》卷一《阎禹锡〈礼部左侍郎兼翰林学士薛先生行状〉》,载《薛瑄全集》(第3册),第1124页。
❹ 《薛文清公行实录》卷一《李贤〈薛文清公神道碑〉》,载《薛瑄全集》(第3册),第1128页。
❺ 《文清公薛先生文集》卷十六《序·送邓大参赴任序》,载《薛瑄全集》(第2册),第507页。
❻ 《文清公薛先生文集》卷二十三《墓表·故嘉议大夫陕西按察使何公墓表》,载《薛瑄全集》(第2册),第617页。

"持公""听明""断平"的推崇,一直存在且强烈。而薛瑄本人之能以"公"而使"狱久不决"者决之,能以"明"而使"狱久不明"者明之,赢得"明断"之荣誉,还有他自己"刚"的能断、果决。

4．北京大理寺卿——辩冤钦差,力纠违律

景泰四年（1453）八月,召薛瑄至北京,调为大理寺卿。十月十日视事。

期间,发生几起案件,薛瑄皆提出了他的意见。

其一,该年秋,草场火患。上怒,欲尽诛典守者,先生为辩其冤。这是发生在京师的案件。

其二,苏松饥荒,饥民向富家乞粟,富家吝啬不与,饥民遂放火烧其屋,蹈海避罪。朝廷派遣太子太保王文按其狱。王文以"谋叛"大罪,籍其五百余家,解至京师。众人畏惧王文权势,莫敢言。薛瑄第一个上章"力辩其冤"。王文对人说:"薛某旧性不改,当有以报之。"薛瑄闻而笑曰:"辩冤获咎,死何憾焉!"遂辩之愈力。既而科道互上章辩之,最后的处理是"但诛魁首三四人,余皆从戎。其平反极多,人有录成帙者"。❶ 这是薛瑄所言治狱之"慈（悯冤死）""明"（能照）品质的体现。

《明史》卷一百六十八《王文传》记此事曰:景泰五年（1454）三月,江、淮大水,命王文巡视。"时年饥,多盗,（王）文捕长洲盗许道师等二百人。欲张其功,坐以谋逆。大理卿薛瑄辨其诬。给事中王镇乞会廷臣勘实,得为盗者十六人置之法,而余得释。"《明史》卷一百五十九《彭谊传》载:"彭谊,正统中,由乡举除工部司务。景帝立,用荐改御史。景泰五年,以从大学士王文巡视江、淮,擒获苏州贼,擢大理寺丞。"则有人因此事还升了官。

景泰五年（1454）二月七日（戊子）,"大理寺卿薛瑄言:'今法司发拟罪囚,多加参语奏请,变乱律意,刑罚失中。请敕自今一依祖宗律令,不许妄加参语。'从之。"❷ 这是他对法律适用的又一次建议。皇帝允准了。不过,《明史·刑法志》记此事,上有"景泰中,阳谷主簿马彦斌当斩,其子震请代死。特宥彦斌,编震充边卫军",后接"大理少卿薛瑄言:'法司发拟罪囚,多加参语奏请,变乱律

---

❶ 《薛文清公行实录》卷一《阎禹锡〈礼部左侍郎兼翰林学士薛先生行状〉》,载《薛瑄全集》(第3册),第1124—1125页。此外,袁褧撰《皇明献实》卷二十二、雷礼《国朝列卿纪》卷十,皆记载此二事。

❷ 《明英宗实录》卷二三八。

意.'诏：'法官问狱，一依律令，不许妄加参语.'"。可见，法司在马彦斌案件的奏请过程，所用"参语"，不合律令；最后处理意见虽出自皇帝，薛瑄认为根源在法司。这里的法司，应指刑部、都察院等机构，因为"奏请"二字，显然非基层机关及京外机构所能做。因大理寺是慎刑机构，主管复核，故容易发现律令是否被遵守以及遵守的程度。❶《明史·职官志》言大理寺复核"既按律例"，也即此意。

按，"参语"一事，明佘自强《治谱》卷四《词讼门·听讼》云："口词中有审语、参语不同。如'审得某以何事启衅，遂至忿争'，各叙始末，此审语也，案也。审语后，又'参看得某某谁曲谁直'，或用骈俪语，此参语也，断也。有前面审语内，即兼用断案，不复用参语者；有不用审语，招叙明，径用参语者。有参语，或对偶，或不对偶者，活变在人，不可执一。"可见，所谓"参语"即"断"语，"审"与"断"是两个过程，一以记录案情，一以判断曲直。中央机构也用"参语"。如锦衣卫专理诏狱的北镇抚司，"大狱经讯，即送法司拟罪，未尝具狱词。成化元年始令覆奏用参语，法司益掣肘"。❷"参语"既然是"断"，所谓"变乱律意"就有两个方向，可以导向轻处，可以导向重判。"成化元年（1465）令：凡问因犯，一依《大明律》科断，照例运砖、做工、纳米等项发落。所有条例，并宜革去，及不许深文，妄加参语，滥及无辜。其有奉旨推问者，必须经由大理寺审录，毋得径自参奏，致有枉人。"❸马彦斌案，显然是导向轻了，致使当斩者获宥，其子充军。

值得注意的是，薛瑄这一建议，后来成为普遍立法。《大明会典》卷二百十四《大理寺·详拟罪名》："凡内外问衙门议拟囚犯，弘治元年奏准：律无正条、情犯深重者，引律比附，奏请定夺，不得一概俱拟'不应'。供招之外，不许妄加参语。违者，在内科道官纠劾，在外巡按御史参究。御史有违者，本寺查究。"弘治元年是1488年，较薛瑄提议晚了34年。当然，弘治此事例，所涉机构更多，适用范围也更广。

---

❶ 《明史》卷一六八《王文传》："（景泰）二年六月，学士江渊上言法司断狱多枉。文及刑部尚书俞士悦求罢。"王文时任左都御史。故狭义"法司"指都察院、刑部，主持审判。大理寺是慎刑机构，主复核。

❷ 《明史·刑法志》。

❸ 《大明会典》卷一百三十二《刑部七·问拟刑名一·事例》。

景泰六年（1455），薛瑄"在大理寺二年"。五月病，薛瑄再请致仕，景帝不允。景泰七年（1456），在京师。

5．礼部侍郎兼翰林院学士——议狱仁心厚意，论政诚意正心

代宗朱祁钰病重，景泰八年（1457）正月十七日（壬午），武清侯石亨、都督张軏、张軏、左都御史杨善、副都御史徐有贞、司礼监太监曹吉祥等人发动兵变，拥戴被囚禁在南宫的英宗朱祁镇御奉天门，复皇帝位，朝百官，史称"夺门之变"，也称"南宫复辟"。当日，兵部尚书于谦、吏部尚书王文，下锦衣卫狱。一众政变功臣相继加官进爵。正月十九日（甲申），升薛瑄礼部右侍郎兼翰林院学士，直文渊阁，参预机务。正月二十一日（丙戌），改景泰八年为天顺元年。

英宗虽有憾于于谦拥立郕王为帝，但毕竟认为其有功于明。而石亨、徐有贞等欲张大自己迎立复辟功，谋置于谦、王文于极刑。薛瑄为于谦、王文等力言，英宗遂诏减一等。据说，当时"内法司拟少保于谦、太子太保王文等谋危社稷，凌迟处死。一日，同列皆衣紫，先生问之。同列曰：'不知耶？欲刑某等耳。'先生曰：'此事人所共知，各有子孙。'忠国公石亨奋然曰：'事已定，不必多言。'会上召诸公议之。先生曰：'陛下复登宝位，天也。今三阳发生，不可用重刑。'诸公皆不言，遂诏减一等。先生退而叹曰：'杀人以为功，仁者不为也。'即有去志。"❶ 天顺元年正月二十二日（丁亥），杀于谦、王文等于市，籍其家；一众党附者皆除名。

五月初二（甲子），升薛瑄礼部左侍郎仍兼学士，直内阁。六月初三日（乙未），因旧病又发，以老疾上奏乞致仕。六月初十日（壬寅），终于允准致仕，随即出京师归里。薛瑄致仕的原因，实际是不满太监曹吉祥、国公石亨专权乱政尤其是杀死功臣于谦。

居家八年，开馆讲学，卒。

英宗颇为尊礼薛瑄，其出任礼部侍郎兼翰林院学士，虽有人推荐，英宗也颇认可。召见时，薛瑄对帝所言"皆正心诚意之言"。薛瑄也曾谏阻其遣使求狮子于西番事，不听。薛瑄退意更决。期间，他履行了主持考试的礼部侍郎本职，也曾与人一道上奏请求增加京畿周边官军数量。

---

❶ 《薛文清公行实录》卷五《遗事》，载《薛瑄全集》（第3册），第1172页。

喻时说薛瑄"刺奸执法,其衷桓桓;洗冤婴祸,其衷安安",❶分别反映了薛瑄任监察御史、大理寺卿两司法吏的不凡事迹与可贵操守。实际上,薛瑄谏英宗不对于谦、王文用重刑,也当包含在这当中。尽管这时的他,已经是礼部侍郎兼翰林学士加入阁预机务,不再是法吏了。按"桓桓",本意为威武的样子,引申为高大,又引申为宽广、坦然的样子。又,《尚书·尧典》"钦明文思安安",注:"安安,自然性之也。"指薛瑄辩巫蛊冤案被祸入狱时的自得神情。

二、薛瑄《大理箴》及其意蕴

(一)薛瑄"作《大理箴》以自警"

薛瑄"作《大理箴》",李贤记其事云:"未几,用杨文贞公荐,召为大理寺右少卿。明日,转为左少卿。公作《大理寺箴》以自警。"❷雷礼记曰:"瑄初至京,宿于朝房。三杨先过之,不值,语其仆曰:'可语若主:明日朝罢,即诣王太监谢。若主之擢,皆王太监力也。'明日朝退,不往;三杨使人语之,亦不往。时振至阁下,问:'何不见薛少卿?'三杨乃对曰:'彼将来见也。'知李贤素与瑄厚,召贤至阁下,令转致吾等意,且言振数问之。贤至朝房,道三杨意。瑄曰:'原德(李贤字——作者注)亦为是言乎?拜爵公朝,谢恩私室,吾不为也。'作《大理寺箴》以自警。"❸杨鹤载:"英宗正统六年,辛酉,先生五十三岁。冬十月,升大理寺少卿。朔二日,除右少卿。又二日,改除左。作《大理箴》以自警。"❹三人均言薛瑄"作《大理寺箴》以自警",雷礼还铺垫了作箴的时间与环境。

按,杨文贞公即三杨(杨士奇、杨荣、杨溥)之首的杨士奇(1365—1444),明仁宗、宣宗、英宗间的内阁三辅臣之一。李贤(1408—1466),邓州人,宣德八年(1433)进士,英宗正统六年时任郎中。宦官王振(?—1449),山西蔚州(今蔚县,属河北)人。《明史·薛瑄传》载:"王振语三杨:'吾乡谁可为京卿者?'以瑄对,召为大理左少卿。三杨以用瑄出振意,欲瑄一往见,李贤

---

❶ 《薛文清公行实录》卷一《喻时〈明赠礼部尚书谥文清敬轩薛先生赞〉》,载《薛瑄全集》(第3册),第1120页。

❷ 《薛文清公行实录》卷一《李贤〈薛文清公神道碑〉》,载《薛瑄全集》(第3册),第1127页。

❸ (明)雷礼:《国朝列卿纪》卷十《内阁大学士行实·薛瑄》,明万历徐鉴刻本。

❹ 杨鹤:《薛文清公年谱》,载《薛瑄全集》(第3册),第1190—1191页。

语之。瑄正色曰：'拜爵公朝，谢恩私室，吾不为也。'其后议事东阁，公卿见振多趋拜，瑄独屹立。振趋揖之，瑄亦无加礼，自是衔瑄。"薛瑄的刚直，不附权臣外，更不附权阉。这是他自山东学政擢京卿的来历。

薛瑄作"箴以自警"，当是效法西晋傅咸《御史中丞箴》。傅咸箴前"序"曰："百官之箴，以箴王阙。余承先君之踪，窃位宪台，惧有忝累垂翼之责，且造斯箴，以自勖励。不云《自箴》，而云《御史中丞箴》者，凡为御史中丞，欲通以箴之也。"❶ 薛瑄当是仿傅咸例，而作《大理箴》的：既然已经不是"箴王缺"，其箴官的"自勖励"一层就显得突出；而且除了自励以外，也如傅咸以官署名命名该箴一样，薛瑄似也有"通以箴"其余大理寺卿，以勉励同道之意。不过，就终极目标而言，正如《大理箴》所云"曰民不冤，曰无冤民"，薛瑄是以申民之冤抑为旨归的，一如他办案辨诬伸冤、平反昭雪一样。

（二）《大理箴》内容通释

薛瑄《大理箴》内容可以分为如下 6 个层次。兹分述之。

1. 历数法官名称演变及天人对应情况

> 惟左❷执法，廷尉象焉。稽古之职，士师庭坚。
> 官曰大理，历兹有年。其名不一，其事则然。

左执法，为恒星名，位于室女座，在室女的左臂。太微南蕃两星，东星为左执法，廷尉之象也；西星为右执法，御史大夫之象也。太微，即政府；执法，所以举刺奸者。远古有星辰自然崇拜，天象对应人事。廷尉之更古远的官称，则是士师。《周礼·秋官司寇》有士师："士师之职，掌国之五禁之法，以左右刑罚，一曰宫禁，二曰官禁，三曰国禁，四曰野禁，五曰军禁，皆以木铎徇之于朝。"秦及汉初称廷尉，景帝时改称大理，武帝时复称廷尉。东汉以后，或称廷尉，或称大理，或称廷尉卿；北齐至明、清时皆称大理寺卿。其职掌为主管刑狱，为最高司法官。

---

❶（唐）徐坚等辑：《初学记》卷十二《职官部下·御史中丞第七·箴》，韩放主校点，京华出版社 2000 年版，上卷，第 450 页。

❷ 原作"佐"，清孙承泽作"左"。按，作"左"是。见（清）孙承泽：《春明梦余录》卷五十《大理寺·薛文清〈大理箴〉》，王剑英点校，北京出版社 2018 年版，第 1079 页。

2. 执法者与执法象天之意

> 盖天之公,阳开阴阖。立法宪天,仁柔义遏。
> 不率典彝,或过或恶。天讨以施,低昂斟酌。
> 乃有准臬,职斯常刑。

《鬼谷子》卷上《捭阖第一》:"观阴阳之开阖,以名命物。"陶弘景注:"阳开以生物,阴阖以成物,生成既著,须立名以命之。"阳气动,促物生;阴所凝,使物成。阴阳交互作用,才化生世界万物。立法效法天道"阳开阴阖""阳生阴长";而仁合阳,义合阴,故不遵法,构成过、恶,自然要受到遵守天意的惩治(天讨),并在高下之间,予以比量。由专门执法者来具体操作司法事务。

3. 执法二原则

> 谳厥当否,则归廷平。廷平攸执,时惟鉴衡。
> 鉴灼隐伏,衡持重轻。持照两得,克允克明。

承前述"低昂斟酌",此节明确"当否"之高下,引出汉宣帝设置"廷平"一官典故,"廷平"即欲使司法得平之意;进而指出执法二原则:一为明(察),一为(平)允。"明"的实现靠"鉴","平"的实现靠"衡";以"鉴"来"照","隐伏"毕现;以"衡"来"持","重轻"立判。通过"镜鉴"与"衡秤"两个常见物件之功能的比喻,使得唐代以来令制所规定的"听(审)明""断(判)平"二事,化抽象为具体,且生动形象、具体可感:"平允"就是重轻适当,不偏不倚——尤其天平式的"衡"所表示的具象,就是平;"明察"就是照临一切、纤毫毕现。

4. 执法二原则与相应的刑事政策

> 罚当民服,气协休征。惟刑弼教,圣所钦恤。
> 死者弗生,绝者弗属❶。而❷居而❸官,宜何警肃?

"罚当""民服"是信奉黄老道家的汉初文帝诏书之语:"朕闻法正则民悫,罪

---
❶ "属",清孙承泽作"续"。
❷ "而",清孙承泽作"尔"。
❸ "而",清孙承泽作"尔"。

当则民从",❶在这里被借用了。又《尚书·大禹谟》:"明于五刑,以弼五教";《尚书·尧典》:"钦哉钦哉,惟刑之恤哉",所谓刑以弼教、恤刑皆来源于传说中尧舜禹三王时期,是儒家刑事政策之原本。路温舒上书曰:"夫狱者,天下之大命也,死者不可复生,绝者不可复属。"❷这是来自汉宣帝时人的感喟。因此,如何实现上述政策目标,避免刑罚后果的不可逆,执法官应当警示什么呢?

5. 执法四戒

> 勿徇❸货利,勿任憎欲;勿偏纵释,勿好刻酷。
> 有一于兹,靡平靡烛。斁纪瘰❹官,赍痛饮毒。
> 警火销膏,辜亦已速。

第一不贪浊受贿,第二不放纵爱憎私欲,第三不偏好纵放罪因,第四不喜好苛刻酷烈。这四戒,其中有两项"徇货利""任憎欲",与《尚书·吕刑》中"五过之疵"的"惟反""惟货"略同,❺即报复恩怨,按受贿赂。要紧的是,违背了其中任何一种戒约,都会影响"平(允)""明(烛)"的实现。因此,败坏纪纲、旷废官职者,就像尽情地痛饮毒药,犹如灯烛燃烧时耗费油膏,❻都是获罪最快的行为。

6. 执法官榜样及其品质

> 邈哉千❼载,乃有良臣。释之、定国,持公体仁。
> 曰民不冤,曰无冤民。功光简册,庆及子孙。

---

❶ 《史记·孝文本纪》。
❷ 《汉书·路温舒传》。
❸ "徇",清孙承泽作"狥"。
❹ 原作"瘰",清孙承泽作"瘰"。按,作"瘰"是。瘰,也称瘰疬(luǒlì),也称"老鼠疮",疾病名。多发生在颈部。症状是患处发生硬块,溃烂后流脓,不易愈合。瘰(guān)〈动〉,1. 病;痛苦;2. 旷废。后义如:瘰官(旷废官职);瘰败(瘰职败事);瘰旷(耽误荒废;旷废官职的人);瘰素(尸位素餐。指不尽职,无功食禄)等。又,上文"斁纪",斁(yì),其义有:1. 解除;2. 厌倦、懈怠、厌弃;斁(dù),意为败坏。"瘰官",义正与之同。
❺ 《尚书·吕刑》:"五过之疵:惟官,惟反,惟内,惟货,惟来,其罪惟均,其审克之。"即五种过错的表现是:挟持威势,报复恩怨,任用亲近,按受贿赂,讲究人情往来。这样处理狱讼,是与犯法相同的,应该详细审察。
❻ 《汉书·董仲舒传》:"积恶在身,犹火之销膏而人不见也。"
❼ 原作"于",清孙承泽作"千"。按,作"千"是。(明)释妙声:《黄葵》诗:"邈哉千载上,异代同襟抱"。是指距今(薛瑄当时)千年以前,出现了张释之、于定国二公。

高山宜仰，景行宜遵。小子述诫❶，敬勖我人。❷

距今千年之前，汉有执法良臣——廷尉张释之、于定国，一个使"民不冤"，一个使"无冤民"；❸ 治狱以公正、仁恕为则，使得其功劳记录于史册，积阴德而使子孙昌盛。❹《诗经·小雅·车辖》云："高山仰止，景行行止。"这样的榜样，是应效法的；我作这样的诫约，希望与同仁一道勉励。

三、薛瑄《大理箴》创作、用典及思想的源头

薛瑄作《大理箴》，远则来自金、元《御史箴》的激发，近则出于对朱瞻基《大理箴》的呼应，而其用典及思想的源头则来自唐五代以来行政、司法理念及其喻体意象的历史积累。

（一）来自偶像张养浩（实为金赵秉文）《御史箴》的激发

薛瑄做御史时，作《御史箴解》。他以为流传的《御史箴》是元张养浩（1270—1329）所作，故他以张为背景和视角来解读这一作品，且对张崇敬有加。❺ 尽管这是一个美丽的误会，因为《御史箴》的真正作者是金赵秉文，但薛瑄不知道。后来，他又模仿《御史箴》创作了《大理箴》，他以为是在模仿张养浩，实际模仿的却是赵秉文。薛瑄对此也不知道。

元林泉生说张养浩作《牧民忠告》《风宪忠告》的立意："己为令长，得牧民之道，欲使天下牧民之吏，人人尽其道；己为宪臣，能振纪纲，慎举刺，言人

---

❶ 原作"诚"，清孙承泽作"戒"。按，作"诚"是。
❷ 《文清公薛先生文集》卷二十四《箴·大理箴》，载《薛瑄全集》（第2册），第626页。参见（清）孙承泽：《春明梦余录》卷五十《大理寺·薛文清瑄〈大理箴〉》，王剑英点校，北京出版社2018年版，第1079页。
❸ 《汉书·于定国传》："其决疑平法，务在哀鳏寡，罪疑从轻。加审慎之心。朝廷称之曰：'张释之为廷尉，天下无冤民；于定国为廷尉，民自以不冤。'"
❹ 《汉书·于定国传》："始，定国父于公，其闾门坏，父老方共治之。于公谓曰：'少高大闾门，令容驷马高盖车。我治狱多阴德，未尝有所冤，子孙必有兴者。'至（子）定国为丞相，（孙）永为御史大夫，封侯传世云。"
❺ 《文清公薛先生文集》卷十三《序·御史箴解序》："《御史箴》者，元张文忠公所作也。公为御史时，尝著《风宪忠告》，以明风纪之要；又作是《箴》，并以致戒焉。……余以菲才，承乏风纪。恒诵是箴，以攻其过。暇日复述前闻为《集解》，以释其义。"载《薛瑄全集》（第1册），第446页。又见（明）薛瑄撰：《御史箴解》，国家图书馆藏明刊本。二者文字略有差异。

所难言，欲使天下为宪臣者，人人皆然。公其心于天下，而不私其身，虽令尹子文之忠不及此也。"❶ 盖张养浩做一官，则有一箴，明张纶也言张养浩"在守令则有守令之式，居台宪则有台宪之箴，为宰相则有宰相之谟"，❷ 后者即《庙堂忠告》，"三事忠告"皆形诸文字，供人借鉴。人们以为这是大公、大忠。宣德三年（1428）始，薛瑄做御史，他虽未创作一个属于自己的《御史箴》，却也作了《御史箴解》，并作了"治狱四要"等片段式的箴语，❸ 以总结、突出、展示自己的司法理念。正统六年（1441）至八年（1443），薛瑄做大理少卿，又仿《御史箴》撰作《大理箴》。《大理箴》全盘模仿《御史箴》，不仅立意、结构布局，而且作文之句式，也多模仿之。

表 4　薛瑄《大理箴》模仿《御史箴》立意、结构及句式一览

明薛瑄《大理箴》	金赵秉文《御史箴》（误为元张养浩所作）
1. 惟左执法，廷尉象焉。稽古之职，士师庭坚。官曰大理，历兹有年。其名不一，其事则然。	1. 太微执法，御史象之。《周官》小宰，则维其司。
2. 盖天之公，阳开阴阖。立法宪天，仁柔义遏。不率典彝，或过或恶。天讨以施，低昂斟酌。乃有准臬，职斯常刑。	2. 耳目之寄，纲之纪之。为其举错，咸休系之；为其邪正，善败随之。抑浊扬清，时汝之休；吐刚茹柔，时汝之羞。
3. 谳厥当否，则归廷平。廷平攸执，时惟鉴衡。鉴灼隐伏，衡持重轻。持照两得，克允克明。罚当民服，气协休征。惟刑弼教，圣所钦恤。死者弗生，绝者弗属。	5. 神草指佞，神羊触邪。顾忌畏避，汝之职耶。劲松不屈，鸷鸟无朋。如霜之清，如绳之平。不幸遇患，亦全令名。
4. 勿徇货利，勿任憎欲；勿偏纵释，勿好刻酷。有一于兹，麋乎糜烛。戮纪瘝官，赏痛饮毒。譬火销膏，幸亦已速。	3. 而居而官，宜何警肃？无玩法以偷，无怙势以仇；戮我彝宪，时汝之尤。无皦皦沽名，无庸庸保禄；无毛举细事，无猾兴大狱。
5. 邈哉千载，乃有良臣。释之、定国，持公体仁。曰民不冤，曰无冤民。功光简册，庆及子孙。高山宜仰，景行宜遵。	4. 刚果正直，神介尔福；阴贼险狠，天厚其毒。于氏父子，世象其贤；亦有延年，盖父之愆。持作威，幸宠一时，冤魂塞路，持此安归？有铁斯冠，有朱斯衣，德不称服，中心恧而。
6. 小子述诫，敬勖我人。	6. 既铭汝前，实铭汝心。敢告司仆，敬服斯箴。

---

❶　（元）林泉生：《〈风宪忠告〉序》，载官箴书集成编纂委员会编：《官箴书集成》（第 1 册），黄山书社 1997 年版，第 223—224 页。
❷　（明）张纶：《林泉随笔》，见《四库全书总目提要》卷七十九《史部三十五·职官类存目》官箴之属《〈三事忠告〉提要》。
❸　《薛文清公从政名言》卷二，载《薛瑄全集》（第 3 册），第 1070 页。

细数其同，有如下数端：

（1）箴文开篇方面，薛瑄《大理箴》曰："惟左执法，廷尉象焉。稽古之职，士师庭坚"，模仿自赵秉文《御史箴》起首的"太微执法，御史象之。《周官》小宰，则维其司"，其核心词、句式相同，内容也基本相同，都是讲天星、人官对应；廷尉古称士师，御史相当于《周礼》"小宰"。不同的是，《大理箴》增加了"官曰大理，历兹有年。其名不一，其事则然"，历数从秦汉至东汉以来，廷尉改称大理的演变史。

（2）职掌铺陈方面，赵秉文《御史箴》云"耳目之寄，纲之纪之。为其举错，戚休系之；为其邪正，善败随之。抑浊扬清，时汝之休；吐刚茹柔，时汝之羞"，讲了御史与君主的关系，御史行为与品行对其职业前途、个人命运的影响，御史称职与不称职的标准。薛瑄《大理箴》则曰："盖天之公，阳开阴阖。立法宪天，仁柔义遏。不率典彝，或过或恶。天讨以施，低昂斟酌。乃有准臬，职斯常刑"，直陈了大理寺是专门的执法机构，是按照违法者过恶的大小予以相应处罚的，且由于法律是效法天的意志的，故执法也是行天之讨。

（3）职守形容及重要比喻与相应理念方面，赵秉文《御史箴》云"神草指佞，神羊触邪；顾忌畏避，汝之职耶"，"劲松不屈，鸷鸟无朋；如霜之清，如绳之平。不幸遇患，亦全令名"，讲神草辨别直佞，神羊辨别正邪，因此若有所顾忌而畏惧避让，那不是你御史的职守啊！霜雪压不弯劲松，鸷鸟搏击无敌；就像霜雪一样清澈，就像绳子一样持平，能这样做，即使遇到不测，也会有大名节。这一节在《御史箴》的第5个层次，薛瑄《大理箴》却将其提前了，曰："谳厥当否，则归廷平。廷平攸执，时惟鉴衡。鉴灼隐伏，衡持重轻。持照两得，克允克明"，讲大理寺以镜鉴之明、衡称之平，作为执法的两大象征符号。如此，"罚当民服，气协休征"。随之，又讲"惟刑弼教，圣所钦恤。死者弗生，绝者弗属。而居而官，宜何警肃"？即在恤刑政策下，在刑罚不可避免地造成伤害的前提下，又提出了大理官应该自我警示的那些行为。

（4）法官应警示的几种行为，赵秉文《御史箴》云"无玩法以偷，无怙势以仇；斁我彝宪，时汝之尤。无皦皦沽名，无容容保禄；无毛举细事，无猥兴大狱"，6个"无"字，分别指出应该警示6种行为。薛瑄《大理箴》减少为4种，曰：大理寺官员应"勿徇货利，勿任憎欲，勿偏纵释，勿好刻酷"，即不贪污、不狠戾、不放纵、不苛刻，因为这4种行为，只要"有一于兹，靡平靡烛"

（有其一就达不到"平"和"明"的目标）。而有了这些现象，"斁纪瘝官，赍痛饮毒。譬火销膏，辜亦已速"，就会败坏纪纲、旷废官职，就像尽情地痛饮毒药，犹如灯烛燃烧时耗费油膏，都是得罪最快的行为。从薛瑄的其他作品看，《御史箴》的内容对他影响颇大。如前述的"无毛举细事"，薛瑄《送按察使黄公之任序》云黄溥作御史时"不毛举时之细事"，❶ 可见他一直欣赏抓大放小的举纲之为。

（5）法官应有的品质及其祸福报应，赵秉文《御史箴》曰："刚果正直，神介尔福；阴贼险狠，天厚其毒。于氏父子，世尚其贤；亦有延年，盖父之愆。持斧作威，幸宠一时，冤魂塞路，持此安归。有铁斯冠，有朱斯衣，德不称服，中心恧而。"薛瑄《大理箴》则曰："邈哉千载，乃有良臣。释之、定国，持公体仁。曰民不冤，曰无冤民。功光简册，庆及子孙。高山宜仰，景行宜遵。"薛瑄这里讲起了与《御史箴》中于公、于定国父子及杜周、杜延年父子大体相似的故事：距今千年之前，汉有执法良臣张释之、于定国，一个使"民不冤"，一个使"无冤民"；治狱以公正、仁恕为则，使得其功劳记录于史册，积德而使子孙因之而昌盛。这也是报应论当中的善报说。

（6）结束语，赵秉文《御史箴》："既铭汝前，实铭汝心。敢告司仆，敬服斯箴"；薛瑄《大理箴》亦曰："小子述诫，敬勗我人"，这些诫约，大家都应勉励。讲铭文应该入人之心。

（二）出于对朱瞻基御制法官箴尤其《大理寺箴》的呼应

明宣宗朱瞻基宣德七年（1432）六月，曾御制官箴"凡三十五篇"。其在《刑部箴》《都察院箴》《大理寺箴》等法官箴及地方官府箴如《各府箴》《各州箴》中，屡有"鉴、衡""明、平"之强调，以及相应的"直""慎""廉""公"等观念。这表明当时皇帝的司法理念，仍沿袭着唐五代以来的传统。

如《刑部箴》，有"惟公乃明，惟明能烛"，"如鉴如衡"；《都察院箴》，有"惟直与明"；《大理寺箴》，有"弼教明刑"，"鉴空衡平"，"易简明慎"；《各府箴》，有"廉公与明"；《各州箴》，有"狱讼必平""如鉴之明"等。这些

---

❶《文清公薛先生文集》卷十七《序·送按察使黄公之任序》，载《薛瑄全集》（第2册），第522页。

"鉴、衡""明、平"词汇及理念，会对薛瑄产生一定的影响。

依据朱瞻基御制官箴《序》文中有"取古人箴儆之义，凡中外诸司，各著一篇，使揭诸厅事，朝夕览观，庶几有儆"，《四库全书总目提要》推断其诸箴"当时尝以颁行者"。❶ 这些官箴若颁行，则薛瑄完全有可能阅读过。正统六年（1441），薛瑄作《大理箴》，上距宣宗宣德七年（1432）作《大理寺箴》，时间为9年。职务相关，最能引起薛瑄共鸣的，当然是宣宗的《大理寺箴》。因而，将宣宗御制《大理寺箴》与薛瑄《大理箴》的比较，是必须也当是有益的。

宣宗御制《大理寺箴》云：

> 有虞用士，弼教明刑。秦汉相继，廷尉是称。命曰大理，繇景之世。暨于今兹，一以辅治。列之九卿，有翼有承。鉴空衡平，视狱之成。简于五辟，以正刑罚。维过斯宥，维义之合。刑不可赎，死不可生。惟尔是凭，其可不矜。《易》简明慎，《书》戒钦恤。祗率弗违，乃德之吉。惟官惟友，惟货惟来。终迷不复，乃祸之阶。粤昔苏公，式敬由狱，以长王国，永命攸属。呜呼若人，悠悠我思。尔仪尔规，服此戒辞。❷

表5　薛瑄《大理箴》与宣宗《大理寺箴》比较

明薛瑄《大理箴》	明宣宗《大理寺箴》
1. 惟左执法，廷尉象焉。稽古之职，士师庭坚。官曰大理，历兹有年。其名不一，其事则然。	1. 有虞用士，弼教明刑。秦汉相继，廷尉是称。命曰大理，繇景之世。暨于今兹，一以辅治。
2. 盖天之公，阳开阴阖。立法宪天，仁柔义遏。不率典彝，或过或恶。天讨以施，低昂斟酌。乃有准臬，职斯常刑。	2. 列之九卿，有翼有承。
3. 谳厥当否，则归廷平。廷平攸执，时惟鉴衡。鉴灼隐伏，衡持重轻。持照两得，克允克明。罚当民服，气协休征。惟刑弼教，圣所钦恤。死者弗生，绝者弗属。	3. 鉴空衡平，视狱之成。简于五辟，以正刑罚。维过斯宥，维义之合。刑不可赎，死不可生。惟尔是凭，其可不矜。《易》简明慎，《书》戒钦恤。祗率弗违，乃德之吉。

---

❶ 《四库全书总目提要》卷八十《史部三十六·职官类存目》。
❷ （明）宣宗朱瞻基撰：《御制官箴》一卷，载官箴书集成编纂委员会编：《官箴书集成》（第1册），黄山书社1997年版，第251页。

续表

明薛瑄《大理箴》	明宣宗《大理寺箴》
4．勿徇货利，勿任憎欲；勿偏纵释，勿好刻酷。有一于兹，靡平靡烛。斁纪瘝官，贲痛饮毒。譬火销膏，辜亦已速。	4．惟官惟友，惟货惟来。终迷不复，乃祸之阶。
5．邈哉千载，乃有良臣。释之、定国，持公体仁。曰民不冤，曰无冤民。功光简册，庆及子孙。高山宜仰，景行宜遵。	5．粤昔苏公，式敬由狱，以长王国，永命攸属。
6．小子述诫，敬勖我人。	6．呜呼若人，悠悠我思。尔仪尔规，服此戒辞。

二箴的 6 个层次，大抵皆能一一对应。其顺序之同，远高过《大理箴》与《御史箴》之间。

（1）箴文开篇的大理起源，宣宗箴以"有虞氏"开首，没有诉诸天象，与薛瑄《大理箴》略异；但其后"秦汉相继，廷尉是称。命曰大理，繇景之世。暨于今兹，一以辅治"，指明秦汉称廷尉，汉景帝改大理，后世至明仍之。这一层，被薛瑄箴沿用，曰："官曰大理，历兹有年。其名不一，其事则然"，历数从秦汉到东汉以还，廷尉改称大理的演变史。

（2）职掌铺陈方面，宣宗箴相对简单，只云"列之九卿，有翼有承"，指明大理是九卿之一；薛瑄《大理箴》则讲了人道法天等大道理，但重点点明了大理寺"乃有准臬，职斯常刑"，是专门的执法机构。

（3）职守形容及重要比喻与相应理念方面，宣宗箴的"鉴空衡平"，被薛瑄重点发挥："廷平攸执，时惟鉴衡。鉴灼隐伏，衡持重轻。持照两得，克允克明"，宣宗的"鉴"之"空"、"衡"之"平"，被进一步明确为"鉴"之"明"、"衡"之"平"，执法的两大意象通过两个象征符号，更加鲜明。宣宗箴的"刑不可赎，死不可生"及"钦恤"，被薛瑄箴通过"惟刑弼教，圣所钦恤。死者弗生，绝者弗属"，基本移用。

（4）法官应警示的几种行为，宣宗箴讲了4种，"惟官、惟友、惟货、惟来"。典出《尚书·吕刑》"惟官、惟反、惟内、惟货、惟来"的五惟，即法官畏权势、报恩怨、诿媚内亲、索取贿赂、受人请求，皆不可；宣宗对其作了改造："惟反"改为"惟友"，删掉了"惟内"。薛瑄箴也为4种，"勿徇货利"沿用"惟货"，"勿任憎欲"沿用"惟反"，"勿偏纵释"与"惟内"（放纵亲近）有一定联系，只是"勿好刻酷"与前此不对应。薛瑄以为这4种行为，只要"有一于兹，靡平靡烛"，就达不到"平"和"明"的目标。

（5）法官应有的品质及其祸福报应，宣宗箴提出最早的司寇，出自《尚书·周书·立政》：周公若曰："太史！司寇苏公，式敬尔由狱，以长我王国。兹式有慎，以列用中罚。"薛瑄箴则举出西汉廷尉的代表人物张释之、于定国，以为他们二人"持公体仁"，治狱以公正、仁恕为则，一个使得"民不冤"，一个使得"无冤民"，达到了司法的极致。

（6）结束语，宣宗箴云"呜呼若人，悠悠我思。尔仪尔规，服此戒辞"；薛瑄《大理箴》则曰："小子述诫，敬朂我人"，都讲应服从这些诫约。

按，薛瑄（1389—1464）比宣宗（1398—1435）年长9岁，却晚死30年，他们基本算是同一代人。以法官箴而言，薛瑄宣德四年（1429）撰《御史箴解》，较早涉略宪臣规矩。朱瞻基宣德七年（1432）撰《刑部箴》《都察院箴》《大理寺箴》等法官箴，薛瑄在其颁行9年后，于英宗正统六年（1441）"作《大理箴》以自警"。因而，执法之"明、平"的原则及相应的"鉴、衡"比喻，薛瑄最近的源头当是朱瞻基，不论所谓"御制官箴"是否真的出于宣宗之手。无论如何，这样的认识与譬喻，无论是出自皇帝还是出自臣僚，都应属于对于司法本质的时代共识。

朱瞻基在位10年，《明史·宣宗本纪》赞曰："即位以后，吏称其职，政得其平，纲纪修明，仓庾充羡，闾阎乐业，岁不能灾。盖明兴至是历年六十，民气渐舒，蒸然有治平之象矣。若乃强藩猝起，旋即削平，扫荡边尘，狡寇震慑，帝之英姿睿略，庶几克绳祖武者欤。"当时，以内阁大学士三杨（杨士奇、杨荣、杨溥）为首的诸臣执掌朝政，互相补充，多有建树。❶谷应泰说："明有仁、宣，犹周有成、康，汉有文、景。"❷宣宗自撰《官箴》，是"儆箴"众臣，也是建立规则的重要举措。他是中国古代御撰官箴规模最大因而数量也最多的皇帝，所撰官箴竟然有35篇。此前像唐德宗也撰过官箴，但只有一篇《刑政箴》。

---

❶ （明）何乔远撰：《名山藏》卷六十一《臣林记（永乐臣二）·夏原吉》："（夏）原吉与蹇（义）、三杨同心辅政，宣宗眷顾，优礼并如仁宗时。至命坐赐茶，休庞复论。或时独召密问，出袖中小帖谘付。是时，蹇义简重善谋，杨荣明达有为，杨士奇博古守正，而原吉含弘善断。事涉人才，则多从义；事涉军旅，则多从荣；事涉礼仪制度，则多从士奇；事涉民社，则出原吉。可否相资，中外泰宁。"

❷ 《明史纪事本末》卷二十八《仁宣致治》。

（三）来自唐五代以来行政、司法理念及其喻体意象的积累

1．"明""平"标准由行政至司法、由理念到制度的递嬗

如前所述，至迟到唐五代的令制中，通过"推鞫得情，处断平允，为法官之最"的规定，❶ 就已经树立了"听（审）明""断（判）平"的司法标准、价值和理念；金朝《令》沿用唐令，制度上也以"议狱得情，处断公平，为法官之最"，❷ 与唐相同。我们在刘昫《旧唐书·徐有功传》对传主"听讼惟明，持法惟平"的赞语中，看到了相应的理念提炼。自然，"明""平"理念或标准，并不始于唐五代，东汉马融就提出过莅官行政的"明""平""廉"。《忠经·守宰章》云："在官惟明，莅事惟平，立身惟清。清则无欲，平则不曲，明能正俗，三者备矣，然后可以理人。君子尽其忠能，以行其政令，而不理者，未之闻也。"这样的"明""平""廉"落实到《考课令》之专针对法官，还应有一段由理论到实践、由理念到制度的推移过程。

2．作为"明、平"喻体的"鉴、衡"

赵秉文《御史箴》言御史应当"如霜之清，如衡之平"。可见在金朝，就已经出现了对宪臣"清""平"品格、操守的比喻了。而喻体就是"霜""衡"。

但在唐代，普遍风行的是"衡镜"之喻。笔者曾撰文《"鉴衡"之喻前传——"衡镜"：唐代吏部铨选与礼部贡举之喻》，❸ 就"衡"平、"镜"明比喻吏部铨选与礼部贡举之事进行了专门梳理。结论是：为了称扬吏部、礼部主事官员知人识才、品藻人物的敏锐眼光和卓越能力，选人和学子们使用"衡镜"来奉承这些主事者。恰好，"衡"所蕴含的公道之"平""镜"所表征的慧眼之"明"，比喻的这两个意象，都是高高在上的、掌握选人或学子们前程和命运的官僚们所愿意听到的。这造就了"衡镜"一词流行起来，在选人和学子们口中、笔下频繁使用。于是，"衡镜"既可以指称吏部（及兵部）等机构，也可以指称吏部尚书、侍郎等个人，还可以指称掌贡举的礼部侍郎或他官知贡举者。既可以称他人，也可以称自己。这种使用例，清朝也有。如杨潮观《开金榜朱衣点头》云："今司文柄，鉴空

---

❶ 《唐六典》卷二考功郎中员外郎条。
❷ 《金史·百官志一》。
❸ 见霍存福主编：《法律文化论丛》第12辑，知识产权出版社2021年版，第1—6页。

衡平，不受一毫请托。"❶

唐代还有将衡镜用于皇帝者。如张蕴古写给唐太宗的《大宝箴》云："如衡如石，不定物以数，物之悬者，轻重自见；如水如镜，不示物以形，物之鉴者，妍蚩自露。"❷ 讲君主应不设先见，衡石自能见其轻重，水镜自能显其美丑。但唐代确实还没有将"衡镜"用于形容法官及法官行为者。明宣宗《大理寺箴》使用了"鉴空衡平"，鉴者，镜也，"空"即《大宝箴》所谓"不示物以形"，因其"空"，故能纤毫毕现。这显然是讲"鉴衡"用于法官的例子。

正是在金赵秉文《御史箴》"如衡之平"、明宣宗"鉴空衡平"的基础上，薛瑄云："廷平攸执，时惟鉴衡。鉴灼隐伏，衡持重轻。持照两得，克允克明。"鉴者明，衡者平，一照一持，平允与明察就都实现了，这是目标。若"靡平靡烛"，既不平、又不明，是因被其他因素影响到了，如"狥货利，任憎欲，偏纵释，好刻酷"。这4项分别是：贪（不廉）、憎（不恕）、偏（不公）、刻（不慈），与薛瑄"治狱四要"所言"公（则不偏）""慈（则不刻）""明（则能照）""刚（则能断）"约略相对，但还不是完全对应。

余　论

薛瑄事迹，明人时有评价。世宗嘉靖三十二年（1553），山西监察御史尚维持，上疏说薛瑄"为布帛菽粟之文，性理正派；守车轮户牖之志，孔氏家法"；❸ 穆宗隆庆四年（1570），吏科都给事中韩楫等人，上疏言薛瑄"法奸直枉，风裁由定见弥真；却房平夷，事业自学问表树"；❹ 隆庆五年（1571）九月，礼部尚书潘晟等，上疏云薛瑄"立朝行己之际，不折节于权门，不谢恩于私室，不屈法于

---

❶ （清）杨潮观撰：《开金榜朱衣点头》，简称《朱衣神》，戏曲，一折。杨潮观（1710—1788），字宏度，号笠湖，江苏金匮（今无锡）人。乾隆举人，曾长期在各地任县令，后迁四川邛州知州。关心民生，有政声。作品有单折的短小杂剧32种，合编为《吟风阁杂剧》。
❷ 《旧唐书·文苑上·张蕴古传》。
❸ 《薛文清公行实录》卷三《记类·表章真儒以励世风疏》，载《薛瑄全集》（第3册），第1139—1140页。
❹ 《薛文清公行实录》卷三《记类·崇祀真儒以成昭代旷典疏》，载《薛瑄全集》（第3册），第1141页。

贵近，不摄志于临刑，荣辱不以关其心，死生无以易其操"。❶山西布政使丘陵吊文曰："先生……任风纪而宇内澄清，掌大理而鉴空无私。及贰春官，夙夜惟寅；内阁秉钧，邦政以平。"❷其概括，各有侧重，也各有所长，薛瑄的主要事迹，基本都涉及了。

而吕柟《重建薛文清公祠堂记》所云事迹，更为全面，且皆注出人名、事件、出处，其文曰：薛瑄"既婴法罟，师保求识面而不得（杨文贞士奇）；道若可行，虽卑官不屈（先为大理少卿，后为大理丞）；义如难从，于权势奚顾（谓抗时贵）；……金陵镇，皆时之巨珰也，不敢以势自处，虽却扇而不怒（太监兴安袁诚，于端午送扇，先生辞曰：'赐扇乃天子事。'不受）；疏讲学以御侮，虏既入而遽退（己巳之变）；布恩信以抚苗，檄方驰而蛮平（语贵州都帅）；辩冤获咎，逆宫保而不悔（苏松饥民乞粟富家，放火逃海上，遣少保王文往勘事）；惩奸伸法，虽豪右亦罔赦（在南京大理时）；或雪夜以抄经，虽狱院而诵《易》（谓辩诬忤王文、马顺、王振）；志在作人，一磬士之必录（提学山东，将退一士。究其祭祀能击磬，留之）❸；法若可伸，于军妻之必辨（谓校尉通百户之妾，诬其妻贺氏厌魅其夫事）；既受爵于公朝，不知私室之谢恩（谓大理少卿时，对杨士奇、曹鼎语。时王振擅权，公卿皆屈事之）；欲传道于来学，岂对科举之旁问；称疾出阁，宁犯乎吉祥（谓不从诸公拜贺曹吉祥）；慷慨就狱，思比于刘球（学士刘球，先忤王振，死狱中）；英庙易服以见，若昔汲黯之必冠（时上服短服小帽，闻先生至，变长服）；石亨请敕与归，则比许衡之悬梁（时亨欲请敕与先生，归教乡里生徒。先生举鲁斋故事以辞）；见几而行于醴酒不设之时（见石亨弄威福权），得书而比于居洛不答之老（谓得李贤诸公书）；守车轮户牖之志，监银场而出（黜）贪墨，一时轩、耿诸公不足以方其清也（谓都御史轩輗，尚书耿九畴）。……若乃先生以力行为读书，以明道为修辞，清而不诡，异而且同。潜学孔、颜，抗

---

❶《薛文清公行实录》卷三《记类·崇祀真儒以成昭代旷典疏》，载《薛瑄全集》（第3册），第1146页。

❷《薛文清公行实录》卷五《诸公叙述文》，载《薛瑄全集》（第3册），第1171页。杨鹤：《薛文清公年谱》与此略有差异，云："任风纪而宇内澄清，掌大理而扶正抑邪。春官典礼，惟寅惟清；内阁秉政，邦政以平"，载《薛瑄全集》（第3册），第1202页。

❸《薛文清公行实录》卷五《遗事》："先生山东提学时，有一生员，实聪敏，因贫欲退，故试不中。生员豫与教官关节，同言曰：'生员果不堪。'先生曰：'生员二祭掌何事？'金曰：'击磬耳。'先生曰：'磬在八音，难和也。彼能和之，亦可用也。'卒不听其去。后其人登科，自言其事。"载《薛瑄全集》（第3册），第1173—1174页。

志程、朱,老不殊壮,困未改通。许鲁斋之后,未有见其能比者也。故当其存时,或曰'今夫子'(山东及四方士子称),或曰'真铁汉'(通政李锡言),或曰'好官一人'(太监金英),或曰'不愧往哲'(冢宰何文渊称荐欲代己,时方提学),或曰'躬行实践'(学士江渊称,且荐入阁),或曰'本朝理学一人'(大学士李贤称),或曰'学已至乎乐地'(都御史张鼎称),其不平者仅权贵耳。"❶ 大抵薛瑄的发言、行事及他人的评价,巨细无遗。尤其辩冤获咎,惩奸伸法,狱院而诵《易》,伸法于细民,慷慨就狱,黜贪墨等,是其作为法吏之主要行迹。

朋友李贤赠薛瑄诗云:"自许孤忠结主知,居官宁肯论安危。平反不愧张廷尉,三黜何惭柳士师。"❷ 按,张廷尉即汉文帝时廷尉张释之,以谏犯跸案、谏高祖庙环被盗案而著名,被树为廷尉司法守正的典型;柳士师,春秋柳下惠的别称,春秋鲁大夫展获,字季,又字禽,曾为士师官,食邑柳下,谥惠,故称其为展禽、柳下季、柳士师、柳下惠等。《论语·微子》载:"柳下惠为士师,三黜。人曰:'子未可以去乎?'曰:'直道而事人,焉往而不三黜?枉道而事人,何必去父母之邦?'"至于他如何被三黜,不详。唐刘禹锡《再授连州至衡阳酬柳柳州赠别》诗云:"重临事异黄丞相,三黜名惭柳士师。"其中柳士师,即指他。李贤此诗则反其意而用之:一则强调薛瑄善平反冤狱,不比西汉张释之差;二则因振职被频繁罢黜,不比春秋时柳下惠被三黜差。尤其是薛瑄的操守也类似柳下惠,"直道"事君、无怨无悔。李贤确实是薛瑄之故友,是知根底者所言。

薛瑄宦情不厚,❸ 屡次乞休、告老,❹ 但他在官言官,关心吏治,认为"为人

---

❶ 《薛文清公行实录》卷三《记类·重建薛文清公祠堂记》,载《薛瑄全集》(第3册),第1149—1151页。

❷ 《薛文清公行实录》卷四《诗类·赠敬轩先生致仕》,载《薛瑄全集》(第3册),第1166页。

❸ 宣德六年,在辰州,秋夜赋诗:"宦情不改来时淡,诗思浑如到日浓。……莫言白笔南征久,赢得归囊一物空。"《文清公薛先生文集》卷八《律诗·沅州秋夜忽忆三年前秋夜之作(二首)》,载《薛瑄全集》(第1册),第330页。

❹ 景帝嗣位,召为大理寺丞,"督贵州饷运",事竣,"上章恳乞致仕";"景泰二年,升南京大理寺卿",不久,"复乞致仕";英宗复辟,拜礼部右侍郎兼翰林院学士,入阁预机务,"见太监曹吉祥、国公石亨等窃弄威权","连章恳辞"。晚年,"平日奏疏削其稿,皆不存",他也不愿露宦迹。见《薛文清公行实录》卷一《阎禹锡〈礼部左侍郎兼翰林学士薛先生行状〉》《李贤〈薛文清公神道碑〉》,载《薛瑄全集》(第3册),第1124—1128页。

不能尽人道，为官不能尽官道，是吾所忧也"。❶ 因此他每以读书心得指导自己做官，又从做官实践中体验先贤诸书精义，故所著《读书录》《读书续录》《从政名言》中有许多官箴要语。同样地，《御史箴解》《大理箴》的创作也都是他"尽官道"之一法。

而薛瑄本人，是他所倡导的官箴的践行者。比如，为实现"明、平"，他提出法官应"勿徇货利，勿任憎欲；勿偏纵释，勿好刻酷"，并努力践行了这些官箴。

首先，薛瑄是"勿徇货利"的清廉之士。他说："世有卖法以求贿者，此诚何心哉？夫法，所以治奸顽也；奸顽有犯，执法以治之，则良善者获伸矣。若纳贿而纵释奸顽，则良善之冤抑何自而伸哉？使良善之冤抑不伸，是不惟不能治奸顽，而又所以长奸顽也。据高位、载显名、秉三尺者，忍为此态乎！"❷ 他因不贪不占，致家计困顿。《薛文清公从政名言》云："余昨自北京来湖南，濒行，院中僚友有诵唐人'此乡多宝玉，慎莫厌清贫'之句，余每不忘其规戒之厚。"❸ 薛瑄感激僚友规诫，而他为官确实清廉。《一室》诗云："奉使三年归，京华营一室。一室陋且偏，入门唯四壁。岂不忧窭贫？所贵称达人。家无仓廪储，心有宇宙春。"❹ 为此，他又撰《车窗记》："河东薛德温官御史近五年，始买小屋两间于京师，仅容几榻、床席；又苦其东壁暗甚，力不能办一窗。小子淳乃取废鹿车上辕，卸去两傍长木，以中方为楔，类若窗者，穴壁而安置之。余归自外来，因叹曰：'以御史之显，曾不能办一窗，致以此物为之'"，但仍感觉"是居虽小而心则大也"，❺ 以精神的富足为满足。在湖南任中，他作《茅屋漏》歌："辛丑进士河汾客，早向中州买居宅。宅有茅屋八九间，补葺聊以蔽床席。……以兹狂僻误生理，老屋支撑几星纪。前月大风撮茅去，今月久雨漏不已。移床徙榻那得干？堆书卷被空长叹。文章不足补穿漏，翻为儿女生靦颜。……昔贤穷达还复然，我何愠此霖湿苦？且待天晴饱读书，比屋渠渠不须数。"❻ 这是他真实的经济状况。结束了湖南职任，薛瑄作五言古诗《述怀》："祇命湖湘间，久载宪府笔。一往三年余，及归

---

❶ 《读书录》卷三，载《薛瑄全集》（第2册），第731页。
❷ 《读书录》卷三，载《薛瑄全集》（第2册），第743页。
❸ 《薛文清公从政名言》卷一，载《薛瑄全集》（第3册），第1065页。
❹ 《文清公薛先生文集》卷一《古诗·一室》，载《薛瑄全集》（第1册），第83页。
❺ 《文清公薛先生文集》卷十八《车窗记》，载《薛瑄全集》（第2册），第546页。
❻ 《文清公薛先生文集》卷二《歌·茅屋漏》，载《薛瑄全集》（第1册），第114页。

有华发。家室寄中原，无产给衣食。……老妻亦何为？频年苦煎迫。上以奉继姑，下以抚儿婢。执爨色焦槁，补缀眼昏涩。我虽官在朝，蓬梗真浪迹。及归苦告诉，数子俱未室。生理况萧条，侨寓亦何益？……吾闻古人言，老穷当固节。……誓将笃忠贞，于以守清白。"❶尽管窘迫，他仍有豪迈志向。他本人是"久知按部无膏泽"，❷有自甘清贫的心理准备。

其次，薛瑄是"勿任憎欲"的君子。都御史王文，附会宦官王振，有一次以"大臣巧言谏免，暗邀人心律"，罪当"大辟"，欲置薛瑄于死地。后来，又因苏州狱，欲以党庇谋叛者，欲治薛瑄以重罪。但英宗复辟后的大清算，石亨、徐有贞欲以"谋危社稷，凌迟处死"于谦、王文时，薛瑄仍出面疏救之。以"三阳发生，不可用重刑"劝谏皇帝，最后刑罚得减一等。在薛瑄那里，没有恩怨心，只有是非识。他是真正的君子儒。

再次，薛瑄是"勿好刻酷"的仁者、慈者，也是有公心的刚者。他讲"治狱有四要：公、慈、明、刚"，讲"公则不偏""慈则不刻""刚则能断"。做监察御史时，他就表示"愿效冰霜达阳气，普期八表仁风吹"；❸执法之肃杀，目标是阳气来、仁风吹。他与同年御史相会，共勉以"揽辔直拟清四方。发奸凛凛息豺虎，洗窟藹若回春阳"。❹治奸除害、雪冤平反，由秋冬肃杀中带给人们春阳般温暖，慈与刚必不可少。而公者必直，薛瑄"由风宪进廷尉，直不见容，安命而归"。❺

复次，薛瑄是"勿偏纵释"的公者、直者。薛瑄之公、直，就是不放纵罪犯。他说："法者，天讨也。以公守之，以仁行之。"❻又说："法者，天讨也，或重或轻，一付之无心可也。或治奸顽而务为宽纵，暴其小慈，欲使人感己之惠，其慢天讨也甚矣！"❼他在南京大理寺卿治豪民挟赀杀人，即以"死者无辜"反对贷其

---

❶ 《文清公薛先生文集》卷一《古诗·述怀》，载《薛瑄全集》（第1册），第82—83页。
❷ 《文清公薛先生文集》卷八《律诗·发沅州舟中寄陈侍御（二首）》，载《薛瑄全集》（第1册），第324页。
❸ 《文清公薛先生文集》卷二《歌·沅州春日歌》，载《薛瑄全集》（第1册），第117页。
❹ 《文清公薛先生文集》卷三《歌·骢马行春歌为陈侍御赋》，载《薛瑄全集》（第1册），第119页。
❺ 《薛文清公行实录》卷三《记类·王盛〈薛文清公书院记〉》，载《薛瑄全集》（第3册），第1153页。
❻ 《读书录》卷三，载《薛瑄全集》（第2册），第740页。
❼ 同上书，第742页。

罪，就是坚持虚心（"无心"）从法，而不是"有意"行慈惠。因而，他所谓的"公、慈、明、刚"之"慈"是大慈悲，是轻重适宜的仁恕，不是向人买好的小慈惠，比如像朱熹抨击过的法官故意轻纵罪犯以求福报的行为与心理："今之法家，惑于罪福报应之说，多喜出人罪以来福报。夫使无罪者不得直，而有罪者得幸免，是乃所以为恶尔！何福报之有！"❶ 故薛瑄说："天下之狱，自古不得其平者多矣！掌刑者可不择其人乎？"❷ 在这方面，公、直用法，与"平"的司法理念，有一定的重合。当然，司法之"平"，前提上须仰赖立法之"平"。薛瑄说："法者，因天理、顺人情，而为之防范禁制也。当以公平正大之心，制其轻重之宜，不可因一时之喜怒而立法。若然，则不得其平者多矣。"❸ 又说："立法之初，贵乎参酌事情，必轻重得宜，可行而无敝者，则播告之。修既立之后，谨守勿失，信如四时，坚如金石，则民知所畏而不敢犯矣。或立法之初，不能参酌事情，轻重不伦，遽施于下，既而见其有不可行者，复遂废格，则后有良法，人将视为不信之具矣。令何自而行？禁何自而止乎？"❹ 有了立法之"平"，司法就好办了，"用法秤量轻重，要不失其中而已。"❺

最后，薛瑄是治狱的"明"者，"明则能照"，能洞察奸慝，看穿民隐。而做到"明"，除了"公""慈""刚"并行外，还要"威、明""明、慎"并用。薛瑄说："《噬嗑》《贲》《丰》《旅》四卦，论用刑皆'离火'之用，以是见用法贵乎明。《噬嗑》《丰》以'火雷'、雷火交互为体，用法贵乎威、明共济。《贲》《旅》以'山火'、火山交互为体，用法贵乎明、慎并用。"❻ 则《周易》四卦的卦像，除了"用法贵乎明"的共性外，还有"用法贵乎威、明共济""用法贵乎明、慎并用"这两个细节。

总之，细品薛瑄，他给人的印象，每每是其法吏形象盖过了其经师形象。盖薛瑄办案，比较全面地践行了他倡言的治狱须"公（不偏）""慈（不刻）""明

---

❶（宋）黎靖德编：《朱子语类》卷一百一十《朱子七·论刑》，王星贤点校，中华书局1986年版，第7册，第2711—2712页。
❷《读书录》卷八，载《薛瑄全集》（第2册），第847页。
❸《读书录》卷二，载《薛瑄全集》（第2册），第722页。
❹ 同上。
❺《读书录》卷三，载《薛瑄全集》（第2册），第743页。
❻《读书录》卷四，载《薛瑄全集》（第2册），第753页。

（能照）""刚（能断）"的四大品质，及"勿徇货利，勿任憎欲；勿偏纵释，勿好刻酷"四大忌讳。作为法吏，薛瑄是合格的，甚至是优秀的。他办理诸案的轰动性，更有助于其形象的形成与固定——不怕死、不惧罢官的法吏，气节又在其仁恕、公直、忠诚之上。

编辑：彭巍

专题　民事在线诉讼

德国民事诉讼中的电子文档和电子签名[*]

[德]彼得·哥特瓦尔德 著[**]

曹志勋 译[***]

引 言

越来越多的商事和经济往来都在线上进行,并且会向无纸化和电子化的方向继续发展。一旦在此类合同中产生了纠纷,那么合同的内容、交易的进程、送达的确认以及其他事项都只能以电子文档的方式得到证明。对于口头达成的合同,也可能可以通过证人证言替代证明。但是,这种替代方式在线上交易中却几乎不可能,因为在多数情况下,在线合同的达成都缺少卖方的亲自参与。而其他的交

---

[*] 本文的繁体中文版曾发表为:[德]彼得·哥特瓦尔德(Peter Gottwald):《德国民事诉讼中的电子文档与电子签章》,曹志勋译,载姜世明主编:《电子文书及电子商务相关实体与程序问题之研析》,新学林出版股份有限公司2018年版,第433—452页。原文以 Elektronische Dokumente und elektronische Signaturen im deutschen Zivilprozess 为题发表在同书第407—432页。在此次简体中文版发表前,译者根据大陆地区的学术表达习惯,对全文表述完成大量修改和调整。

[**] 彼得·哥特瓦尔德(Peter Gottwald),德国雷根斯堡大学民法、程序法和国际私法荣休教授,曾任国际诉讼法学会主席。

[***] 北京大学法学院长聘副教授,博士生导师,法学博士。译者感谢政治大学刘明生教授的翻译邀请和在本文繁体中文版修改过程中提出的大量修改建议,感谢陈宗庆、康朔同学和管云彪、刘士豪、谢颖同学在翻译和校对中出色的研究助理工作。关于德国《民事诉讼法典》的中译,请参见《德国民事诉讼法典》,赵秀举译,法律出版社2021年版。特别需要注意的是,近年来围绕德国《民事诉讼法典》第173—174条(将)发生一系列立法修改,如自2022年1月1日起,原有的第174条被删除而原有的第173条改为第174条,从而将第173条保留给"电子文档的送达"。本文尊重原文撰写时的法律现状,而未在行文中一一指出,对于2022年和2023年修法建议中出现的新问题也未作讨论。在作者撰写本文时,也断然想不到本文主题会由于全球疫情而发生巨大变化。

易虽然可以由当事人亲自进行，但是就合同成立而进行的通信往来也都不再借助传统邮寄信件，而是通过电子邮件的方式。一些合同本身也要求特定的形式，于是产生如下问题：是否需要传统意义上的亲自签名？或者甚至有与此相当的电子形式的证明方式？

在诉讼上成为问题的是，在所有的在线交易中或者通过电子邮件发出合同意思表示的情况下，这些具有电子形式的意思表示是否在民事诉讼中已被"提出"，是否具有足够的证明力？

当司法程序本身通过电子方式进行时，需要解释的是，当事人的诉讼行为和法院的行为必须满足哪些电子形式的要求才是有效的。由于电子邮件的内容可被轻易地伪造，就此而言，立法者或许并不会允许通过通常电子邮件的方式提起诉讼、答辩、作出法院命令、送达以及作出判决等，而是要么要求引入架设在法院和律师之间的特殊通信线路（正如在奥地利的情形），或者要求以特别的传输形式或者特别的电子签名来提高通信的防伪能力。

就上述两类问题，德国的立法者提供了何种解决方案，正是我如后详述的对象。目前这一领域中已经确立了一些规则，但是其尚未被充分实施。因此，我只能部分介绍立法者的方案。就新规则而言，我们仍然缺乏对实际情况的观察和经验。其中的一些规则在技术方面也存在困难，不过我仍希望能描述德国法律状况的适当图景。

一、通过电子文档提出证据

（一）电子文档作为勘验对象

作为2001年《债法现代化法》的一部分，立法者在德国《民事诉讼法典》第371条第1款（勘验证据）中增加了下列第2句："当电子文档是勘验对象时，可通过提交和传送电子数据的方式提出证据。"因此，打印文本内容或者图片等并非必须，通过U盘提交电子数据或者以电子方式传输即可。这是有道理的。然而，这为什么属于勘验呢？立法者认为，适用于传统文书的严格证明规则并不适用于可以被轻易改变的电子数据。由于勘验证据适用自由心证原则（德国《民事诉讼法典》第286条第1款第1句），因此立法者将通过电子文档提出的证据归类于此。欧洲 2014 年第 910 号《电子身份认证和电子交往的私密服务法令（eIDAS—VO）》❶ 进一步规定，法院不能仅仅因为电子文档采取电子形式，而将电子文档排除出证据方法。上述规则被规定在《电子身份认证和电子交往的私密服务法令》第 25 条第 1 款、第 35 条第 1 款、第 41 条第 1 款、第 43 条第 1 款和第 46 条。❷

与此相对，当电子文档因附有合格（qualifizierte）的电子签名而具有足以防伪的安全性时，则具有与纸面文书相同的证明力（德国《民事诉讼法典》第 371a 条）。现就此作更进一步说明。

（二）通常的电子数据

一般的电子邮件、U 盘中的数据、一般在云盘中所储存的数据、在脸书和推特等网站上的消息，为了证明其中的表示、信息和图片等内容，可以被提交给法院。法院必须了解其内容，并就此通过自由心证导出其事实认定结论（德国《民事诉讼法典》第 286 条第 1 款第 1 句）。

（三）合格的电子私文书

当电子私文书附有合格电子签名时（《电子身份认证和电子交往的私密服务法令》第 32 条），根据德国《民事诉讼法典》第 371a 条第 1 款第 1 句的规定，这些文书具有与德国《民事诉讼法典》第 416 条所规定的私文书相同的证明力。合格的电子签名，根据《电子身份认证和电子交往的私密服务法令》第 25 条第 2 款，具有和手写签名相同的法律效果。❸

然而，合格的电子签名在哪里呢？根据德国《电子签名法》和如今的欧洲《电子身份认证和电子交往的私密服务法令》，这涉及一种特别安全的高阶电子签名。通过电子签名密封的文件在传输过程中无法被伪造，寄送人也不会作出与自己表意不同的意思表示。这里使用的是一种加密技术。加密的并非文件本身，而

---

❶ Verordnung (EU) Nr. 910/2014 ... vom 23. 7.2014 über elektronische Identifizierung und Vertrauensdienste für elektronische Transaktionen im Binnenmarkt, ABl EU 2014 L 257/73; 就此的德国法依据：eIDAS—Durchführungsgesetz vom 18.7.2017, BGBl I 2745。

❷ *Malte Kramme*, Auswirkungen der Verordnung über elektronische Identifizierung (eIDAS—VO) auf das Beweisrecht am Beispiel des deutschen Zivilverfahrens, GPR 2017, 60, 61。

❸ 对该规则的批评意见：*Kramme*, GPR 2017, 60, 64。

是从文件中得出的哈希值（HASH—Extrakt）。加密是通过寄送人和（通过芯片和密码获取凭证的）凭证持有人的双重密码实现的。收件人必须持有相对应的公开密码，凭此才能再次开启文件。而合格的电子签名应当额外地阻止其他人成为收件人了解文件的内容。在这种情况下，文件本身将被加密，因此只有通过收件人的"私人"密码才能够打开文件。❶通过这种方式以及其他接入系统的条件，可以确保文件中记载的意思表示确实来自寄送人。正因如此，合格的电子签名可以替代亲笔签名。

提出这种文件能够完全证明制作人发出了文件中所包含的表示，同时也存在真实性的外观（德国《民事诉讼法典》第371a条第1款第2句）。相反，电子文档并不能证明表示本身是正确的且是在具有完全行为能力时被发出的。根据通说见解，私文书的制作者也可通过提出反证降低文件的证明力，比如他丢失了文书，也就表示并不是基于他的意愿到达收件人的。相应地，持有签名密码的人可以证明签名密码实际上在个案中被一个无权第三人使用。❷

此外，当自然人从他的德邮账户（De-Mail-Konto）（根据2011年《德邮法》❸设立）中发出信息时，适用相同的规则。如果系统确认了寄送人，那么其表示的真实性将得到推定。根据德国《民事诉讼法典》第371a条第2款的规定，德邮账户的拥有者可以提出相反事实，足以使法官确实怀疑他就上述内容发出了表示。比如，他可以证明，在发出表示的时候他正躺在医院中处于休克状态。

（四）电子公文书

政府机关和其他"具有公信权限的人员"（比如公证人）当然也可以制作电子文档。当他们的行为在自己的权限范围内且符合预设形式时，这些文件也具有和公文书相同的证明力（德国《民事诉讼法典》第371a条第3款第1句）。该规则重述了德国《民事诉讼法典》第415条以下规定的、适用于传统公文书的证明力规则。该文书也证明了政府机关在事实上已发出了其中所包含的表示，或者文书

---

❶ *Helmut Rüßmann*, Die Anwendung moderner Technologien im Zivilprozess und anderen Verfahren, in Rechberger/Klicka, Procedural Law on the Threshold of a New Millennium, 2002, S. 205, 211f. 详细讨论系统的安全性：*Rüßmann*, Electronic documents. Security and Authenticity, in Kengyel/Nemessányi, Electronic Technology and Civil Procedure, 2012, S. 233。

❷ *Peer Philip Wagner*, Das elektronische Dokument im Zivilprozess, JuS 2016, 29, 31.

❸ BGBl 2011, I S. 666.

中所包含的命令或裁判事实上已经被宣告（德国《民事诉讼法典》第 417 条）。这种电子公文书则证明其中被证明的事实是正确的，即符合客观真实（德国《民事诉讼法典》第 418 条第 1 款）。

当电子公文书也配有合格的电子签名时，根据德国《民事诉讼法典》第 371a 条第 3 款第 2 句结合第 437 条的规定，可以推定其是真实的，亦即作为制作者的政府机关事实上也是文件的作者。当机关通过其德邮账户发出表示时，也适用相同的规则（德国《民事诉讼法典》第 371a 条第 3 款第 3 句）。德邮服务涉及一项类似于电子邮件的技术，只不过使用了不同的通信方法，其能在网络中提供"安全、保密和多数情况下可验明的数据传输"（《德邮法》第 1 条第 1 款）。

特别重要的纸本文书不仅会由参与人和制作人签名，而且会经常会额外盖章。这种盖章对于电子文档来说，也应该是可行的。《电子身份认证和电子交往的私密服务法令》第 35 条以下详细规定了电子盖章的不同步骤。根据该法第 35 条第 2 款的规定，合格的电子盖章将推定文件数据的完整性和数据来源的正确性。同时该法令也引入了电子时间戳。如果电子文档配有时间戳，根据该法令第 41 条第 2 款的规定可以推定，其中标明的日期和时刻是正确的，同时与时间戳相关的信息未被改动。❶

电子文档具有相应的证明力。为使其能够在民事诉讼中作为证据方法使用，当事人可向法院传送电子文档。在有些情况下，电子文档也可通过电脑或投影仪在口头辩论中展示并使法院获悉其内容。只要仍使用纸本卷宗并以纸本形式提交书状，也可以将电子文档打印并附交打印件。然而，电子文档的打印件具有何种证明力呢？单纯的打印与通常的电子邮件一样不具有特别的证明力，而是应当由法官自由评价。当一份电子公文书被有权机关认证，根据德国《民事诉讼法典》第 416a 条情况则有所不同。在这种情况下，经认证的公文书打印件等同于经过认证的副本。也就是说，经认证的打印件享有与公文书相同的证明力（德国《民事诉讼法典》第 415 条以下）。电子笔录的打印件适用德国《民事诉讼法典》第 165 条的规定，而本来就通过电子方式作出的裁判，则适用德国《民事诉讼法典》第 314 条的规定。❷

---

❶ *Kramme*, GR 2017, 60, 61（也包括私人应用）.

❷ MünchKomm/*Schreiber*, ZPO, 5. Aufl. 2016, § 416a Rn. 8.

(五) 扫描的公文书

近期至少和电子文档打印件同样常见的是直接将公文书扫描以避免制作纸本文书的情况。当公文书被扫描且得到有关机关或者具有公信权限的人员确认该扫描件和原件在内容和图像上都一致时，扫描文书就具有公文书的证明力（德国《民事诉讼法典》第371b条第1句）。如果扫描件附有合格的电子签名，那么此外也适用德国《民事诉讼法典》第437条对于本国公文书真实性的推定（德国《民事诉讼法典》第371b条第2句）。这一规则允许公共机构在不损失相关证据材料的情况下，通过恰当方式扫描并销毁所保存的纸本文书。❶

就经扫描后的私文书而言，并不存在德国《民事诉讼法典》第371a条第1款就合格的电子私文书所规定的证明力规则。因此，就此而言仍然以法官的自由心证为准。❷

二、电子化、无纸化的民事诉讼

德国立法者（具体而言是联邦和各州）在几年前已发表其计划，尽可能使传统上与纸本材料相联系的民事诉讼全面地向电子化与无纸化发展。

（一）律师进行电子化通信的义务

2013年10月10日施行的《促进电子化法律交往法》❸预设了一个明确的时间表，从何时起书状可以以电子形式向法院提交，以及什么文书从什么时候开始一般来说只能以电子形式提交。根据德国《民事诉讼法典》第130a条第1款的规定，当相应的技术条件得到满足时，准备性书状就以电子文档的形式向法院提交。至于这种条件何时成就，则应当由联邦和各州分别通过法律条例加以规定（德国《民事诉讼法典》第130a条第2款）。联邦已经为联邦各最高法院作出了上述规

---

❶ *Wagner*, JuS 2016, 29, 32.
❷ Zöller/*Greger*, ZPO, 31. Aufl. 2016, § 371b Rn. 1; *Klaus Bacher*, Der elektronische Rechtsverkehr im Zivilprozess, NJW 2015, 2753, 2758 f.
❸ BGBl 2013 I S. 3786.

定，自 2001 年起，所有的诉讼文书都可以以电子形式向联邦最高普通法院提交。❶在州各级法院的层面尚未出现一般性的许可，但是个别法院已经多次在实践中试验电子化法律交往。根据上述 2013 年的立法，自 2018 年 1 月 1 日起，应当能在所有的法院中提交电子文档；❷自 2022 年 1 月 1 日起，除非例外地出现技术故障，所有诉讼文书则必须以电子形式提出。至于上述规定在事实上能否如期被实现，则有待进一步观察。

然而，如前所述，诉讼书状不能通过通常的电子邮件来发送。因此，针对律师发展出所谓的律师特别电子邮箱（besondere elektronische Anwaltspostfach; beA）。在一定的拖延之后，联邦律师协会自 2016 年底，已为每位被许可的律师设置了这种律师邮箱［《联邦律师法》（BRAO）第 31a 条第 1 款］。❸律师的准确名称被收录在联邦律师协会的官方律师名录中（《联邦律师法》第 31 条第 3 款第 1 项），于是每位律师都能被法院和其他律师以电子方式取得联系。自 2018 年 1 月 1 日起，根据修订后的《联邦律师法》第 31a 条第 6 款的规定，每位被许可的律师都有义务使用能够收信的律师特别电子邮箱，并且通过该律师邮箱了解送达和其他通知。

通过律师特别电子邮箱，律师同时能够接收和发送电子文档。他可以通过这种方式起诉，当然也可借此向法院提出后续所有（决定性或者准备性）的诉讼书状。发送电子文档必须使用合格的电子签名（修订后的德国《民事诉讼法典》第 130a 条第 3 款），这听起来好像非常复杂，其实并不是。在发出文件时，律师可以自行输入签名密码（类似于现金账户的芯片卡），此时他需要使用个人身份识别码（PIN）签名。长久以来，由于发送文件只能由律师作为密码或者凭证的持有者完成、在技术上高度私人化，在实践中很少有人使用这项技术。❹不过，目前已经发展出新的替代办法。律师可以像通常一样在诉讼书状上签名，然后由律师事务所的工作人员（通过电脑中安装的特别签名软件）使用密码签名❺并且发送电子文档。文件的发送可以通过律师特别电子邮箱，也可以通过德邮账户或者使用其

---

❶ §1 ERVVO BGH v. 26.11.2001, BGBl I S. 3225.
❷ 不过，各州可以至多将此项义务推迟两年之久。
❸ Vgl. *Brosch/Sandkühler*, Das besondere elektronische Anwaltspostfach, NJW 2015, 2760.
❹ Vgl. *Preuß*, ZZP 119 (2016), 421, 426; *Bacher*, NJW 2015, 2753, 2754.
❺ Vgl. *Bundesrechtsanwaltskammer*, beA-Newsletter Ausgabe 36/2017 v. 7.9.2017.

他法律条例许可的方式（修订后的德国《民事诉讼法典》第 130a 条第 4 款）。不过关键的是，未来所有的（律师）诉讼书状都需要以合格电子签名的方式作为电子文档发送。❶

自 2022 年 1 月 1 日起，律师必须将所有的诉讼书状作为电子文档向有管辖权的法院发送（修订后的德国《民事诉讼法典》第 130d 条第 1 句），这包括所有附件和需要书面提交的申请及表示（也就是诉本身）。如果通过其他形式提交书状，则其中包含的诉讼行为无效。❷ 这里有一个小的附加问题。由于电子文档可能采取完全不同的格式或储存技术，法院的电脑并不能处理所有文件。如果现在被发送的电子文档采取了不适合的格式，那么该诉讼行为根据一般规则将是无效的，因为律师在发送文件前必须核实可用的数据格式。此时也不能适用德国《民事诉讼法典》第 233 条规定的回复原状程序。就此而言，修订后的德国《民事诉讼法典》第 130a 条第 6 款则规定，法院必须向发送者提示文件到达的无效性以及法院所需要的技术条件。如果电子文档的发送人接着不迟延地发送了技术格式恰当的文件，那么文件将被视为在最初到达时已经到达，从而满足了法定期限或者法院指定的期限。❸ 仅在以电子方式发送（经疏明）由于技术原因暂时无法实现时，纸面提交才是合法的。不过法院可以要求随后提交一份相同内容的电子文档。可以预见的是，正如回复原状程序的要件一样，将来就是否存在例外情形、是否已疏明、律师为排除障碍是否已尽其所能等问题，常常会产生争议。❹

在不少情况下，书状中发送的也可能是实体法上的表示。于是成为问题的是，以电子形式发出上述表示是否符合形式上的有效要件。根据德国《民法典》第 126a 条第 1 款的规定，通常的书面形式可以被电子形式代替。制作者必须在文件中加入其名字，并且在其中也加上合格电子签名。在多数情况下，电子书状中包含的实体法表示也是有效的。不过，例外仍然存在：德国《民法典》第 623 条第 2 分句就劳动关系的通知解除明示地排除了电子形式。

迄今为止，对于通过电子方式发送的书状的规定，并没有超越根据德国《民

---

❶ *Preuß*, ZZP 119 (2016), 421, 425.
❷ *Preuß*, ZZP 129 (2016), 421, 430.
❸ *Bacher*, NJW 2015, 2753, 2757; *Preuß*, ZZP 129 (2016), 421, 433.
❹ Vgl. *Bacher*, NJW 2015, 2753, 2756 f.; *Preuß*, ZZP 129 (2016), 421, 434.

事诉讼法典》第130条对于书状所设的一般性要求。不过，修订后的德国《民事诉讼法典》第130c条赋予联邦司法部通过法律条例引入电子化表格的职权。目前正处于讨论中的是对填写页面的要求，以使当事人及其代理人自动地填写；填写内容无法被改变，且能被法院作出的所有命令与裁判使用。❶此外，还出现了进一步建议，主张书状的撰写应当完全符合某种格式，以使通过法院的电脑能够以类似自动化的方式审读重要事实与法律规范，并且使其能被整合在某个包含相关资料的"程序文件"（Verfahrendokument）中。❷然而，立法者尚未考虑这些建议。

（二）法院进行电子化通信的义务

法院也必须准备好采取电子化通信，并且获得所有必要的技术设备。根据修订后的德国《民事诉讼法典》第130a条第4款第2项的规定，法院必须设置电子邮箱/电子邮局，简称电子法院与管理邮箱（EGVP）。如果律师在他的邮箱中下载了必要的软件（电子法院与管理邮箱安装程序），其就可以将书状作为电子文档传送给有管辖权的法院的电子法院与管理邮箱。这种传送可以"24小时"随时进行，安全可靠并节省时间、纸张与邮寄费用。

如果律师在电脑上也安装了电子法院与管理邮箱程序，那么根据修正后的德国《民事诉讼法典》第130a条第5款第2句的规定，他将立即从法院的接收器收到一个（被电子签名的）自动到达确认书（附有时间戳）。于是，他马上就可以得知其诉讼书状是否如期发送到了正确的法院。❸

当然，法院可以也应当通过这种电子法院与管理邮箱程序向诉讼当事人发送所有其他的通知。

（三）送达

只要被告聘请了律师，法院就会通过电子方式向原被告完成所有的送达，也就是说从法院电子邮箱到律师特别电子邮箱（beA）。2018年1月1日之后，每

---

❶ *Preuß*, ZZP 129 (2016), 421, 443.
❷ Vgl. *Preuß*, ZZP 129 (2016), 421, 449.
❸ 关于劳动法院的相应规则：*Jürgen Treiber*, Das Gesetz zur Förderung des elektronischen Rechtsverkehrs mit den Gerichten, NZA 2014, 450, 452。

一个能以提供送达回执的方式被送达的人都有义务接受这种服务（修订后的德国《民事诉讼法典》第174条第3款第4句）。对律师而言，其必须将律师特别电子邮箱（beA）至少消极地作为被送达的方式来使用。与现在相同，律师必须通过送达回执明示地确认送达。只有他在事实上作出送达回证的日期才能被作为送达日期。《促进电子法律交往法》的草案在修订后的德国《民事诉讼法典》（草案）第174条第3款第1句中曾经规定，新的电子系统应当自动地发出送达确认书。根据修订后的该法（草案）第4款第3句，被发送的文件将在送达确认之日后的第三个工作日被视为已经送达，除非接收方在此前就确认收到。然而，由于律师的抗议，立法者没有选择这个方案。根据修订后的德国《民事诉讼法典》第174条第3款第3—5句的规定，送达需要通过电子接收回执得到证明。该回执应该通过在格式上可机读的方式向法院传送，其中应当使用法院以送达方式发来的数据记录。❶根据德国《律师职业规范》（BORA）第14条的规定，律师必须"毫不迟延"地发出接收回执。

三、法院的电子卷宗

德国立法者有着远大的目标，设想在2026年之后，在所有的德国法院只使用电子卷宗（修订后的德国《民事诉讼法典》第298a条第1a款第1句）。❷在2022年1月1日之后，律师原则上就只能通过电子方式发送所有书状。基于这种电子文档和书状的关系，以下问题值得讨论。

（一）打印电子文档

1. 作为法院纸本卷宗

如果律师向法院提交了电子文档，而法院依然使用纸本卷宗的话，那么法院就需要为存档而打印电子文档。此时法院会注明，该电子文档是否已附有合格电子签名（修订后的德国《民事诉讼法典》第298条第1款和第3款）。如果打印文件已收入卷宗，法院则被准许在6个月后删除电子文档（修订后的德国《民事诉

---

❶ *Preuß*, ZZP 119 (2016), 421, 436 f.; *Treiber*, NZA 2014, 450, 453.
❷ Gesetz zur Einführung der elektronischen Akte in der Justiz... v. 5.7.2017, BGBl. I S. 2208.

讼法典》第 298 条第 4 款）。❶

2．送达

当被诉的被告没有律师代理时，未来仍需通过邮寄方式完成书面送达。由于诉讼将来只能以电子文档的方式提起，法院的书记处必须自行将诉状及其所有附件打印并邮寄，相反现在原告则必须提交送达所必需的副本。❷ 当必须向比如作为诉讼告知相对人的第三人送达时，也适用相同规则（德国《民事诉讼法典》第 73 条第 2 句）。因此，书记处的工作量就增加了。此时诉状必须通过邮寄方式送达，并且取得邮寄送达证书（德国《民事诉讼法典》第 182 条第 1 款）。书记处可以从邮局获得该证书的原件，邮局也可以在扫描后将其作为电子文档发回书记处（德国《民事诉讼法典》第 182 条第 3 款）。

（二）从纸本书状向电子文档的转换

在引入电子卷宗之后，如果没有律师代理的当事人或者面临技术故障的律师提交了纸本书状，其就必须被转换为电子文档，以便存入法院的电子卷宗。法律明确要求，电子文档在图像与内容上必须与纸本书状及其他资料完全一致（修订后的德国《民事诉讼法典》第 298a 条第 2 款第 2 句）。只要纸本书状不涉及必须被返还的原始文书，法院就可以在扫描的 6 个月后将其销毁（修订后的德国《民事诉讼法典》第 298a 条第 2 款第 3 句）。

（三）判决送达和判决正本

对于可以以送达回执方式被送达的所有人，也可以以电子文档的方式送达法院的裁判。这些被送达主体包括律师、公证人、法院执行员和税务人员以及同意以这种方式被送达的第三人（修订后的德国《民事诉讼法典》第 174 条第 3 款第 1 句和第 2 句）。直接通过电子法院与管理邮箱发送给诉讼代理人的律师特别电子邮箱（beA），将显著地减少法院书记处的工作量。如果为了强制执行需要出具判决正本（Urteilsausfertigung），那么仍必须依照当事人的申请以纸本形式作出（德国《民事诉讼法典》第 317 条第 2 款第 1 句）。当判决已经以电子文档的方式作出

---

❶ *Bacher*, NJW 2015, 2753, 2755.
❷ *Preuß*, ZZP 119 (2016), 421, 440 f.

时（在引入电子卷宗之后），则判决的正本和副本（Abschrift）只需要简单打印电子数据即可（德国《民事诉讼法典》第317条第3款）。❶

（四）借助电子档案的司法实务

就目前而言，在联邦州层面，只有个别法院尝试了这种实践，比如在拜仁州的兰茨胡特（Landshut）和雷根斯堡（Regensburg）的地区法院。这里的每个法官办公室都配备了两台电脑，一台用于阅读电子档案，另一台用于自行制作新的文档。

一些法官很乐于尝试新的技术可能性。由于卷宗中所有文件的全文均以电子方式处理，法官能以电子的方式标注重要段落，并且能灵活地摘录文件的部分内容，因此使裁判的制作得到简化。此外，在家工作也被认为更便利了，因为法官不必再把卷宗带回家中。❷ 其他法官抱怨，目前能使用的电脑技术仍显不足（启动电脑、调出案例以及浏览电子文档的时间过长），而且软件与服务器至今仍容易发生故障。这就导致工作可能在时间上完全停滞，以及在很多案件中如果没有打印稿，对照若干文本几乎是不可能的。❸

结　论

无论如何，德国《民事诉讼法典》在法律上已经准备好向纯粹的电子民事诉讼转化，使诉讼尽可能在完全无纸化的情况下进行。德国立法者通过几部法律提供了相应的法律基础。随着律师特别电子邮箱的设置，律师界也已为此做好准备。然而，我们在很大范围内仍需为法院配备相应的技术设备，才能使电子民事诉讼得以启动。

长久以来，作为证据方法的电子文档已经得到了详细规范。一般而言，此时适用自由心证原则。然而，德国立法者认为，附有合格电子签名的电子文档与纸本文书具有相同的证明力。

---

❶ *Preuß*, ZZP 119 (2016), 421, 441.
❷ 这种理解参见：*Henning Müller*, Die E-Akte in der Praxis, DRiZ 2014, 290。
❸ 这种理解参见：*Ekkehard Müller-Jentsch*, Die Angst der Richter vor der E-Akte, Süddeutsche Zeitung Nr. 174 v. 31.7.2014, S. 47。

同时，电子民事诉讼也完全建立在配有合格电子签名的文件的基础上。因此，如果不考虑技术故障的话，无纸化程序与利用纸本卷宗、纸本书状进行的传统诉讼程序可以在法律上同样可靠地进行。至于使用现代化信息技术能否最终真正提高司法机关的效率，以及是否使当事人更容易实现其权利，❶仍有待进一步确定。

编辑：霍海红

---

❶ Vgl. *Sabina Klein*, Elektronischer Rechtsverkehr in der Justiz, in: Götz von Olenhusen, 300 Jahre Oberlandesgericht Celle, Festschrift zum 300-jährigen Jubiläum, 2011, S. 227.

迈向在线诉讼时代的法国民事诉讼改革

[法]纳塔莉·斐塞罗 著*

巢志雄 译**

引 言

在我以主题发言人的身份发言之前,我与我的同事玛丽·塞西乐·拉塞尔(Marie Cécile Lasserre)以主办方的名义感谢各位嘉宾参与本次研讨会,共同探讨法国民事诉讼法的未来。感谢我们的合作方,滨海阿尔卑斯省专家辅助人协会(UCEJAM)、尼斯律师协会、格拉斯律师协会。我们的合作方从智识和物质上均给予了宝贵的支持。感谢参加本次会议的各位法院院长和法官、各位书记员室负责人和书记员、各位律师协会会长和律师、各位专家辅助人、普罗旺斯·艾克斯上诉法院专家辅助人协会(UCECAAP)和全国专家辅助人协会(CNCEJ)的代表,以及来自高校的专家,共同为法国民事诉讼法的"改革"指明方向。感谢尼斯大学诉讼法研究中心(CERDP),为本次会议的顺利举办提供了实质性保障,特别是中心秘书戈瓦戎女士(Goiran)和各位极具学术热情的博士生。中心主任玛西娅·拉缇娜教授(Mathias Latina)长期以来积极支持我们组织开展各项学术活

---

* 纳塔莉·斐塞罗(Natalie Fricero),法国尼斯大学(Université de Nice-Côte d'Azur)法学院教授,司法研究中心主任,法国律师资格培训考试委员会主席、法国最高司法委员会委员。原文载于:Natalie Fricero, Marie-Cécile LASSERRE, *Nouvelles procédures civiles, nouvelles pratiques professionnelles, Bilan et perspectives*, L'Harmattan, 2020, p. 19-38. 原文标题为《民事诉讼的根本变革:迈向新的民事诉讼程序?》,译者对原文标题的中文翻译做适当调整。本文翻译已获得作者授权。

** 中山大学法学院副教授,博士生导师,法国巴黎第一大学访问学者。

动。我还要特别感谢我的同事玛加利·布卡隆（Magali Boucaron），很遗憾今天因故未能到会。感谢各位的信任，由我对今天的议题做总结发言。

毫无疑问，2020年是法国民事诉讼法的改革之年，我们迎来了焕然一新的民事诉讼程序。从某种角度来说，本次民事诉讼法（以下简称"民诉法"）的修订标志着法国民事诉讼程序与过去的"断裂"。立法者的目标是给民事司法制度注入新活力，特别是融入了令任何人际交往都无处逃遁的"数字化"浪潮，成为本次民诉法改革的主要标志。面对本次民诉法翻天覆地式的变化，民事司法的各参与主体（当事人、法官、书记员、司法辅助人员、专家辅助人等）均有进入了"恐慌地带"之感，似乎进入了流动的沙地。本次研讨会有助于我们重新找回"舒适区"，让每个人都能尽力对抗"外来侵扰"而重新在工作中找到平衡感。❶

为了更好地理解本次民诉法改革，我们根据立法者的三大改革意图，将改革内容分为三个部分。三大意图为：改革目的之一，人力资源和物质资源管理的合理化以及民事司法制度的新活力；改革目的之二，民事司法的数字化转型以及强化律师在民事诉讼中的角色；改革目的之三，让民事司法的首要功能重回"以纠纷解决为中心"以及"以保障人民权利为中心"。

一、通过合理配置司法资源为民事诉讼程序注入新活力

为了实现这一目标，本次民诉法修订采取了以下三方面的改革措施。

（一）管辖权异议的程序简化

通过修订《司法组织法》，法国的法院体系近期产生了较多调整。一是全面撤销各地的小审法院（tribunaux d'instance），改设为初审法院（tribunal judiciaire）；二是建立附属于初审法院的派出法庭（也称为"近邻法院"）；三是设立附属于初审法院的独任制权益保护法官（JCP），专门负责审理小额（不超

---

❶ 法国生理学家克劳德·贝尔纳（Claude Bernard）在其著作《实验医学研究导论》中提出了"稳态"（homéostasie）概念。稳态是在体内各种调节机制下，通过消化、呼吸、血液循环、肾的排泄等各系统的功能活动而维持的一种动态平衡。整个机体的生命活动正是在稳态不断遭到破坏而又得以恢复的过程中进行的。美国生理学家沃尔特·布拉德福特·坎农（Walter Bradford Cannon）把"homéostasie"拆成两个希腊语，即stasis（状态）和homoios（相同的、近似的）来理解。在其著作《身体的智慧》中，他认为"稳定状态"是生命为对抗外界环境的改变而实施的生理活动。

过 5000 欧元）的租约纠纷和消费者权益保护纠纷。法国《司法组织法》第 L.213-4-1 条及以下对独任的权益保护法官的专属管辖案件做了专门规定；第 L.211-9-1 条及以下对初审法院的管辖案件做了若干特别规定；第 L.212-8 条对派出法庭的设置和管辖权问题做出了明确规定。这些《司法组织法》的复杂规定，使公民提起民事诉讼变得不那么简单，容易在案件管辖问题上出现差错。民事诉讼中极易出现管辖争议，导致民事诉讼程序无可避免地复杂化。为了避免民事诉讼程序坠入过于拖沓的陷阱，法国《民事诉讼法》在第 81 条下新设了第 1 款，规定如下：

> 作为本分节（管辖权裁定）规定的例外，初审法院可以根据一方当事人的请求或者依职权，在一审第一次开庭前以书面方式告知案件管辖权的处理结果，只要法官认为本案管辖权问题的审查不涉及案件的实体问题即可。法院应当及时将该书面文件用任何可行的方式告知当事人或其代理人，并且在书面文件中明确指出异议期。
>
> 书记员应当将案件卷宗及时移交给主审法官。
>
> 一方当事人或者主审法官均可在三个月内对案件的管辖权问题提出异议。
>
> 在此情形下，主审法官依职权或者依当事人申请将案件卷宗移交给初审法院院长，由院长重新将案件分派给其指定的法官。院长重新分派案件、指定主审法官的决定，当事人不得就此提出上诉。
>
> 当事人有权对案件的管辖权提出异议。在符合以下第二分节的情形下，当事人可以对管辖权异议的裁定提起上诉。

我们发现，管辖权异议程序的立法宗旨是推动初审法院内部办案程序的效能和速度，而不是致力于构建针对管辖权异议的上诉机制。这有利于初审法院在审理案件的实体问题之前，厘清管辖权问题。管辖权异议的程序目的重新被界定为：查明受理本案的初审法院是否具有管辖权、是否属于其他法院的专属管辖（例如商事法院）、是否需先行审查案件实体问题作为做出管辖权异议裁定的前提。

（二）建立独任法官的制度

学界呼吁多年的独任法官制度终得以在法国建立。在本次改革中，立法者建立独任法官制度的目的是缓解法院因巨量案件而承受的管理压力，同时也兼有让专门法官审理特定案件类型的考量。关于独任法官制度的改革，有两大内容。

1. 新设"权益保护法官"（JCP）职位

2019年3月23日的法令对法国《司法组织法》做出了修订，并借由2019年8月30日通过的第2019-212号法令落实了改革的具体措施。根据第2019-212号法令，每个初审法院都配置一位或者多位权益保护法官，专门且独立地负责审理某些特定类型的案件，但是其管辖权是相对有限的。

首先，权益保护法官的职责是对成年人的权利提供保护措施，根据《司法组织法》第L.213-4-2条的规定，包括以下5类措施：（1）临时司法保护、财产管理、对成年人适用的监护、法律援助；（2）督促旨在保障成年人未来利益的意定监护委托协议的正确履行；（3）夫妻一方在其配偶丧失意思表示能力时，依其请求，授权夫妻一方代替其配偶做出某种本应由本人做出的民事行为，使夫妻在特殊情况下得互为代理；（4）确认本人缺席审理；（5）审查民法典第Ⅰ卷第Ⅺ编第Ⅱ章第6节规定的指定授权人的请求和与家庭成员正确履行授权事项有关的事务。

其次，根据《司法组织法》第L.213-4-3条的规定，权益保护法官负责处理非法占有他人住宅的案件，有权对非法占有人采取驱逐措施，并且根据《司法组织法》第R213-9-3条的规定，还负责此类案件的二审审理。

再次，根据《司法组织法》第L.213-4-4条的规定，权益保护法官专门负责处理以房屋租赁合同纠纷，尤其是占有房屋为诉讼标的、诉因或者事由的案件，也附带负责处理与1948年9月1日第48-1360号法令规定的房东与租客或实际居住者之间的关系，以及与房屋租赁补助有关的纠纷。

需注意的是，权益保护法官受理第L.213-4-3条和第L.213-4-4条规定的案件，适用不动产所在地专属管辖规则，即应当由房屋所在地的初审法院权益保护法官审理。

同时，根据《司法组织法》第L.213-4-5条的规定，权益保护法官还负责审理《消费者权益保护法》第Ⅲ卷第Ⅰ编第Ⅱ章规定的侵害消费者权利案件。

此外，根据《司法组织法》第L.213-4-6条的规定，权益保护法官还负责审理《消费者权益保护法》第L.751-1条规定的与个人消费信贷信息的记录与删除有关的诉讼。根据《司法组织法》第R.213-9-8条的规定，这类案件由债务人住所地法院专属管辖。根据《司法组织法》第213-4-4条、第213-4-5条、第213-4-6条的规定，权益保护法官审理消费信贷案件的诉讼标的额上限是5000欧元。标的额不超过5000欧元的消费信贷案件实行一审终审。

最后，根据《司法组织法》第L.213-4-7条的规定，权益保护法官有权对自然人过度负债情形采取个人破产措施和复权措施。

权益保护法官适用独任制的审判组织形式，独立审理案件。当然，在确有必要时，权益保护法官也可以决定转为合议制，由初审法院的多位法官组成合议庭审理案件。在此种情形下，根据《司法组织法》第L.213-4-8条的规定，该权益保护法官应当是合议庭成员之一。

2. 独任制向合议制转换的情形

首先，独任制是初审法院的审判组织形式之一。《司法组织法》第L.212-2条规定，根据案件的诉讼标的或者作为裁判对象的争议的性质，初审法院可以对部分案件采取独任制审理。法国《民事诉讼法》第812条及以下亦对此作出了规定。同时，法院院长可以依职权或者依一方当事人申请，将案件的审判组织形式从独任制转为合议制。当事人或其代理人应当在收到法院有关通知之日起15日内提出关于变更审判组织形式的申请，否则承担逾期失权的不利后果。法院院长作出的审判组织形式变更决定，是不可上诉的。2019年3月23日修订后的《司法组织法》第L.212-1条对院长的审判组织形式决定权进行了适当限制，即"对于教育惩戒案件和身份关系案件，除了由家事法官和依本法第L.213-4-1条由权益保护法官审理的案件外，初审法院不得适用独任制审理"。

其次，审前准备法官有权作出"诉不可受理"的裁定。在案件的审前准备阶段，审前准备法官对当事人已经提出的程序性抗辩、申请回避（《民事诉讼法》第47条）、诉讼终结事由和"诉不可受理"（《民事诉讼法》第789条）抗辩有排他性的管辖权。审前准备法官可以单独审理，也可以组成合议庭审理。当事人及其代理人应当对这一程序规定保持足够警惕：事实上，当事人或其代理人至少应当在本案审前准备程序终结之前就提出上述程序性抗辩、"诉不可受理"抗辩和导致程序变动的各种事由，否则将不予受理，除非这些抗辩和事由是在审前准备法官办完审前准备程序后才发生或者被获知。在案件的审前准备阶段，当事人或其代理人应当仔细研究案件材料，发现可能存在的程序性抗辩事由，特别是"诉不可受理"抗辩，否则在后续诉讼程序中就无法再主张此类程序性抗辩。在案件的实体审理程序中，只有法官才能根据《民事诉讼法》第 125 条规定的具体条件，依职权适用"诉不可受理"的程序规定。如果本案"诉不可受理"抗辩的审查必须以案件实体问题的审理为前提，那么审前准备法官会将该案"诉不可受理"抗辩的审理移交给审前准备法官合议庭来处理。审前准备法官合议庭在确定的日期召开一次庭审，然后作出裁定。该裁定不可上诉。《民事诉讼法》第 805 条允许由审前准备法官单独组织双方当事人进行庭审，但是以合议庭的形式作出裁定，前提是当事人或其代理人不发表反对意见。

如果双方当事人均表示同意，那么审前准备法官可以单独对上述情形下的"诉不可受理"抗辩进行审理和裁定。在这两种情形下，审前准备法官将对案件的实体问题和"诉不可受理"的程序问题依据不同的法律规定作出裁定。该裁定涵盖的实体审理内容具有既判力，当事人有权依据《民事诉讼法》第 795 条的规定，对实体问题部分的裁定内容提起上诉。

（三）法国存托银行（CDC）的案件管辖权

根据 2019 年 3 月 23 日法令第 13 条的指引，在该法实施后的最晚 12 个月内，法国存托银行将被赋予部分金融案件的管辖权，行使以下职责：

1．在代位追偿案件中，在最短时间内接收、管理和分配由第三方（次债务人）根据《劳动法》第 L.3252-1 条至第 3252-13 条之规定支付的劳动报酬，并及时将多余款项归还给债务人。为此目的，第三方有义务以银行转账的方式将指定金额的款项汇至存托银行指定的账号。从 2020 年 1 月 1 日起，执行法官有权根据《司法组织法》第 L.213-6 条的规定，对债务人的工资采取冻结措施。

2．接收及代为保管诉讼当事人根据初审法院或者上诉法院的指令而缴存的资金，并且根据法官的指令对资金进行处置，将多余资金返还给当事人。为此目的，当事人必须以银行转账或者刷卡的方式缴存案涉资金。

二、民事司法的数字化转型以及律师角色的强化

（一）强制律师代理案件范围的适当扩大

2019 年 3 月 23 日法令第 5 条重构了法国民事诉讼强制律师代理的原则和例

外。改革的基本理念是律师应当发挥"司法辅助者"的功能，协助法官共同提高司法质量。在复杂的民事案件中，实行强制律师代理制度。此外，民事司法数字化进程十分依赖律师掌握和使用 RPVA 系统。

2007 年 12 月 20 日关于简化法律的第 2007-1787 号法令第 2 条第 1 款已经被修改。该条款与 1971 年 12 月 31 日第 71-1130 号法令的第 4 条第 1 款相冲突，它基于法律职业改革和诉讼基本价值的考量，允许当事人独自在大审法院出庭，或者委托非律师人员（例如配偶）作为代理人出庭。除了配偶之外，当事人还可以委托同住人、签订了同居协议的同居人、父母或者其他直系近亲属、三代以内的旁系血亲、以个人名义或者以所在企业名义为当事人提供服务的专属人员。根据法律的特别规定，国家、地区、部门、直辖市和公共机构的公务员或办事员也可以在特定情形下担任当事人的诉讼代理人。如果当事人的代理人不是律师，那么当事人应当向法院提交特别授权委托书。

《民事诉讼法》和其他法典对民事诉讼的强制律师代理制度做出了具体规定，同时也规定了若干例外。例如，强制执行程序原则上实行强制律师代理（《强制执行法》第 L.121-4 条），除非该案件强制执行的内容仅是强制非法侵占房屋者搬离或者执行标的价值不超过 10000 欧元（《强制执行法》第 L.121-6 条）。

同时，2007 年 12 月 20 日关于简化法律的第 2007-1787 号法令也曾经对某些法律职业进行了改革，客观上导致 1971 年 12 月 31 日第 71-1130 号法令的第 4 条失效。当事人可以独自出席人权委员会审理案件的庭审活动，也可以委托其他代理人出庭，包括：劳工、雇主、工会代表、配偶、签订了同居协议的同居人、同住人。雇主也可以委托他的同行作为代理人。非律师的诉讼代理人应当获得当事人的特别授权才能出庭。根据《劳动法》第 L.1453-1A 条的规定，在调解指导办公室的程序中，该代理人提交的授权书中应当明确该代理人有权以当事人名义参与调解。

2019 年 3 月 23 日的民事诉讼程序改革法令反而扩大了强制律师代理的案件范围。

在商事法院，除非法律有相反规定，当事人只能委托律师作为诉讼代理人（《民事诉讼法》第 853 条）。委托律师即意味着确定了法律文书的送达地址。在法律或者行政法规有相反规定的情况下，当事人可免除委托律师代理的义务，例如诉讼标的额不超过 10000 欧元的商事诉讼或者与商事登记纠纷有关的诉讼。非律师的诉讼代理人应当提交特别授权委托书。

在商事法院受理的租赁合同案件中，当事人应当委托律师出庭。当事人在商事法院出庭时，未经许可不得进行言词辩论，只能以提交书面意见的方式发表意见（《商法典》第 R.145-29 条）。

关于诉请调整补助费标准的案件。原则上，在由家事法官审理的除离婚诉讼以外的案件中，当事人有权独自出庭，也可以委托律师辅助出庭或者律师代为出庭。但是，在诉请调整补助费标准的案件中，委托律师出庭是强制性义务。初审法院适用普通程序对这种案件进行书面审理（《民事诉讼法》第 1139 条）。

在初审法院审理的诉讼标的额超过 10000 欧元的紧急审理程序中，委托律师出庭是当事人的强制性义务。

（二）初审法院的在线诉讼程序

根据《民事诉讼法》第 850 条（2019 年 9 月 1 日生效）的规定，在强制律师代理的案件中，律师必须使用在线诉讼平台参与初审法院的诉讼活动，否则将导致"诉不受理"的后果。除《民事诉讼法》第 839 条之情形，在适用书面审理普通程序和择期开庭审理程序的案件中，法律文书均应通过电子方式提交法院，否则法院可依职权不予接受。法院向当事人的律师发送意见、通知或传票时，也通过电子邮件方式送达，除非因寄件人客观条件限制。

当法律文书因客观原因不能通过电子方式送达时，当事人或代理人应当按照《民事诉讼法》第 769 条的规定制作纸质文件，递交或以有回执的挂号信方式寄送法院书记员。如果该法律文书是申请书或者起诉书，则应当根据对方当事人的人数，向法院书记员提交相应数量的副本。如果法律文书通过邮局寄送，法院书记员会对信件上的邮局寄件邮戳日期进行登记，并通过任一方式向寄件人寄送一份收据。《民事诉讼法》第 930-1 条对上诉法院的法律文书电子送达作出了类似规定。法国司法判例对文书电子送达规定中的"客观原因/外在原因"概念做出了解释，有助于人们理解哪些情况可以被视为例外情形。律师在这些例外情形下，可以递交纸质文件或者通过邮局向法院寄送有回执的挂号信。最近法国最高法院的判例对"客观原因/外在原因"做出了严格解释，最高法院认为在线诉讼平台（RPVA）故障是唯一可接受的"客观原因"，但是同时又认可了该案当事人在法定期限内提交的纸质文书的有效性。

根据《司法组织法》第 L.211-17 条，法国设立了全国法院在线支付令申请系统（la juridiction nationale digitale des injonctions de payer）。自2021年1月1日起，所有互联网个人用户均可使用该系统申请支付令。该系统事实上成为法国的互联网专门法院，根据《司法组织法》第212-5-2条的规定，其适用完全电子化的诉讼程序模式。但是，当事人提出的支付令异议却转由作为普通法院的初审法院来审理，由债务人住所地法院管辖。如果双方当事人明确同意，支付令异议的审查程序也可以采取完全电子化的诉讼程序，而且不开庭审理。但是无论如何，法官都保留是否开庭审理的决定权。如果法官认为根据现有书面材料难以查明案件事实和作出判决，或者一方当事人要求开庭审理，那么对该支付令异议也可以决定开庭审理。当然，法官也可以否决当事人提出的开庭审理要求，理由是考虑到诉讼程序的合理推进，本案没有开庭审理的必要性。法官否决开庭审理要求的决定，不得与实体判决内容割裂而成为单独的上诉对象。

《司法组织法》第L.212-5-1条允许初审法院不开庭审理案件，只要双方当事人明确同意或者一方当事人缺席，法院即可决定不开庭审理。当然，法院仍然保留开庭审理的决定权，只要法官认为本案书面证据材料不足以形成判决，或者一方当事人要求开庭审理。法官的这一决定权不但适用于书面程序（不开庭审理），也同样适用于言词程序（开庭审理）。原告可以在起诉状中申请不开庭审理。如果双方当事人均同意适用《司法组织法》第L.212-5-1条的程序规定，案件的审前准备法官根据案件审理情况可直接决定审前准备程序结束，决定案卷移交本院书记员室的日期。根据《民事诉讼法》第799条的规定，在庭审辩论开始前或者要求律师提交诉答文书的日期之前，审前准备法官对案件具有审理权。

（三）民事诉讼程序的新框架和审前准备程序的新发展

2019年3月23日的民事诉讼程序改革法令在多个方面落实了由安格斯提尼（Agostini）和默尔斐斯（Molfessis）联合编撰的报告中，关于简化民事诉讼程序的建议。

（1）法院管辖权的统一化带来起诉方式的新形态。原告通过给被告送达传票（par assignation）或者通过向法院提交起诉状（par requête）的形式提出诉讼请求。单方当事人通过起诉状的形式提起诉讼，仅限于诉讼标的额不超过5000欧元的案件；双方当事人共同提交起诉状的案件则无条件限制。当事人将已经被签收的传票提交给法院或者将起诉状送交书记员时，法院对案件行使管辖权。

自 2020 年 9 月 1 日起，案件受理后将由书记员及时告知律师（或者非强制律师代理案件的当事人）该案的开庭日期，告知的方式由书记员决定。如果是律师，则通过 RPVA 系统接收通知。传票的记载事项包括：庭审的地点、日期和时间（缺失这些信息将导致传唤无效），以及案件的审判庭。如果是当事人委托了律师，则书记员还应当将案件的排期表告知律师。传票还可能记载本案因双方当事人一致同意不开庭审理的情况。

2010 年 1 月 1 日至 2020 年 9 月 1 日期间，立法者仅对传票的记载内容进行了调整。当事人应当将与诉讼请求有关的证据材料整理成证据清单，作为传票的附件送达给对方当事人。但是，立法取消了当事人在传票中记载为达成和解、调解而做出努力的要求。只有在民事诉讼法要求和解、调解前置的案件中，当事人才有义务在传票中记载有关尝试和解、调解的事实。

（2）根据《民事诉讼法》第 763 条的规定，当传票送达被告后，被告有 15 天的时间委托律师。

（3）向法院书记员室提交已经被签收传票的副本是法院受理案件的必要条件。《民事诉讼法》第 754 条规定：当事人通过电子方式送达给对方传票后，应当在送达之日起两个月内将传票副本提交给法院。同时，无论在何种情形下，当事人都应确保传票副本提交给法院的日期早于案件庭审日期 15 日。如果当事人没有在法定期限内向法院提交传票副本，则法院对该案不行使管辖权。

（4）案件进入审理程序后，案件所属法庭的庭长要求律师出庭参与关于案件审理方向的听证会议。庭长与出庭的律师共同商议，明确律师是否能够达成以案件审前准备为目的的参与程序契约。《民事诉讼法》第五卷第二编对参与程序契约作出了具体规定。审前准备程序的审理期限是律师们最关心的问题。自 2020 年 1 月 1 日起，法律允许律师在一定程度上掌控审前准备程序的审理期限，也允许律师对审前准备程序中的司法活动有一定程度的干预权。实际上，律师可以通过互相交换证据材料和提交结论意见的方式，来决定审前准备程序的审理期间。律师也可以勤勉细致地实施审前准备程序的各项诉讼行为。关于这一点，《民事诉讼法》第 1546-3 条详细列举了律师在审前准备程序中应当扮演的角色和发挥的功能。

第一，根据第 1547—1554 条的要求寻求专家帮助。

第二，双方律师共同寻找证人就参与的或者个人感官感知的案件事实作证，该证人可以是自愿主动作证，也可以是接受询问作证。证人证言的内容应当符合

第 202 条第 2 款的规定，注明第 202 条第 3 款规定的声明内容，并由证人签字。

第三，双方律师共同委托技术人员勘验或者出具鉴定意见。

需注意的是，律师共同签署法律文书是由双方当事人的委托律师在法院受理案件之前或之后共同签署的，在参与程序之内或者之外签订的契约。例如，双方律师可以在审前准备程序中，签订一份法律文件共同指定一位专家。

如果当事人及其代理律师达成参与程序契约，终结审前准备程序，那么法庭庭长可以根据当事人的合意，确定案件的开庭日期。否则，法庭庭长依职权安排案件的审理流程。

《民事诉讼法》对审前准备程序的参与程序契约之法律效果问题，作出了具体规定。首先，双方当事人签署以审前准备为目的的参与程序契约，则意味着当事人放弃了"诉不可受理"、所有程序性抗辩和《民事诉讼法》第 47 条规定的管辖权异议，除非上述事由发生在参与程序契约签订之后，或者签订后才发现。法官依职权审查相关抗辩不受此限。其次，当事人为了达成审前准备程序的参与程序契约，可以请求法院给予时间上的宽延。在审前准备程序的任何阶段，当事人都可以签订参与程序契约，但应当及时通知法官。除非当事人撤诉，庭长指派审前准备法官审理案件。如果当事人未能达成参与程序契约，庭长在法定期限内或者根据一方当事人申请，将案件流转至实体审理进行庭审辩论。如果庭长认为案件仍未达到可以进行实体审理状态，那么也可以将案件发回审前准备法官。

关于当事人参与审前准备程序的问题。根据《民事诉讼法》第 1564-4 条的规定，如果当事人签订的参与程序契约足以让案件具备可进行实体审理的状态，而案件的所有实体争议均未取得和解（留待实体审理），那么代理律师可以重新制作一份完整的起诉状，按照《民法典》第 1376 条的要求，列明当事人的诉讼请求、事实和法律上的理由，以及证明各项诉讼请求的证据材料。根据《民事诉讼法》第 1564-5 条的规定，为了避免一方当事人的代理律师采取拖延诉讼的策略，假如参与程序契约未能让案件之全部或部分达到可实体审理的状态，则案件重新回到由审前准备法官主持的审查。

三、民事司法重回"以纠纷解决为中心"和"以保障人民权利为中心"

多年来，法国立法者一直致力于强化非诉纠纷解决机制在民事司法制度中的功能。本次司法改革在非诉纠纷解决的制度建设方面实现了一次新的跨越。

（一）导致"诉不受理"后果的诉前新要求

2019年3月23日法令第3条对2016年11月18日第2016-1547号法令第4条的规定进行了修改。根据新法令的规定，在法定的案件类型中，当事人起诉前应当做出自行调解的努力。如果诉讼请求的标的额不超过5000欧元，或者是与邻里有关的纠纷，法院可以依职权要求当事人选择以下调解方式：一是由司法调解员主持双方调解；二是根据1995年2月8日第95-125号法令（与司法制度、民事诉讼程序、刑事诉讼程序、行政诉讼程序有关的法令）第21条的规定进行调解；三是《民事诉讼法》规定的参与程序。

新法令对"邻里纠纷"的概念进行了界定：与邻里划界相关；与法律规定的相隔间距，行政法规特别规定的农用地使用方式、树木修剪、栅栏要求相关；与《民法典》第674条规定的建设工程相关；与土地排水灌溉、厂房使用的水动力设施、磨坊使用的水渠疏浚有关；与《农业与海洋渔业法》第L.152-14条、第L.152-23条和《民法典》第640条、第641条规定的农渔业设施的建设和使用权有关；与2004年7月1日法令规定的行业协会公用设施有关。

《消费者权益保护法》第L.314-26条对可以豁免调解前置的例外情形作出了规定，或者至少有一方当事人提出了和解方案；当事人已经对某个决定的做出者实施了权利救济努力；有其他正当理由导致当事人难以进行和解，例如事发原因特殊、情况紧急，特别是司法调解人明显无法在合理期限内解决纠纷，意即不应当因为和解要求损及当事人的实体权利和诉讼权利；法官或行政部门应当根据法律的具体规定，组织当事人诉前和解。

（二）对调解的新激励措施

2019年3月23日法令修改了1995年2月8日第95-125号法令第22-1条的规定，新立法授权法官在诉讼程序的任何阶段都可以召集双方当事人接受法官指定调解员的调解，无需当事人的同意，只要法官认为该案有调解的可能。该立法自2019年3月25日生效。

新立法规定调解员应当满足最高行政法院的规定。最高行政法院的有关规定包括：其一，2017年10月9日第2017-1457号法令要求上诉法院编制调解员名单，不过该名单只具有参考性质，不具有强制效力，法官可以指定名册外的调解员；其二，《民事诉讼法》第131-1条及其后条文复述了1996年7月22日第96-652号法令的内容，规定法官指派司法调解员的条件和调解要求。《民事诉讼法》第131-5条对调解员的资质作了明确规定，即调解员不得有刑事处罚记录、须具备从事纠纷解决事务的资质、接受调解培训或者具备调解经验、具有从事调解工作所必需的独立性。这些规定使调解具有了司法活动的性质，例如《民事诉讼法》第131-6条规定法官应当对调解指定期限、告知调解内容和决定当事人预缴给调解员的调解费等。但是从另一个角度，调解也可以被理解成具有契约性。当事人可以在诉讼程序外以合意为前提，委托调解员调解。在此情形下，根据《民事诉讼法》第1533条的规定，该接受当事人委托的调解员不得有犯罪记录、必须有民事行为能力或劳动能力、具备符合调解工作要求的培训经历或调解工作经验。如果当事人达成诉讼外的调解协议，当事人可以请求法院对协议进行确认。诉讼外调解协议的确认与司法调解协议的确认适用相同的审查程序。在案件审理的任何阶段，当事人都应当尊重法官的指令，但是并不强制当事人服从法官的指令进行调解。

在家事审判方面，2019年3月23日法令第31条在现行家事审判程序中增设了判后调解，即《民法典》第373-2-10条。为了便于父母对子女监护权的行使方式达成共识，法官可以提出调解方案。如果双方都有调解意向，那么法官指定一位家事调解员进一步组织调解，对双方行使监护权的方式形成最终确定方案。除非一方当事人曾经对对方或孩子实施过暴力，法官也可以召集双方当事人与家事调解员面谈，并由家事调解员告知当事人调解的目的和进程。

（三）非诉纠纷解决机制的数字化转型（在线调解、和解与仲裁）

为了规范非诉纠纷解决的数字化转型，2019年3月23日法令规定了在线认证程序。在线认证程序是自愿性质的，并且获得了法国国家认证委员会（COFRAC）的授权许可。为了获得该授权许可，非诉纠纷解决的在线认证程序需满足多项条件。除非满足1971年12月31日第71-1130号关于法律职业改革的法令第4条规定的条件，任何自然人和法人均不得从事法律协助和代理事务。自然人和法人提供法律咨询和起草由当事人签名的法律文书时，应当遵守第71-1130号法令第54条的义务性规定，负有诸多严苛的义务，例如个人信息保护、保密、无偏私、独立、具备业务能力、勤勉。但是作为例外，在线认证程序给司法调解员、《消费者权益保护法》第 L.615-1 条规定的消费者权益保护调解员、上诉法院的在册调解员、1995 年 2 月 8 日第 95-125 号法令第 22-1A 条规定的在册调解员进行了全员认证授权。最后，当使用计算机算法或自动化方式提供和解或调解服务时，应当以明确的方式通知各方并且取得各方明确同意（特别是如果和解或调解涉及当事人个人信息数据）。数据的处理者应当将在线和解和调解的原则和规则告知当事人。数据的处理者应当确保能够掌控数据处理的全流程和进度更新，并且能够以详细的、智能的方式向当事人解释清楚数据的处理方法。

2019 年 10 月 25 日第 2019-1089 号法令详细规定了在线认证程序的运行方式。在线认证程序整体上得到法国国家认证委员会认可，委员会通过书面文件和现场查验的方式，对在线程序提供的调解、和解和仲裁服务进行了综合评估。在综合评估结束时，委员会根据评估准则的要求给申请方提供改进意见，申请人可以在一定期限内进行改进完善，以便满足委员会的合规要求。如果申请方达到了评估准则，那么委员会将会给申请方颁发认证证书。认证的有效期是 3 年，期满后重新评估认证。在线非诉纠纷解决程序为所有互联网用户提供服务。委员会对在线服务进行跟踪评估。经过重新评估认证后，法国国家认证委员会会颁发新的认证证书。如果委员会经过重新评审，拒绝颁发新的认证、暂停受理、撤回认证，那么申请方（在线非诉纠纷解决服务提供者）有权在收到相关决定之日起的 1 个月内提出申诉。申诉救济将由具备审查能力的申诉委员会集体决策，申诉审查的审限是 4 个月。附理由的申诉裁决将送达给在线服务提供者，并且向公众公开。提供在线调解、和解与仲裁的服务商名单可以在法国司法部官网（justice.fr）查询。经过法国国家认证委员会认证的在线服务提供商，会在各自的网站上显示其认证标志。

总的来说，这次民事司法改革对法国民事诉讼程序的影响十分深远，涉及诉讼程序的诸多方面。随着改革措施的施行，我们仍有必要在下一年继续召开研讨会，研究民事司法改革效果和下一步改革的建议。

编辑：李辉

美国的ODR及其创新[*]

[美]艾米·施密茨 珍妮特·马丁内斯 著[**]

张兴美 编译[***]

引 言

近年来，各种各样的突破性技术正在引领创新，它们中的许多已在《麻省理工科技评论》（MIT Technology Review）年度评论中崭露头角，这些创新正在改变我们的生活和生产方式，甚至已经颠覆很多发展成熟的行业和机构。[❶]尽管疫情引发了大量新的争议，但它也为争议解决专业人士提供了空间，让他们有机会去思考为了应对疫情的不安全性，如何在避免差旅和面对面接触的情况下缔造解决和预防争议的新方式。因此，开发者和决策者正在争先恐后地通过技术来提高效率

---

[*] 本文主要编译自 Amy J. Schmitz（艾米·施密茨）和 Janet Martinez（珍妮特·马丁内斯）合作的 *ODR and Innovation in the United States* 一文，原文出自 Daniel Rainey, Ethan Katsh 和 Mohamed S. Abdel Wahab 等主编的 *Online Dispute Resolution——Theory and Practice(Second Edition)* 第21章，本文还选择性地编译了 Amy J. Schmitz 于2019年发表于 Buffalo Law Review 第1期的 *Expanding Access to Remedies through E-Court Initiatives* 一文相关论述。感谢 Amy J. Schmitz 和 Janet Martinez 对本文编译工作的支持和帮助。

[**] Amy J. Schmitz，美国俄亥俄州立大学莫里茨法学院教授，John Deaver Drinko-Baker & Hostetler 争议解决项目主席，美国国家技术与争议解决中心研究员，美国律师协会争议解决技术委员会和 ODR 专项工作组联席主席。Janet Martinez，美国斯坦福大学法学院高级讲师，Martin Daniel Gould 冲突解决中心主任。

[***] 吉林大学法学院副教授，博士生导师。

[❶] See MIT Technology Review, Vol.123, No.2, p. 15 (2020). 该项选评可追溯至2001年。

并保障业务的连续性。❶

相应地，替代的（alternative）或适当的（appropriate）争议解决（ADR）程序正在走向在线争议解决（ODR）新时代。ODR包括自动决策和在线谈判、调解、仲裁、社区法院及其变体。虽然本文未对ODR作出确切界定，但在过去10年中，大量的在线争议解决方式已经出现，而且疫情加速了这些方式的应用。设置包容性或排他性的ODR参数或许各有优势。而鉴于不断变化的状态，我们让读者去综合判断是界定ODR标准还是灵活把握ODR。可以说，ODR的效率性、可达性和易用性为救济开辟了新道路。❷在很多争议领域，ODR允许人们使用像手机这样简单的技术更快速、更便宜和更公平地解决争议，进而避免了因差旅、请假等产生的成本或者麻烦。❸

据此，ODR在美国获得了极大的关注。观察美国的ODR供应商可以发现，商事、小额索赔和家事是ODR最主要的应用领域，大多数ODR供应商都可以提供调解和案件管理系统。这些结论源自对美国的70家ODR供应商所做的统计，这些供应商均自愿加入了国家技术和争议解决中心（National Center for Technology and Dispute Resolution，NCTDR）。尽管这些统计都是自选的，没有经过独立的审查和验证，但其确实有助于洞察公共的、私营的和非营利机构的不同ODR服务，详见附录A。❹

在数字化背景下，法院也加入了时代的潮流，它们开始采用ODR并发展了电子法庭（e-court）。❺美国的许多司法辖区正在尝试ODR，犹他州（Utah）雄心勃

---

❶ Richard Susskind, *Tomorrow's Lawyers: An Introduction to Your Future*, Oxford University Press, 2013.

❷ Richard Susskind, *supra* note, 2013. See also Amy J. Schmitz & Colin Rule, *The New Handshake: Online Dispute Resolution and the Future of Consumer Protection*, American Bar Association Section on Dispute Resolution, 2017; Amy J. Schmitz, *Building on OArb Attributes in Pursuit of Justice, in Arbitration in the Digital Age: The Brave New World of Arbitration*, in Maud Piers, Christian Aschauer & Karl-Franzens eds., Cambridge: Cambridge University Press, 2018, p.182-208.

❸ Ethan Katsh & Colin Rule, *What We Know and Need to Know About Online Dispute Resolution*, South Carolina Law Review, Vol. 67:329, p. 330 (2016); Ethan Katsh & Orna Rabinovich-Einy, *Digital Justice: Technology and the Internet of Disputes*, Oxford University Press, 2017, p.1-25.

❹ See Amy J. Schmitz & Janet Martinez, *ODR Providers Operating in the U.S*, August 27, 2020, at SSRN: https://ssrn.com/abstract=3599511.

❺ Rebecca Love Kourlis et al., *A Court Compass for Litigants*, at http://iaals.du.edu/ honoring-families/publications/court-compass-litigants.1%20-%20Nov.ashx.

勃地推出了试图取代亲历庭审的小额电子法庭。❶ 这还只是冰山一角，50多家法院可以提供在线程序，覆盖交通罚单、离婚和小额索赔等案件类型。与此同时，随着ODR逐渐制度化，美国律师协会（American Bar Association，ABA）、国际在线争议解决中心（International Center for Online Dispute Resolution，ICODR）和国家技术和争议解决中心等组织正在制定标准和最佳方案。❷

在这些努力中，效率不是唯一的目的。ODR经验表明，它可以通过允许当事人以有效的方式"出庭"来促进当事人接近正义（access to justice）。❸ 技术为那些无力负担亲历诉讼所需时间和费用的当事人打开了通往法院的新的虚拟大门。❹ ODR似乎尤其满足了小额索赔、交通罚单、房屋租赁及类似的标的额不大或不太复杂的争议解决需求。❺ ODR内置的问题诊断减少了争议升级为诉讼的数量，在线谈判和在线调解可以使相关主体快速地达成共识、解决争议。通过开发自动通知和支付功能，在线法院系统还促进了当事人支付诉讼费用和执行判决。❻ 我们甚至看到了ODR被用于解决区块链中的加密货币和保险纠纷。❼

本文特别关注10年来美国ODR最显著的发展，旨在通过阐释美国ODR的发展背景及原因、列举美国法院ODR的先导经验和介绍美国非营利机构的努力使读者了解目前美国ODR的基本样貌，与此同时，本文还就发展ODR的要素和系统设计作必要探讨。

---

❶ *Id.* See also Utah Courts Recent Press Notifications, Utah Courts, at www.utcourts.gov/utc/news/2020/08/13/to-tackle-the-unmet-legal-needs-crisis-utah-supreme-court-unanimously-endorses-a-pil ot-program-to-assess-changes-to-the-governance-of-the-practice-of-law/(last visited on August 13, 2020).

❷ ODR Standards, Principles, & Guidelines, at http://odr.info/standards/ (last visited on March 14, 2021).

❸ J.J. Prescott, *Improving Access to Justice in State Courts with Platform Technology*, Vanderbilt Law Review, Vol. 70:1993, p. 1993−1996 (2017).

❹ *Id.*, p. 1995−1996. See also Schmitz, *supra* note, p. 120−170.

❺ Schmitz, *supra* note, p. 120−170.

❻ *Id.* See also Amy J. Schmitz, *A Blueprint for Online Dispute Resolution System Design*, Journal of Internet Law, Vol.21:3, p. 3−11 (2018); Amy J. Schmitz, *There's an "App" for That: Developing Online Dispute Resolution to Empower Economic Development*, Notre Dame Journal of Law, Ethics & Public Policy, Vol.32:1, p. 1−45(2018); republished in Russian with permission at Эми Дж. Шмитц «Для этого есть приложение!» // Посредничество и примирение. Медиация и право. 2018. No.1−2 (45). C.6−51.

❼ Amy J. Schmitz & Colin Rule, *Online Dispute Resolution for Smart Contracts*, Journal of Dispute Resolution, Vol.2019:103, p. 203−225 (2019).

一、消费者在线救济

(一) ODR 产生的基本原因

消费者渴望快速、便捷地解决争议，特别是在小额索赔或者轻微违法方面，如违停罚单和驾驶轻罪。ODR 为人们以较少的时间和费用获得救济开辟了新的道路。ODR 不仅为消费者提供了投诉的门户，也可以让消费者以在线方式结束争议，从而免于传统面对面或者电话解决争议所可能产生的费用、压力、不便或其他成本。❶ODR 系统既可以实现便利化或自动化的谈判，也可以通过在线调解或者在线仲裁解决投诉、结束争议。❷ 这些系统通常对用户友好，因为它们允许消费者快速填写标准化表格、上传相关材料并及时地获得争议解决方案。消费者还可以选择使用实时的或者异步的交流方式，这为争议解决提供了最大程度的便利和效率。❸

美国争议解决制度很大程度上是在法律轨道上运行的，❹ 正如学者所指出的："如果美国人不诉诸法律，他们可选的替代性救济方式相对较少。"❺ 然而，大多数消费者就小额索赔或者不太复杂的问题寻求救济时并不考虑"法律"，也不关心诉讼，他们只是希望在不需要咨询律师或者亲至法院的情况下就可以方便地获得救济。❻ODR 便提供了这样的救济方式。

ODR 之所以流行很大程度上是因为它的快速和低成本。❼ODR 比面对面争议

---

❶ ABA Task Force on Elec. Commerce & Alt. Dispute Resolution, *What Is Online Dispute Resolution? A Guide for Consumers 1*, March, 2002, at https://www.americanbar.orglcontent/dam/aba/migrated/2011_build/dispute-resolution/consumerodr.authcheckdam.pdf.

❷ Id.

❸ See, e.g., *Solutions and Products*, Modria, at http://modria.com/how-it-works/ (last visited on August 12, 2018).

❹ See Rebecca L. Sandefur, *The Fulcrum Point of Equal Access to Justice: Legal and Nonlegal Institutions of Remedy*, Loyola of Los Angeles Law Review, Vol.42:949, p. 950-954 (2009).

❺ *Id.*, p. 966.

❻ See Jean Braucher, *An Informal Model of Consumer Product Warranty Law*, Wisconsin Law Review, Vol.1985:1405, p. 1405-1407 (1985).

❼ See Philippe Gilliéron, *From Face-to-Face to Screen-to-Screen: Real Hope or True Fallacy?*, Ohio State Journal on Dispute Resolution, Vol.23:301, p. 308-315 (2008).

解决程序更方便、更高效,因为ODR免除了差旅费用,减少了对法律援助的需求。❶ 不仅如此,异步通信和翻译程序使ODR具有了允许各方主体在适合的时间进行多语言交流的优势。❷ 而通过推行系统设计者和在线调解或在线仲裁中立方认证规则来提高ODR过程的公平性,进而为ODR提供正当程序指引,将有助于进一步强化ODR的优势。❸

尽管如此,在线交流也确实会带来一些风险。❹ 一些评论员提醒,匿名的以计算机为媒介的交流方式(computer-mediated communication, CMC)可能导致"网络欺凌",人们可能会使用一些让当事人感到不舒服的侮辱性或者挑衅性用语,而这些用语在面对面或者通过电话解决争议时很少使用。❺CMC还可能削弱同理心,这会导致在线谈判时产生误解。❻ 然而,人们越来越善于使用标准化的文本提示和表情符号表达自我,❼ 随着人们开发出在互联网上建立融洽关系的虚拟方法,CMC的正面意义将更加凸显。❽

此外,通过计算机或者智能手机远程交流的相对匿名性和舒适性可能缓解面

---

❶ See *Philippe Gilliéron*, 2008, p. 312–315; See also *Public Roundtable on Dispute Resolution for Online Business—to—Consumer Contracts*, Federal Register, Vol.66, No.15, p. 7491, 7492 (2001); Public Workshop, *Alternative Dispute Resolution for Consumer Transactions in the Borderless Online Marketplace*, Federal Register, Vol.65, No.32, p. 7831, 7832 (2000).

❷ 早在2004年,11%的ODR就可以提供多语言服务。Melissa Conley Tyler, *115 and Counting: The State of ODR 2004*, at www.mediate.com/odrresources/docs/ODR%202004.doc (last visited on January 15, 2018).

❸ See Amy J. Schmitz, *Building Bridges to Remedies for Consumers in International eConflicts*, University of Arkansas at Little Rock Law Review, Vol.34:779, p. 779–795 (2012); Amy J. Schmitz, *"Drive-Thru" Arbitration in the Digital Age: Empowering Consumers through Regulated ODR*, Baylor Law Review, Vol.62:178, p. 220–225 (2010).

❹ 互联网生活的扩张助长了反人类操作。Jaron Lanier, *You Are Not a Gadget: A Manifesto*, Alfred A. Knopf Publishers, 2010, p. 60–63.

❺ "网络暴力更容易,因为你觉得自己更勇敢,更有控制力……"See Jan Hoffman, *Online Bullies Pull Schools Into the Fray*, New York Times, June 27, 2010, at https://www.nytimes.com/2010/06/28/style/28bully.html.

❻ *Id.* 互联网会产生一些非人性化的影响,例如,"LOL"可被译为"满载爱""大笑",如果用"LOL"回复朋友爱人去世的消息,将会是一场尴尬的互动。

❼ See Robert M. Bastress & Joseph D. Harbaugh, *Taking the Lawyer's Craft into Virtual Space: Computer—Mediated Interviewing, Counseling, and Negotiating*, Clinical Law Review, Vol.10:115, p. 118–126 (2003).

❽ David Allen Larson & Paula Gajewski Mickelson, *Technology Mediated Dispute Resolution and the Deaf Community*, Health Law & Policy, Vol.3:15, p. 18 (2009).

对面交流过程中当事人所要面对的一些社会压力和强权压力，❶这对于那些担心刻板印象和偏见的消费者尤为重要。❷例如，有浓重的口音的西班牙裔女性会担心客服因听不懂她说的话而忽视了她的电话投诉。另外，异步特点给了当事人在回复之前消化想法和消除愤怒的时间，这使得在线争议解决的对抗性要弱于线下。❸人们在编辑争议解决相关邮件时也更加谨慎，因为他们知道自己的信息很容易被检索。❹

总之，大多数消费者都知道互联网可以有效分析购买情况，分享产品和服务的相关信息。❺与此同时，消费者也希望以在线方式解决他们的索赔，他们不想接打电话或亲至法院，相反，消费者希望以在线调解、在线谈判等ODR方式经济、便利的获得救济。❻

（二）电子商务中的ODR

通常认为，美国的ODR是从作为电子商务起源的易趣网（eBay）演变而来，现在易趣网已不再是ODR领域的孤星，其他主体也加入进来，利用ODR高效的解决索赔、建立商誉。诚如易趣网所意识到的那样，ODR有助于留住忠实的客户，甚至是激发更大的消费热情，因为客户相信，在购买出现问题时，他们可以获得救济。然而，许多电子商务公司仍然事前在消费合同中约定强制仲裁条款，这不得不让人们对这些公司首要的商业目的提出质疑。尽管如此，趋势表明，电子商

---

❶ See Paul Stylianou, Note, *Online Dispute Resolution: The Case for a Treaty Between the United States and the European Union in Resolving Cross-Border E-Commerce Disputes*, Syracuse Journal of International Law and Commerce, Vol.36:117, p. 125 (2008).

❷ See *id.*, p. 125-126.

❸ See David Allen Larson & Paula Gajewski Mickelson, *Technology Mediated Dispute Resolution Can Improve the Registry of Interpreters for the Deaf Ethical Practices System: The Deaf Community Is Well Prepared and Can Lead by Example*, Cardozo Journal of Conflict Resolution, Vol.10:131, p. 149 (2008).

❹ See Susan C. Herring, *Computer-Mediated Communication on the Internet*, Annual Review of Information Science and Technology, Vol.36:109, p. 144-145 (2002); Larson & Mickelson, supra note, p. 140-141.

❺ 例如，公益事业消费者行动联盟（Utility Consumers'Action Network, UCAN）为消费者提供了一个在线论坛，以提醒他们可能存在的合同风险，并为避免或应对消费者问题提供建议。See Who is UCAN?, Utility Consumers'Action network, at http://www.ucan.org (last visited on August 12, 2018).

❻ American Bar Association's Task Force on Electronic Commerce and Alternative Dispute Resolution, *Addressing Disputes in Electronic Commerce: Final Recommendations and Report*, Bussiness Lawyer, Vol.58:415, p. 419 (2002).

务公司将继续把客户服务转至线上,其中就包括了ODR的一些形式及其变体(如果不把ODR仅仅理解为数字通信的话)。此外,值得注意的是,与欧洲电子商务ODR不同,美国的电子商务ODR在很大程度上是不受监管的。

1. 电子商务平台

易趣网是美国首个ODR电子商务应用案例。在发起投诉之前,易趣网鼓励用户尝试自行解决争议。❶如果争议不能在当事人之间自行解决,买方可以在易趣网争议调解中心(易趣网 Resolution Center)提出索赔。❷易趣网会通知卖方交易存在问题,并促进买方和卖方之间进行协商。❸如果买方对卖方的解决方案感到满意,那么即可结案。❹如果买方不满意卖方的回复,或者卖方未在3日内回复买方,那么买方可在21日内向易趣网报告,要求易趣网继续争议解决程序。❺

此时,易趣网通常会在48小时内帮助争议双方解决问题。❻如果商品未送达,或者商品不符合承诺,那么价款通常会退还买方。如果买方索赔失败,那么买方可在30天内对易趣网的处理决定提出申诉。❼申诉时,买方可以提交用以支持其索赔主张的相关信息,如商品照片、物流信息、投递错误的证据和警方报告等。❽通常,易趣网会在申诉提出后48小时内作出决定。❾

作为卖方,最常见的投诉内容就是买方没有付款。❿如果争议双方没有自行达成争议解决方案,卖方可以通过易趣网争议调解中心在线发起投诉。⓫争议调解中

---

❶ eBay, at https://resolutioncenter.ebay.com (last visited on March 1, 2020).

❷ eBay, at www.ebay.com/help/buying/resolving−issues−sellers/using−resolution−center−buyer?id=4636&st=3& os=2&query=Using%20the%20Resolution%20Center%20as%20a%20buyer&intent= dispute%20resolution&lucenceai=lucenceai (last visited on March 1, 2020).

❸ *Id.*

❹ *Id.*

❺ *Id.*

❻ eBay, at www.ebay.com/help/buying/returns−refunds/ask−ebay−step−help−buyers?id=4701 (last visited on March 1, 2020).

❼ *Id.*

❽ eBay, at www.ebay.com/help/buying/returns−refunds/handling−disputes?id=4039 (last visited on March 1, 2020).

❾ *Id.*

❿ eBay, at www.ebay.com/help/selling/resolving−buyer−issues/using−resolution−center−seller?id=4642&st=3 & pos=3&query=Using%20the%20Resolution%20Center%20as%20a%20seller&intent=dispute%20resolution&lucenceai=lucenceai (last visited on March 1, 2020).

⓫ *Id.*

心将帮助争议双方协商解决，如果争议调解中心介入后5日内仍未达成解决方案，那么成交费将退还给卖方，卖方可再自由转售该商品。❶

亚马逊（Amazon）也在其买方争议程序（Buyer Dispute Program）中提供ODR服务。❷ 未收到商品，或者收到的商品不符合描述的买方可以通过亚马逊向商户提出索赔。❸ 索赔必须在最终付款日后30天内提出。❹ 如果商品由亚马逊A-to-Z提供担保，那么买方有更长的时间提出索赔，具体时间将因所涉商品是数字商品还是有形商品而异。❺ 一旦买方提出索赔，那么亚马逊将联系商户并促成双方解决争议。❻ 亚马逊的目标是在45天内解决所有投诉。❼ 如果商品与商户的描述相符、买方没有进一步回复信息，或者买方投诉是为了反悔，亚马逊可能会拒绝买方的索赔。❽ 一旦买方的索赔被亚马逊驳回，买方可以申诉。❾ 而如果是卖方在投诉处理中失败，那么卖方有30天的时间提出申诉。❿ 如果商户不配合处理，亚马逊可能会限制或者终止其账户。⓫

Etsy是美国又一个电子商务平台，它使用有限的ODR系统。⓬ Etsy规定，如果双方无法自行解决争议，他们可以加入Etsy案件系统，在该系统中，Etsy客服代表"本着诚信原则且仅基于对其政策的解释"自行处理争议。⓭ 尽管如此，Etsy表示他们没有义务解决争议，并且提醒用户他们没有对任何法律问题或者索赔作出裁决。⓮ Etsy案件系统覆盖未交付商品或者商品与描述不符的索赔。⓯ Etsy不会处

---

❶ eBay, at www.ebay.com/help/selling/resolving-buyer-issues/using-resolution-center-seller?id=4642&st=3 & pos=3&query=Using%20the%20Resolution%20Center%20as%20a%20seller&intent=dispute%20resolution&lucenceai=lucenceai (last visited on March 1, 2020).

❷ Amazon, at https://pay.amazon.com/help/201751580 (last visited on March 1, 2020).

❸ Id.

❹ Id.

❺ Id.

❻ Id.

❼ Id. 如果在此过程中，亚马逊联系买方，而买方未能在5日内作出回应，那么买方的投诉可能被取消。

❽ Id.

❾ Id.

❿ Amazon, at https://pay.amazon.com/help/81965 (last visited on March 1, 2020).

⓫ Id. 商户应当在10日内作出回复。

⓬ Etsy, at www.etsy.com/legal/terms-of-use#disputes (last visited on February 13, 2020).

⓭ Id.

⓮ Id.

⓯ Etsy, at www.etsy.com/legal/policy/cases-for-buyers/243306189901?ref=list (last visited on February 13, 2020); Etsy, at https://help.etsy.com/hc/en-us/articles/115015570547?segment=shopping (last visited on February 13, 2020).

理商品在运输中毁损、商品符合卖方描述但不符合买方期待或者运输成本等争议事项。❶ 此外，如果索赔直接针对 Etsy，那么消费者必须根据纽约法律提请面对面仲裁。❷ 随着美国联邦最高法院根据《联邦仲裁法》（Federal Arbitration Act, FAA）执行争议前仲裁条款的判例不断出现，诉诸仲裁说明了仲裁条款在美国所有类型的消费者合同中已普遍存在。❸

脸书（Facebook）通过商务经理（Commerce Manager）创建了 ODR 程序，该程序可供从拥有"脸书页面商店"（Facebook Page Shop）的商户处购买并通过脸书或者 Instagram（"照片墙"）支付的消费者使用。ODR 服务依托购买保护计划（Purchase Protection Plan），该计划一般不适用于只有普通脸书页面的企业、在脸书交易平台销售的个人或者美国以外的商户。❹ 根据脸书信息页面，"购买保护计划只适用于在脸书上发货或者结账的商品，不包括使用本地取货，或者点对点付款方式（如 PayPal、Messenger、Venmo）购买的商品。"❺

进言之，脸书通过购买保护政策规定了哪些购买受到保护（如未收到商品、商品毁损或者商户未遵守退货政策）和哪些购买不受到保护（如车辆、房地产、服务等）。❻ 索赔限额为 2000 美元，终身险限额为 10000 美元。❼ 如果发现索赔具有欺诈性，脸书可能会禁止消费者通过脸书或者 Instagram 付款，或对用户账户采取附加措施。❽

根据购买保护政策，当消费者提出问询时，卖方应当在两个工作日内通过商务经理收件箱（Commerce Manager Inbox）或者其提供给商务经理（Commerce

---

❶ Etsy 有权因缺乏争议方参与而终止争议处理。Etsy, at www.etsy.com/legal/policy/cases-for-buyers/243306189901?ref=list (last visited on February 13，2020).

❷ Etsy, at www.etsy.com/legal/terms-of-use#disputes (last visited on February 13, 2020). 如果针对 Etsy 的索赔不超过 1 万美元，Etsy 将支付受理费、管理费和仲裁员费用，除非仲裁员认为索赔是恣意的或者恶意的。Id.

❸ AT&T Mobility, L.L.C. v. Concepcion, 131 S. Ct.1740, 1743–1756 (2011).

❹ Facebook, at www.facebook.com/business/help/1167434420087941?id=353836851981351 (last visited on April 27, 2020).

❺ Facebook, at www.facebook.com/help/228307904608701?helpref=faq_content (last visited on April 27, 2020); Facebook, at www.facebook.com/policies/ purchase_protection(last visited on April 27, 2020).

❻ Facebook, at www.facebook.com/policies/purchase_protection (last visited on February 12, 2020).

❼ Id.

❽ Id.

Manager）的企业邮箱作出回复。❶ 如果卖方纠正了问题，消费者可在商品交付之日起45天内创建争议索赔供脸书审查。❷ 索赔申请提交后，脸书会通知卖方。❸ 脸书评估消费者的索赔申请时主要考虑如下因素：（1）订单详情；（2）争议双方的通信；（3）争议双方提供的信息；（4）消费者过去的退款请求和存在欺诈的购买行为。❹ 这一过程类似在线仲裁，它允许争议双方在争议处理决定通知后10日内提出申诉，❺ 而申诉的处理决定是最终决定。❻

总的来说，电子商务已采用各种形式的ODR来解决消费争议。亚马逊和易趣网等电子商务巨头开创了先河，其他公司紧随其后，其目的主要在于通过ODR提高争议解决效率并增强客户忠诚度。当然，由于缺乏运营和技术基础设施，小型企业采用ODR的速度不如大型企业。对于投诉较少的小型企业来说，发展ODR的"启动"成本也许太过高昂。这表明，商户和消费者仍然需要一个可访问的全球电子商务ODR平台。❼

2. 共享经济和促进者

ODR还有助于解决共享经济中的争议，它可以为Grubhub等类似网站提供便利。Grubhub是一款食品配送应用程序，消费者可以在平台上的任意餐厅订餐。如果遇到小问题，如消费者的订单有问题，消费者可以通过应用程序、在线聊天或者电话方式联系Grubhub客户服务团队。❽ Grubhub还为消费者提供在线的反馈空间。❾ 然而，任何针对Grubhub本身的争议需通过仲裁解决。❿ 为防止消费者进行集体诉讼，Grubhub的用户协议还包括了集体诉讼豁免条款。⓫ 协议要求仲裁由美国仲裁协会（American Arbitration Association，AAA）在索赔人居住的郡县进行。⓬

---

❶ Facebook, at www.facebook.com/policies/purchase_protection (last visited on February 12, 2020).
❷ Id.
❸ Id.
❹ Id.
❺ Id.
❻ Id.
❼ See Amy J. Schmitz & Colin Rule, *supra* note, 2017.
❽ Grubhub, at www.grubhub.com/help/faq (last visited on February 19, 2020).
❾ Id.
❿ Grubhub, at www.grubhub.com/legal/terms-of-use (last visited on February 19, 2020).
⓫ Id.
⓬ Id.

如果争议金额少于10000美元，仲裁将仅通过书面方式进行。❶

邮友（Postmates）类似于Grubhub，它也通过提供送餐服务将消费者和餐厅连接起来，但是邮友不提供ODR，而是提供了可选择退出的仲裁条款，仲裁条款的选择退出期限为用户开户后30日内。❷另言之，用户必须在开户后30日内选择退出仲裁条款，否则他们不得不通过仲裁解决争议。仲裁条款排除了任何集体诉讼或集体仲裁。❸如果索赔人是美国居民，仲裁将在索赔人居住的郡县进行。❹如果索赔人不是美国居民，仲裁将在加利福尼亚州旧金山（San Francisco County, CA）进行。❺

爱彼迎（Airbnb）也要求以仲裁方式结束任何针对其本身的索赔。❻争议解决开始于客户与爱彼迎客服团队的非正式协商，如果协商无果，将适用美国仲裁协会的在线仲裁。❼爱彼迎的仲裁条款有两个例外：（1）侵犯版权或其他知识产权的索赔；（2）寻求紧急禁令救济的索赔。❽仲裁可以在如下地点进行：（1）客户居住的郡县；（2）旧金山县；（3）双方约定的其他任意地点；（4）通过电话或视频会议；（5）25000美元以下的任何索赔请求与反请求书面仲裁即可。因此，与共享经济中的其他主体一样，仲裁仍然是解决客户与爱彼迎之间争议的最终手段。

3. 仲裁的有限责任和技术性差异

上述实践表明，共享经济适用仲裁，美国很多电子商务公司也是如此，这种救济方式继续有效地隐藏在争议前仲裁条款背后。这些条款禁止消费者提起集体诉讼。一些电商平台可能会为其平台上的买方与卖方之间的争议解决提供ODR服务，但却坚持针对其自身的索赔适用传统仲裁。同样地，尽管脸书为商务经理（Commerce Manager）项目所涉及的卖方提供ODR，但却就任何与脸书相关的索赔适用仲裁。❾

---

❶ Grubhub, at www.grubhub.com/legal/terms-of-use (last visited on February 19, 2020).
❷ Postmates, at https://postmates.com/legal/terms (last visited on February 19, 2020).
❸ Id.
❹ Id.
❺ Id.
❻ Airbnb, at www.airbnb.com/terms#sec201910_19 (last visited on February 19, 2020).
❼ Id.
❽ Id.
❾ Facebook, at www.facebook.com/msqrd/terms (last visited on February 12, 2020).

美国的 ODR 及其创新

与此同时，其他公司也一直在使用技术降低客户服务成本，进而免除大部分甚至是全部电话或者办公室的使用。例如，高朋团购（Groupon）提供有限的服务选项——主要是其网站或者应用程序提供的内容。不满意的消费者有 14 天的时间通过网站置换，在某些情况下甚至还可以获得退款。❶ 根据代金券是本地使用、酒旅、商品还是票务，高朋团购政策有所不同。❷ 就本地使用的代金券而言，尚未打开或者尚未兑换的消费者可以在购买后三日内收回支付的价款。❸ 对于酒旅，如果商户不能满足消费者的预订，消费者可以获得退款。❹ 而对于票务，除非另有说明，否则所有购买均为最终购买。❺

这些是高朋团购网站上提供的用以应对可能出现问题的有限"选项"。❻ 高朋团购没有明确声明他们使用在线争议解决系统，但显然，消费者可获得的救济仅限于其网站或者应用程序列出的这些。消费者很难通过电话获得现场援助，以至于很多消费者不得不通过推特（Twitter）发送信息来寻求帮助。❼ 另外，一旦消费者对高朋团购的服务不满意，他们可能会再次陷入仲裁和集体诉讼豁免的窘境。❽ 优步科技（Uber）同样因应用程序中有限的救济选项而声名狼藉。❾ 甚至向来提供优质客户服务的网上鞋城美捷步（Zappos）也要求消费者通过仲裁解决索赔，而不能加入集体诉讼。❿ 最近的多尔达什（DoorDash）案援引了仲裁条款。自称受改

---

❶ Groupon, at www.groupon.com/legal/grouponpromise (last visited on February 12, 2020).

❷ Id.

❸ Id.

❹ Id.

❺ Id.

❻ Groupon, at www.groupon.com/faq#faqs:category-1040?crumbs=W3sidGV4dCI6IkZBUXMiLCJ1cmwiOiIv ZmFxIyIsInBhdGgiOiIvZmFxIn0seyJ0ZXh0IjoiQXJ0aWNsZXMiLCJ1cmwiOiIvZmFxI2ZhcXM6Y2F0ZWdvcnktMTA0MD9jcnVtYnM9V2VNzaWRHVjRkQ0k2SWtaQlVYTWlMQ0oxY213aU9pSXZabUZ4SXlJc0luQmhkR2dpT2l2WmFxSW5kIiwicGF0aCI6Ii9mYXEjZmFxczpjYXRlZ29yeS0xMDQwP2NydW1icz1XM3NpZEdWNGRDSTZJa1pCVVhNaUxDSjFjbXdpT2lJdlptRnhJeUlzSW5CaGRHZ2lPaUl2Wm14SW5kIn0%2NydW1icz1XM3NpZEdWNGRDSTZJa1pCVVhNaUxDSjFjbXdpT2lJdlptRnhJeUlzSW5CaGRHZ2lPaUl2WmF4SW4xd1Em1GeEluMWQifSx7InRleHQiOiJGQVFzIiwidXJsIjoiL2ZhcSIsInBhdGgiOiIvZmFxIn1d (last visited on February 12, 2020).

❼ 这也是作者之一的亲身经历。

❽ Groupon, at www.groupon.com/legal/termsofservice (last visited on February 12, 2020).

❾ 优步科技通过应用程序提供有限的救济，"我的促销代码不可用；我被收取了清洁费；我对支付有异议；费用比我预期的要多；我支付的费用与票据不符；我支付了两次；司机要求以现金支付。"尽管如此，还是很难获得真实的人工帮助。Jennifer Still, *How to Dispute an Uber Charge Using the Mobile App or Uber's Website*, Business Insider, August 8, 2019, at www.businessinsider.com/how-to-dispute-an-uber-charge.

❿ Zappos, at www.zappos.com/c/terms-of-use (last visited on February 13, 2020).

革精神和创业热情的驱动，律师利多（Lidow）和伦克纳（Lenkner）创立了一家自动适用仲裁程序的公司法尔什克（FairShake）。多尔达什是一家食品配送应用程序服务商，它对配送承包商（Dashers）提出的索赔强制适用仲裁条款。美国仲裁协会负责仲裁。法尔什克代表配送承包商提出了 6000 项索赔，需要多尔达什交纳超过 900 多万美元的仲裁费用。❶

总之，虽然电子商务的性质契合了 ODR 救济方式，但公司仍旧在寻找逃避消费者索赔的方法。众所周知，美国公司在消费合同中使用争议前仲裁条款规避集体诉讼，而集体诉讼往往有利于消费者以更经济的方式主张小额索赔。❷ 许多企业坚持在其消费合同中设置集体诉讼豁免条款，以节省诉讼费用，并使索赔主张不受法院公共视野的关注。❸ 仲裁条款的存在是"美国故事"很重要的一个方面，与欧盟不同，美国严格执行《联邦仲裁法》规定的争议前仲裁条款，❹ 即便法定的索赔存在不确定性。❺ 此外，在美国联邦最高法院对 Stolt-Nielsen S.A. 诉 Animalfeeds Int'l Corp 案作出裁决后，美国仲裁员很少下令集体仲裁。❻AT&T Mobility, L.L.C. 诉 Concepcion 案也严重制约了消费者基于传统合同抗辩挑战集体诉讼豁免条款的权利。❼ 审理 AT&A 案的联邦最高法院法官认为，《联邦仲裁法》优先于州法院为保护消费者提起集体仲裁权利所适用的显失公平规则。❽ 在美国，这被视为公司采

---

❶ 多尔达什试图推翻仲裁条款，并替换为另一个仲裁机构，美国联邦法院法官裁定原仲裁条款有效。Michael Corkery & Jessica Silver-Greenberg, *Scared to Death by Arbitration: Companies Drowning in Their Own System*, New York Times, April 6, 2020.

❷ Brian T. Fitzpatrick, *The End of Class Actions?*, Arizona Law Review, Vol.57: 161, p. 161 (2016).

❸ *Id.*, p. 164-197.

❹ AT&T Mobility, L.L.C. v. Concepcion, 131 S. Ct.1740, 1743-1756 (2011); Stolt-Nielsen S.A. v. AnimalFeeds Int'l Corp., 130 S. Ct.1758 (2010); Rent-A-Ctr, W., Inc. v. Jackson, 130 S. Ct.2772, 2777-2780 (2010).

❺ See Rodriguez de Quijas v. Shearson/Am. Express, Inc., 490 U.S. 477, 485-486 (1989); Green Tree Fin. Corp. v. Randolph, 531 U.S. 79, 89-92 (2000).

❻ Stolt-Nielsen S.A. v. AnimalFeeds Int'l Corp., 130 S. Ct.1758 (2010).

❼ Peter B. Rutledge & Christopher R. Drahozal, *Contract and Choice*, Brigham Young University Law Review, Vol.2013:1, p. 38 (2013).

❽ AT&T Mobility, L.L.C. v. Concepcion, 131 S. Ct.1740, 1743-1756 (2011).

用集体诉讼豁免的仲裁条款的"通行证"。❶

法经济学家可能会辩称,减少诉讼行为在一定程度上是有益的,因为它可以节省成本,以至于公司可以通过降低价格以及提供更好的产品和服务的方式把这种利益传递给消费者。❷ 然而,公共诉讼通常也是必要的,它有助于发现产品缺陷、启动召回,并告知其他消费者系统性的或者公司特有的问题。因此,集体诉讼在提供消费信息方面发挥了重要作用。集体诉讼还允许个人以一种经济的方式主张小额索赔,从而使这类消费案件中的消费者维权成为可能。❸

但这并不是说集体诉讼就是理想的。❹ 一些人批判集体诉讼未能提供公正的赔偿。❺ 此外,还有一些人指出,律师费和诉讼费可能会耗尽集体诉讼的裁定额,使消费者几乎得不到赔偿。❻ 据此,ODR 对于美国消费者而言通常是非常有益的。

再者,作为回报,亚马逊和易趣网等公司正在通过提供 ODR 提升商业信誉并收获客户信任,并且希望其他公司能够效仿。ODR 为小额案件的消费者提供了重要的救济途径,也为公司带来了益处,即消费者更愿意从那些在购买遇到问题时能够提供救济的公司购买。这一点非常重要,因为在疫情期间,拥有忠实客户的电商巨头存活了下来。

本部分概述了争议解决方式走向线上的原因,以及电子商务领域 ODR 的典型实践。在很多公司,ODR 方兴未艾。另外,电子商务公司提供在线聊天而不是电话解决投诉的情况已经非常普遍。尽管某种情况下这种处理方式可能会令人沮丧,

---

❶ 该案中,消费者对 AT&T 提起了集体诉讼,指控 AT&T 虚假宣传免费电话。AT&T 的消费协议包括禁止集体救济或合并救济的仲裁协议,但允许消费者提起小额诉讼,如果裁决金额超过公司的和解提议,则可以获得双倍的律师费,并且由公司支付仲裁费用。加州法院驳回了集体救济豁免,但美国联邦最高法院推翻了该决定,并告诫加州法院使用州合同法妨碍执行集体救济豁免。See *id.*, 1748–1755; Sarah Rudolph Cole, On Babies and Bathwater: *The Arbitration Fairness Act and the Supreme Court's Recent Arbitration Jurisprudence,* Houston Law Review, Vol.48:457, p. 481–491 (2011).

❷ See Stephen J. Ware, *The Case for Enforcing Adhesive Arbitration Agreements–with Particular Consideration of Class Actions and Arbitration Fees,* Journal of American Arbitration, Vol.5:251, p. 254–264, 292 (2006).

❸ See Amy J. Schmitz, *Curing Consumers' Warranty Woes Through Regulated Arbitration,* Ohio State Journal on Dispute Resolution, Vol.23:627, p. 635–645 (2008).

❹ Linda S. Mullenix, *Ending Class Actions As We Know Them: Rethinking the American Class Action,* Emory Law Journal, Vol.64:399, p. 399 (2014).

❺ *Id.,* p. 418–427.

❻ George Rutherglen, *Wal-Mart, AT&T Mobility, and the Decline of the Deterrent Class Action,* Virginia Law Review, Vol.98:24, p. 25–27 (2012).

但在争议解决中适当地使用技术有助于便捷而高效地提供救济。据此，法院加入时代的潮流，并探索 ODR 的使用也就不足为奇了。

二、美国的电子法庭（e-court）举措

美国法院的 ODR 尚处于起步阶段，鉴于 ODR 在诉讼效率和获得救济方面表现出来的优势，美国法院 ODR 的发展速度的确让人出乎意料。例如，轻罪案件和交通罚单案件占美国法院案件量的一半以上，且大多数当事人不会聘请律师出庭。❶ 这些轻微案件的当事人并不需要律师，因为法官或者检察官通常会向当事人作必要的释明。❷ 因此，当事人主要是基于经济的（如旷工以及儿童托管费用）、身体的（如亲历法院的困难，特别是农村居民或者残疾人）或者心理的（如去法院感到焦虑或者羞耻）原因回避法院。❸ 与此同时，考虑到司法资源的有限性，将轻微案件移至线上解决，以此拓展当事人获得救济的机会和提高诉讼效率也合乎逻辑。❹ 当然，美国密歇根州（Michigan）、俄亥俄州（Ohio）和纽约州（New York）等地的法院正在朝着电子法庭和司法 ODR 方向发展。❺ 截至本文刊发时（2019 年 1 月），有更多的试点项目被提上日程。❻ 这些举措旨在贯彻接近正义和提高司法效率。从联邦主义原则的要义出发，很好理解为什么大多数美国法院的 ODR 尝试都发生在地方一级。❼ 本部分介绍了一些州电子法庭的先导经验，并举例说明法院是如何从某些案件类型（如税款纠纷、违停罚单和小额索赔）起步发展司法 ODR 的，这些先导法院的管理者也正在收集试点数据，以甄别技术改善和拓展当事人接近正义机会的最佳方案。

---

❶ Prescott, *supra* note, p. 2001−2003.

❷ *Id.*

❸ *Id.*, p. 2005−2007.

❹ *Id.*, p. 2009−2010.

❺ *Id.*, p. 2010.

❻ See Court Related Online Dispute Resolution (ODR) is..., Nat'l Ctr. for St. Cts., at https://www.ncsc.org/Topics/Technology/Online−Dispute−Resolution/ODR.aspx (last visited on March 7, 2019).

❼ New State Ice Co. v. Liebmann, 285 U.S.262, 311 (1932).

（一）密歇根州项目

2014年，密歇根州与私营ODR供应商马特宏（Matterhorn）联合推出了ODR试点项目。该项目旨在用ODR解决海湾县（Bay）、东兰辛县（East Lansing）、高地公园（Highland Park）和瓦什特纳县（Washtenaw）四地的交通争议。[1] 项目的核心是设立一个可供被告提交案件的在线门户，被告可通过这个在线门户提出他们之所以不支付罚款的所有论据和说明。[2] 密歇根州法院的在线门户也允许警察和检察官在法官作出裁决之前审查案件。[3] 通过这种在线方式，当事人无需亲历法院即可解决交通争议。[4]

自2014年以来，密歇根州的ODR项目已不局限于早期的4个县域范围，且一些利用该项目的密歇根州的法院已经将ODR的适用对象从交通罚单拓展至拘传令和轻罪领域。[5] ODR平台相当灵活且开放，这可能是密歇根州的ODR是公私合作的缘故。密歇根州不是采用订阅或支付会费的方式，而是结合案件具体情况向马特宏支付软件费用。[6] 因此，法院可以选择哪些案件适合在线解决，哪些案件需要当事人亲历法庭。这促使了法院有意识地决策，而不是简单地将案件推向ODR以使昂贵的订阅费得到最大化利用，相反地，法院可以通过个案适用来保持较低的平台费用。

马特宏软件不仅仅为公民、警察、法官和检察官提供了在线交流平台，它还提供了为公民赋能的其他工具。[7] 例如，马特宏软件整合了人工智能技术，以便查阅法庭文件和告知对罚单有异议的当事人所可能的选择。马特宏软件还为用户提供了用以确认其是否有资格在线解决争议的信息。[8] 与此同时，马特宏软件可以让裁判者知道当事人提交了哪些信息，以及还需要提交哪些信息，这对裁判者而言

---

[1] News Release, Michigan Courts, *Online Ticket Review Helps Make Courts More Accessible and Efficient*, June 8, 2015, at http://courts.mi.gov/News-Events/press_releases/Documents/Online%20Ticket%20Review%20news%20release.pdf.

[2] Id.

[3] Id.

[4] Anna Stolley Persky, *Michigan Program Allows People to Resolve Legal Issues Online*, at http://www.abajournal.com/magazine /article/home_court_advantage/.

[5] Id.

[6] Id.

[7] Prescott, *supra note*, p. 2021–2026.

[8] Id.

大有助益。❶

密歇根州收集的马特宏使用数据表明，这项法院 ODR 项目确实有助于提高司法效率，并增加了当事人获得救济的机会。例如，大多数使用 ODR 审理的案件在 7—9 天内即可结案，而以传统开庭审理的方式通常需要数月。有研究人员发现，选择在线方式审理案件使得案件平均审理周期从 50 天下降到 14 天。❷ 密歇根州项目在当事人获得救济上的优势体现在其适配移动设备，有数据表明，移动设备通常是低收入群体接入互联网的唯一端口。❸ 密歇根州的数据显示，40% 参与 ODR 试点项目的当事人是在移动设备上解决交通罚单争议的。❹

被告可以从与市检察官达成的纠纷解决协议中获益，以至于不会因扣除信誉"积分"而产生过高的保障成本。❺ 当然，在没有法院 ODR 的情况下，此类协议也可以达成，但线下达成此类协议的过程很复杂，而且适用情况亦不统一。例如，在一些郡县，被告必须于开庭当天调配时间和资源，一整天坐在法院，排队等候与市检察官进行辩诉交易。❻

在线平台还可以协助政府从被认定违反交通法的被告处便捷地获得支付。借助马特宏软件审理的案件中，只有 2%，甚至更少的案件以被告未履行而告终，而此类情况在传统方式中占比为 20%。❼ 法院使用马特宏软件通常可以在 21 天内收回 80% 的罚金，而以传统方式可能需要 3 个月。❽ 调查和访谈的结果还显示，90% 的马特宏用户认为该系统"易于使用"，且 92% 的用户表示他们在使用在线程序时能够了解案件所处的状态。❾ 此外，超过 1/3 以上的用户表示，他们无法参加开庭裁判，而 30% 的请求是在法庭办公时间之外提出的。❿ 密歇根州项目鼓励人们积

---

❶ *Prescott, supra* note, p. 2022−2023.

❷ *Id.*, p. 2030.

❸ *Internet/Broadband Fact Sheet,* Pew Research Ctr., at http://www.pewInternet.org/fact-sheet/Internet-broadband/(last visited on February 25, 2019); Amy J. Schmitz, *supra* note.

❹ Michigan Courts News Release, *supra* note .

❺ *Id.*; 海湾县的网站还允许未能付费或未能出庭的被告在线解决争议。*74th District Court Online Case Review,* Courtinnovations. com, at https://www.courtinnovations.com/MID74 (last visited on January 31, 2019).

❻ 这是作者的亲身经历，由于作者必须去美国科罗拉多大学授课，最终不得不放弃等待。

❼ *Prescott, supra* note, p. 2034.

❽ *Id.*, p. 2038.

❾ *Id.*, p. 2044.

❿ *Prescott, supra* note, p. 2044−2045.

极地处理交通罚单案件，而不是选择忽视他们，该项目允许"虚拟"行为，免除了传统庭审所需的时间、费用或压力。事实上，80%的用户愿意将该系统推荐给朋友，而40%的用户甚至表示如果没有法院ODR系统，他们的法律问题就无法得到解决。❶

（二）俄亥俄州试点项目

2017年，富兰克林县市政法院争议解决部（Franklin County Municipal Court Dispute Resolution Department）依托马特宏平台启动了ODR试点项目。❷该项目不同于上述的密歇根州项目，它主要服务于城市税务争议的小额诉讼。❸ODR平台免费向用户开放，并且为当事人提供在线的"谈判空间"，用以同其他当事人及"法院斡旋者"（第三方调解人）交流。ODR平台还允许当事人上传文件，查看、接受或者拒绝和解方案。❹

富兰克林县的马特宏项目有望促进俄亥俄州其他县市采用ODR。❺详言之，项目聚焦于个人与哥伦布市所得税部门（City of Columbus Division of Income Tax）之间的争议。❻反观ODR项目启动前9个月内的此类税务争议，39%的案件被驳回，12%的案件达成合意判决（agreed judgment, AJE），49%的案件缺席判决。❼而试点启动后，58%的案件被驳回，17%的案件达成合意判决，25%的案件缺席判决。❽这似乎说明了ODR扩大了当事人通过谈判获得救济的机会，从而使案件驳

---

❶ Persky, *supra* note.

❷ *Online Dispute Resolution Franklin County Municipal Court,* Courtinnovations.com, at https://www.courtinnovations.com/ohfcmc (last visited on May, 2017).

❸ *Id.*

❹ *Id.*

❺ See Matterhorn, at https://getmatterorn.com (last visited on November 4, 2018).

❻ See Joint Tech. Comm., *JTC Resource Bulletin: Case Studies in ODR for Courts*, November 29, 2017, at https://www.ncsc.org/~/media/Files/PDF/About%20Us/Committees/JTC/JTC%20Resource%20Bulletins/2017-12-18%20ODR%20case%20studies%20revised.ashx; Ranklin Cty. Mun. Court Clerk's Office, *One Hundred [And] Second Annual Report 3 (2017)*, at http://www.fcmcclerk.com/documents/annual-reports/FCMC_AR_2017.pdf.

❼ Memorandum from Alex Sanchez, Manager, Small Claims & Dispute Resolution, Franklin Cty. Mun. Court to Mun. Court Judges, June 19, 2018.

❽ *Id.*

回率增长了20%，缺席判决率下降了24%。❶这一点非常重要，因为哥伦布市经常在缺席判决的执行方面遇到困难，而当事人更愿意通过支付和解协议费的方式获得驳回诉讼的结果。❷

富兰克林县争议解决部门一直跟进ODR项目在不同时期和不同层面的进展情况。该部门报告称，截至2018年5月22日，已有224件小额税务案件和183件非税务小额案件及普通案件采用在线方式谈判或调解，有91件案件的诉前调解在线上进行。❸与此同时，近60位接受调研的ODR用户（占总数97%）表示，相比去法院，他们更愿意采用ODR，67%的用户认为使用ODR达成的协议是公平的，当然也有10%的用户认为他们的协议是不公平的，还有23%的用户没有通过ODR达成协议。❹此外，93%的用户表示他们愿意将ODR推荐给其他人，其中29%的用户表达了强烈的推荐意愿，因为ODR增强了他们对案件处理结果的控制。❺

ODR项目数据管理者还表示，大多数ODR程序能够在立案后30—45日内启动，当然也有一些案件在立案后3—4日内就可以启动。❻立案与启动ODR之间的最长间隔时间是7个月。❼平均而言，从立案到启动ODR需要31天，而到案件处理需要102天。❽大部分ODR程序在一天之内即可完成，有一个案件比较特殊，它用时137.4天。❾大多数适用ODR的税务诉讼是以个人为被告提起的（占比83%），仅少数案件以企业为被告（占比17%）。❿60%的案件可以得到解决或者被驳回，终止ODR的比例为5%，15%的案件达成了合意判决。⓫

---

❶ Memorandum from Alex Sanchez, Manager, Small Claims & Dispute Resolution, Franklin Cty. Mun. Court to Mun. Court Judges, June 19, 2018.

❷ Telephone interview with Alex Sanchez, Manager, Small Claims & Dispute Resolution, Franklin Cty. Mun. Court, June 20, 2018.

❸ Franklin Cty. Mun. Court Memorandum, *supra* note.

❹ Id.

❺ Id. 大多数调查对象是白人，16%是黑人，4%是西班牙裔。51%调查对象年龄为35—54岁，26%调查对象年龄为55—74岁，18%调查对象年龄为18—34岁，3%调查对象年龄为75岁及以上，2%调查对象拒绝提供年龄信息。

❻ Spreadsheet prepared by Franklin Cty. Mun. Court, Dispute Resolution Dep't, on ODR 2016−2017 Data.

❼ Id.

❽ Spreadsheet prepared by Franklin Cty. Mun. Court, Dispute Resolution Dep't, on ODR Charts for Ohio Income Tax ODR Data (2017).

❾ ODR 2016−2017 Data Spreadsheet, *supra* note.

❿ ODR Charts Spreadsheet, *supra* note.

⓫ Id.

争议解决部门还提供了 2016—2017 年的数据图表，以下是按照收入情况对图表所涉及的 135 件试点案例所作的统计：❶

13% 的权利主张者属于低收入群体（18 件）：

——12 件被驳回

——4 件缺席判决

——2 件合意判决

28% 的权利主张者属于适度收入群体（38 件）：

——16 件被驳回

——12 件缺席判决

——10 件合意判决

20% 的权利主张者属于中等收入群体（27 件）：

——16 件被驳回

——9 件缺席判决

——2 件合意判决

23% 的权利主张者属于高收入群体（30 件）：

——20 件被驳回

——6 件缺席判决

——4 件合意判决

有趣的是，适度收入群体达成合意判决的比率要高于其他群体，且中等收入群体和适度收入群体缺席判决率也要高于低收入群体和高收入群体。❷

为了比较研究，争议解决部门还随机抽取了 2016—2017 年同期 280 件非 ODR 审理的税务案件，观察发现，54.3% 的案件在 1—100 天内解决，30.7% 的案件处理周期为 101—200 天，14.2% 的案件需要用 201—300 天的时间才能解决，而少于 1% 的案件时长要 300 天以上。❸ 相比之下，ODR 更节省时间，平均用时 3 个月（102 天）即可解决争议。❹ 此外，近一半的非 ODR 案件都要进入法庭，

---

❶ ODR Charts Spreadsheet, *supra* note.

❷ Id.

❸ Spreadsheet prepared by Franklin Cty. Mun. Court, Dispute Resolution Dep't, on Non-ODR Sample Cases.

❹ ODR Charts Spreadsheet, *supra* note.

而大多数ODR案件采用的是线上程序，它们或被驳回，或通过合意判决等其他方式解决。❶这意味着ODR相较于法庭有助于人们更快速地结束争议，达成共识，而不是必须面对诉讼。法院也在提供审判场所和人员方面节约了司法资源。

富兰克林县书记官报告说，在2057件非ODR税务案件基础上增加135件ODR案件，案件驳回率增加了0.8%（77件），合意判决增加0.5%（23件），缺席判决率下降1.1%（33件）。❷这似乎说明，ODR提升了谈判解决（驳回诉讼）和合意判决的空间，这通常比法院判决或者纳税人缺席审理更有益处。❸ODR也有助于税收征收，因为缺席审理很容易导致不履行，尤其是要求纳税人支付的金额与可能收取到的金额不成比例的情况下更是如此。❹

效率与程序参与很重要，这似乎能使当事人获得更大的满足感。如上文所述，ODR项目前后的数据说明，ODR减少了达成争议解决方案的时间。与此同时，44%的ODR项目参与者在富兰克林县满意度调查时回馈以较高的满意度（60人）。❺只有3%的受访者表示他们宁愿去法院，❻比较之下，77%的受访者在法院外通过ODR达成了协议。❼

总之，俄亥俄州的试点项目对法院和当事人来说都是成功的。哥伦布市节省了谈判和调解所得税小额诉讼案件的司法成本，未缴税款的征收比率也有所增加。对于那些不在俄亥俄州内，经常缺席开庭审理的当事人来说，ODR项目的优势尤为明显。因此，该项目可能会继续发展，并拓展至非税务的民事案件领域。然而，与任何的试点工作一样，鉴于来自利益相关者的阻力和对启动成本的考量，目前尚不明晰这种拓展将如何进行，以及通往何处。

---

❶ ODR Charts Spreadsheet; ODR 2016-2017 Data Spreadsheet, *supra* note.

❷ E-mail from Alex Sanchez, Manager, Small Claims and Dispute Resolution, Franklin Cty. Mun. Court, to Amy J. Schmitz, Professor of Law, Univ. of. Mo., June 14, 2018; ODR 2016-2017 Data Spreadsheet, supra note 152; ODR Charts Spreadsheet, *supra* note.

❸ Sanchez E-mail, June 14, 2018, *supra* note.

❹ 这是一组值得关注的数据，但目前尚没有非ODR案件所涉群体年龄的比较数据。有轻微迹象表明，中等和高等收入群体更愿意使用ODR，随着人们对ODR的信任度和接受度增加，这种情况可能会发生变化。令人惊喜的是，试点参与者年龄在35—74岁，而数据显示所有年龄组都愿意使用ODR。See Non-ODR Sample Spreadsheet, *supra* note; ODR Charts Spreadsheet, *supra* note 154; Franklin Cty. Mun. Court Memorandum, *supra* note.

❺ Franklin Cty. Mun. Court Memorandum, *supra* note.

❻ *Id.*

❼ Sanchez Interview, *supra* note.

（三）纽约市提案

与密歇根州类似，纽约市（New York City, NYC）也为交通罚单案件提供在线处理方式。被告可以请求法院在线开庭，庭上被告可以提交证据。❶ 在线庭审结束后，法官通过电子邮件方式告知被告审理结果。❷ 除此之外，纽约市也允许租户以在线方式，或者通过移动应用程序对房东提起涉嫌违反住房法规的投诉。❸ 纽约市不提供用以解决房屋租赁争议的 ODR，但它确实为争议双方提供在线建议和在线基础设施。❹ 通过创建在线平台，纽约市已准备好在未来拓展它的 ODR 服务。

有了前期的基础，纽约州统一法院系统（New York Unified Court System）正在致力于新的 ODR 项目，它首先提出通过 ODR 解决消费者债务相关的法律问题。❺ 该项目旨在应对大量的消费者债务案件，在这些案件中，作为被告的消费者通常没有律师代理，也不熟悉法庭程序。❻2017 年，法律服务公司（Legal Services Corporation）为约 100 万美国人提供法律服务，而这仅是纽约州法院没有律师代理的当事人人数的一半。❼ 在财政大力支持下，ODR 项目可以为消费者提供在线资源，帮助消费者判断其债务问题的严重性，为消费者寻求法律援助，并在各方当事人方便的情况下进行谈判或调解。❽

专家们认为，ODR 程序将会节省所有利益相关者的时间和费用。❾ 尽管如此，由于法律服务提供者反对，工作组已经停止了通过 ODR 解决消费者债务相关法律问题的项目，转而支持另一个 ODR 试点，❿ 该试点重点关注小额索赔 ODR。

---

❶ *Dispute a Ticket Online*, N.Y.C. DEF'T FIN., at http://wwwl.nyc.gov/site/finance/vehicles/dispute-web.page (last visited on November 12, 2018).

❷ *Id.*

❸ *Complaints and Inspections,* N.Y.C. HOUSING & DEV., at http://wwwl.nyc.gov/site/hpd/renters/complaints-and-inspections.page (last visited on November 12, 2018).

❹ *Id.*

❺ Case Studies in ODR, *supra* note, 8-9.

❻ *Id.*

❼ *Id.*

❽ *Id.*

❾ *Id.*

❿ *Id.*, 10.

（四）得克萨斯州项目

得克萨斯州也正处于在离散型区域探索 ODR 试点项目的起步阶段。例如，调查发现，2017 年地区法院（district court）、郡县法院（county court）和治安法院（justice court）民事案件立案量持续增长，比 2016 年上涨了 12%。❶ 其中，郡县法院立案量占比 41%，治安法院立案量占比 33%，而 30% 受理的案件适用了缺席判决。❷ 据此，得克萨斯州司法委员会（Texas Judicial Council）开始考虑将 ODR 作为一种应对方案。❸ 特拉维斯县治安二区（Travis County Justice of the Peace, Precinct Two）与软件供应商泰勒科技公司（Tyler Technologies）合作，在民事诉讼中使用名为莫德里亚（Modria）的程序提供 ODR 服务。❹ 民事诉讼当事人现在能够利用莫德里亚相互接触，进而实现自行解决争议的理想效果，这节省了时间、费用和资源消耗。如果未能自行解决争议，他们仍然有机会出庭。❺

特拉维斯县包括奥斯汀（Austin），因此，这是一个大规模的项目，它将有助于涉诉当事人直接接触，使其不用到法院即可达成争议解决方案。❻ 特拉维斯县治安二区兰德尔法官（Randall Slagle）认为："我们相信莫德里亚不仅有助于更快的解决法律争议，而且还将为社区内不便前往法院的当事人创造更多接近正义的机会。"❼

除上述试点项目外，威廉姆森县专员法院（Williamson County Commissioners Court）也批准了一项试点项目，该项目旨在"通过在线调解程序减少小额诉讼当事人的出庭次数"。❽ 项目也使用莫德里亚软件，并于 2018 年 7 月 1 日生效。❾ 威

---

❶ Office of Court Admin., Annual Statistical Report for the Texas Judiciary Fiscal Year 3 (2017), at https://www.txcourts.gov/media/1441398/ar-fy-17-final.pdf.

❷ *Id.*

❸ *Id.*

❹ Press Release, Travis Cty. Tex., Travis County JP 2 First in the Country to Use Online Dispute Resolution Technology, May, 2018, at https://www.traviscountytx.gov/news/2018/1644-travis-county-jp-2-first-in-the-country-to-use-online-dispute-resolution-technology.

❺ *Id.*

❻ *Travis County, Texas, First in State to Select Tyler Technologies' Modria Solution,* Bus. Wire, June 12, 2018, at https://www.businesswire.com/news/home/20180612005118/en/Travis-County-Texas-State-Select-Tyler-Technologies%E2%80%99.

❼ *Id.*

❽ Ali Linan, *Williamson County Commissioners Approve Pilot Program to Speed up Small Claims Lawsuits,* Community Impact Newspaper, June 5, 2018, at https://communityimpact.com/austin/georgetown/city-county/2018/06/05/williamson-county-commissioners-approve-pilot-program-to-speed-up-small-claims-lawsuits/.

❾ *Id.*

廉姆森县治安三区（Williamson County Justice of the Peace for Precinct Three）法院的法官认为，ODR 项目有望解决大量的小额诉讼案件，这些案件拖累了司法进程，消耗了宝贵的时间和资源，而这些成本本可以发挥更大的效用。❶"该软件将节省庭审时间，降低每天 1.6 万美元的运行费用，使法官能够清理积案，并专注于陪审团审判（jury trial）和法官审判（bench trial）。"❷ 据此，威廉姆森县 ODR 项目有助于帮助当事人达成协议，以免纠纷进一步走入诉讼。

（五）犹他州小额索赔倡议

犹他州计划针对全州范围内的小额索赔案件实施 ODR。❸ 该项目于 2016 年 6 月由犹他州司法委员会（Utah Judicial Council）的 ODR 指导委员会（ODR Steering Committee）和一个旨在提高小额诉讼当事人救济机会的工作组共同提出。❹ 计划的初衷是降低成本和改善犹他州法院系统的可访问性。❺ 最终，ODR 计划被强制适用于小额索赔案件，并为当事人提供了线上查询案件、协商解决方案和寻求调解人协助等服务。❻ 必要的时候，当事人也可以联系法官选择通过线上或线下的方式审理案件。❼

犹他州的 ODR 程序分步骤进行。第一步，教育与评估（Education and Evaluation），ODR 系统将为用户提供有关索赔的信息和可能的抗辩。❽ 用户还可以创建案件账户（MyCase）用以电子方式提交索赔主张，并生成传票送达被告。❾ 被告同样可以创建案件账户，对传票作出回应。❿ 第二步是开启网站聊天功能，当事人双方可以就其争议进行沟通并协商解决方案。⓫ 达成争议解决方案的当事人可

---

❶ Ali Linan, *supra* note.
❷ Id.
❸ Utah Online Dispute Resolution Steering Comm., Utah Online Dispute Resolution Pilot Project 3–4 (2017), at https://ncsc.contentdm.oclc.org/digital/api/collection/adr/id/63/download.
❹ Id., 6–7.
❺ Id., 7.
❻ Id., 8.
❼ Id.
❽ Id., 9.
❾ Id.
❿ Utah Online Dispute Resolution Pilot Project 3–4 (2017), 10.
⓫ Id., 11.

以在网上提交他们的和解协议。❶ 如果当事人不能自行解决争议，那么他们即进入第三步，调解。❷

如果双方当事人无法在 35 日内达成争议解决方案，那么他们将进入第四步，法院将根据案件的复杂程度，以在线或线下的方式审理案件。❸ 在这一阶段，当事人需访问在线提交证据的门户网站和"记录在案"的聊天区。❹ 经过第四步，法院作出判决后，当事人仍然可以进入第五步，上诉或者申请强制执行。❺

犹他州的项目处于试点阶段，犹他州领导者希望该项目有助于减少目前小额法院大量的缺席判决。❻ 期望人们会感到更有能力应对索赔，并通过在线选项参与争议解决过程。正如一位法院管理者所阐释的那样："当事人出庭是争议解决成功的一半。"❼ ODR 开辟了通向法庭的新的途径，使当事人免于亲历法院的时间和麻烦。ODR 也允许法院在方便的时间和地点与所有相关当事人沟通。犹他州 ODR 项目于 2018 年末或者 2019 年初在全州范围内面向所有小额索赔案件全面推进。❽ 犹他州也将收集和研究试点信息，以便判断需要作出哪些必要的改变。❾ 犹他州的有益经验是从 ODR 试点开始，在学习中求得发展。❿ 另外，鉴于犹他州采用"监管沙盒"（regulatory sandbox）概念来允许创新，因此，犹他州也可能向我们展示 ODR 将如何重塑法院规则。⓫

（六）其他初探

近来，家事 ODR 的发展提供了又一例适合 ODR 的案件类型。由于面对面解

---

❶ Utah Online Dispute Resolution Pilot Project 3-4 (2017), 11.

❷ *Id.*

❸ *Id.*

❹ *Id.*, 11-12.

❺ *Id.*, 12.

❻ E-mail from Clayson Quigley, Dist. Court Program Adm'r in the Greater Salt Lake City Area, Admin. Office of Utah Courts, to Andrew Johnson, Research Assistant to Professor Amy J. Schmitz, August. 9, 2018, 12:27 CDT.

❼ *Id.*

❽ *Id.*

❾ *Id.*

❿ *Id.*

⓫ See Utah Courts Recent Press Notifications, Utah Courts, August 13, 2020, at www.utcourts.gov/utc/news/2020/08/13/to-tackle-the-unmet-legal-needs-crisis-utah-supreme-court-unanimously-endorses-a—pilot-program-to-assess-changes-to-the-governance-of-the-practice-of-law/.

决家事争议带来的当事人的不悦和低效的成本投入是毫无意义的。而且 ODR 可能是某些家事案件的当事人获得救济的唯一方法。首先，不涉及孩子抚养的离婚案件通常不会有太多的金钱争议，双方当事人只是希望无需通过复杂的面对面交涉，就能快速、便捷的离婚。❶ 其次，很多当事人在调解过程中遇到即将成为前妻（夫）的人可能会感到痛苦和愤怒，反而阻碍了争议解决。❷ 使用计算机和其他技术作为媒介处理家事问题可以为当事人提供"空间"，以在争议解决过程中更聚焦于各自的利益。❸ 这对于希望保全面子的当事人来说尤为重要，然而这种需求在面对面争议解决过程中很难得到满足。❹ 最后，家事程序往往涉及大量法律文件，即使是简单的离婚案件，如果没有律师去处理那些必要的文件，当事人也会感到很有负担，更不必说养育计划和子女抚养费问题了。因此，类似于 Turbocourt 等在线平台通过问答方式为当事人提供完成所需表格的简单方法，这与使用 Turbotax 处理税务很相似。❺ODR 平台还提供上传文件功能，当事人可以通过聊天或者电子邮件方式回应调解人或争议相对方。ODR 平台实现了与法院的整合，这使得 ODR 成为"端对端"争议解决的一部分。随着年轻一代结婚、生育，人们将越来越清晰地意识到家事司法数字化有望实现。❻

总之，司法 ODR 项目在美国得到了发展，特别是在利益相关的领导者为使项目取得成果而愿意投入资源和施以权力的地方。这些项目在解决接近正义和偿付问题方面取得了成功。这似乎遵循了一个简单的功能分析，程序更有可能因发挥解决实际问题的"功能"而获得支持。所以我们看到了交通罚单、小额索赔和

---

❶ Rebecca Aviel, *Counsel for the Divorce*, Boston College Law Review, Vol.55:1099, p. 1126 (2014).

❷ See Dafna Lavi, *No More Click–Click in Here: E–Mediation in Divorce Disputes–The Reality and the Desirable*, Cardozo Journal of Conflict Resolution, Vol.16:479, p. 479−542 (2014−2015).

❸ Gary L. Welton, Dean G. Pruitt and Neil B. McGillicuddy, *The Role of Caucusing in Community Mediation*, Journal of Conflict Resolution, Vol.32:181, p. 181−202 (1988). Leah Wing, Daniel Rainey, Borislava Simidchieva, Ethan Katsh, Lee Osterweil, and Lori Clarke. Unpublished research findings, 2009, on file with co-author (Leah Wing).

❹ Leah Wing & Daniel Rainey, *Online Dispute Resolution and the Development of Theory*, in Online Dispute Resolution: Theory and Practice, M. Wahab, E. Katsh, and D. Rainey eds., Eleven International Publishing, 2016, p. 23−38; Amy J. Schmitz, *Remedy Realities in Business to Consumer Contracting*, Arizona Law Review, Vol.58:213, p. 213−261 (2016).

❺ Turbocourt, at http://info.turbocourt.com/learn−more/individuals−families/ (last visited on February 18, 2020).

❻ Amy J. Schmitz, *supra note*, 1−45.

家事争议的解决比诸如大型商业案件更快地转移至线上,因为后者转至线上解决的动机不足。然而,疫情可能会改变这种分析方式,由于缺少面对面的替代方式,所有案件不得不转至线上解决。

三、非营利机构的 ODR 努力

美国 ODR 的另一个新动向是非营利机构已致力于研究和发展最佳的 ODR 实践。关注 ODR 的已不再是每年召开一次会议并讨论未来的小团体。未来已来,非营利机构的认可说明了在争议解决中使用技术已成为"新常态"。

(一)皮尤慈善信托与国家州法院中心

在美国,有关 ODR 的研究正如火如荼地进行。国家州法院中心(National Center for State Courts,NCSC)和皮尤(PEW)长期致力于此。❶ 例如,他们早期的一项民意调查发现,在收入 75000 美元及以上的受访者中,只有 44% 的人愿意在线解决租赁争议。此外,这项调查还发现,"较贫穷、年龄较大或者受教育程度较低的人似乎不太愿意参与 ODR"。❷ 这似乎表明,人们对 ODR 的兴趣可能低于预期,当然,该结论并非完全准确,随着疫情期间在线法院和 ODR 的显著发展,早期的结论肯定会有所变化。

疫情之前,皮尤就已经着手研究 ODR。❸ 皮尤表示,其项目的目标包括:(1)提高免费在线法律工具的可用性和质量,以帮助每个人应对复杂问题和连接到所需的资源;(2)开发、促进和评估用以改善人们与州和地方法院互动的技术;(3)开展政策研究,以便提高民事法律系统参与人员的成果产出;(4)与私营主体、决策者和其他利益相关者建立伙伴关系,以推动民事法律系统的全面完善。❹ 皮尤的 ODR 研究包括了就 CLSM-2019-01 号项目书与选定的团队和国家州法院

---

❶ *Online Dispute Resolution Faces Major Challenges*, Artificial Lawyer, 19 March 19, 2019, at www.artificiallawyer.com/2019/03/19/online-dispute-resolution-faces-major-challenges-survey/ (last visited on May 10, 2019).

❷ Id.

❸ The Pew Charitable Trusts, *Civil Legal System Modernization*, at www.pewtrusts.org/en/projects/civil-legal-sytem-modernization (last visited on June 29, 2019).

❹ Id.

中心合作的计划。❶ 项目书列出了很多研究议题以及与试点法院合作的规则。与国家州法院中心协商后，皮尤确定了5家试点法院，与选定的受资助者一起开展研究。❷ 国家州法院中心将协助参与者，并对试点法院样本进行流程评估。

与此同时，皮尤正在关注新兴技术在争议解决中的应用。例如，皮尤正资助斯坦福大学和萨福克大学的研发团队开发可以帮助人们识别法律问题的自然语言处理器（Natural Language Processor, NLP）。自然语言处理器是一种人工智能，它专注于理解语音中的语境。希望自然语言处理器能够将法律术语与更日常的单词或短语相匹配，以便人们在无需打字或者处理复杂的计算机程序的情况下就可以获得法律指导。❸

这只是新兴技术研究的一个示例，可以预见，有关利用人工智能和"机器人"帮助人们评估法律问题并预防诉讼的研究将会激增。这些研究应该有助于为人们获得救济铺平道路，并帮助我们重新构想美国的司法。

（二）美国律师协会

1. 美国律师协会免费法律解答

ODR尤其引人注目是因为它有能力打开法律服务的大门，并为那些无力负担传统法律服务的人提供"正义"。据此，美国律师协会（American Bar Association, ABA）和各州律师协会创建了关注法律问题的技术性解决方案。❹ 例如，田纳西律师协会里维斯主席（Buck Lewis）首创了"田纳西免费法律解答"（Tennessee Free Legal Answers）项目，该项目为田纳西州寻求法律咨询的低收入者拓展了接近正义的机会。❺ 由于交通障碍，很多田纳西州的低收入者无法诉诸法院，特别是在农

---

❶ *Outcome Evaluation for Online Dispute Resolution in State Courts*, May 31, 2019 (as amended), at www. pewtrusts.org/-/media/assets/2019/04/2019-clsm-rfp-01-amended.pdf (last visited on June 29, 2019).

❷ *Id.*

❸ Erika Rickard, *How Artificial Intelligence Could Improve Access to Legal Information*, Pew, January 24, 2019, at www. pewtrusts.org/en/research-and-analysis/articles/2019/01/24/how-artificial-intelligence-could-improve-access-to-legal-information (last visited on January 28, 2019).

❹ See Marissa LaVette, *Giving Back: ABA Free Legal Answers*, A.B.A. July 1, 2018, at https://www.americanbar.org/groups/gpsolo/publications/gp_solo/2018/july-august/giving-back-aba-free-legal-answers/.

❺ Adam Faderewski, *Texas Legal Answers Celebrates Its One-Year Anniversary*, St. Bar Tex., at https://www.texasbar.com/AM/Template.cfm?Section=articles&Template=CM/HTMLDisplay.cfm&ContentID=41500 (last visited on March 15, 2019); *Former Access to Justice Chair Lewis Receives National Pro Bono Award*, Tenn. State Courts, June 1, 2016, at http://tncourts.gov/news/2016/06/01/former-access-justice-chair-lewis-receives-national-pro-bono-award.

村地区。❶ 他们也缺乏聘请律师的时间和资源，尤其是在法律援助削减的情况下。❷

基于这些原因，里维斯率先推出了免费的在线法律服务项目，该项目会为田纳西州低收入群体配备有执照的律师，这些律师将回答当事人的民事法律问题。❸ 田纳西免费法律解答项目由田纳西州律师协会（Tennessee Bar Association）和田纳西州法律服务联盟（Tennessee Alliance for Legal Services）共同建立，自20世纪末以来就在为个人提供法律服务。❹ 项目对服务的对象有资格要求，❺ 他必须是低收入者，即收入低于联邦贫困线250%的人。❻ 有资格的用户选择法律类别和开庭日期，然后可以询问与民事法律有关的问题。❼ 这些问题将提供给系统内的所有律师，当律师给出解答时，用户会收到通知。❽ 律师和用户将私下进一步沟通，以保护用户的隐私不受系统其他使用者影响。❾

第一个项目建立后，美国律师协会公益与公共服务委员会（ABA Pro Bono and Public Service Committee）一直与其他机构合作，按照田纳西州模式，在全国范围推广美国律师协会免费法律解答项目。❿ 自2016年以来，该项目在40多个州可用，已为2000余名用户提供了法律服务。⓫ 有些州还允许自诉当事人在线填写法律文件，然后打印、签名并将其发送至法院。⓬

2. 美国律师协会特别工作组

ODR对接近正义的重要意义引起了人们对制定ODR标准或者最佳ODR实践

---

❶ *Free Legal Assistance Available through New Website,* Tenn. Bar Ass'n, May 4, 2011, at https://www.tba.org/press-release/free-legal-assistance-available-through-new-website.

❷ *Id.*

❸ *Id.*

❹ *Id.*

❺ *ABA Free Legal Answers,* Tenn. Alliance For Legal Servs, at https://www.tals.org/abafreelegalanswers (last visited on January 10, 2017).

❻ 此外，用户不得被监禁、总资产不得超过5000美元或者未满18岁。*Id.*

❼ *Id.*

❽ *Id.*

❾ *TN Free Legal Answers,* Just. For All, at http://justiceforalltn.com/i-can-help/tnfreelegalanswers (last updated January, 2017).

❿ *ABA Free Legal Answers, supra* note.

⓫ See *id.*

⓬ 类似的，伊利诺伊州法律援助在线系统允许用户向公益律师提交涉密问题，然后律师可以作出回应。See Prescott, *supra* note, 2011, 2012.

的广泛兴趣。❶ 从简单的通信到自动谈判和在线志愿者虚拟陪审团，技术以多种方式融入ODR。❷ 随着人工智能的增强和区块链技术的引入，ODR有无限可能。❸ 大量ODR案件具有简易、多发等特点，当诉讼成本高昂时，ODR为被忽视的当事人提供了接近正义的机会。❹ODR在国际跨域争议解决中的应用也不断增加，它使相关主体能够在不受诉讼拖延、巨额经济支出和跨司法区域问题（如法律选择和执行）的影响下获得救济。❺

尽管如此，我们甚至尚不清楚如何定义"ODR"，更不用说我们如何能够或者说如何提供ODR治理了。基于此，美国律师协会成立了一个ODR特别工作组，旨在使ODR更加透明，以建立用户信任。当然，不仅是美国律师协会，其他一些法律组织和特别工作组也在致力于为ODR制定标准和最佳方案。虽然在这些自我监管的众多努力中出现了一些最低标准，但尚未达成全球共识。❻ 因此，在国际、国家和地区层面，ODR监管仍需进一步强化。❼

美国的ODR特别工作组主要从三个方面开展小组工作：（1）指导最佳实践，以及非营利机构在建立和管理此类实践方面的参与；（2）指导法院ODR特殊问题；（3）指导私营ODR相关的特殊问题。对于所有的特别工作组来说，探索像美国律师协会这样的非营利机构如何应对障碍，并促进最佳ODR实践符合整体利益。因此，特别工作组正在努力决策如何进行最好的监管（如果有的话）。与此同时，工作组正在考虑法院内部和外部的利益相关者建设，以及如何更广泛的评估ODR对法学教育和法律实践的影响。

工作组不仅包括美国律师协会的成员，还包括来自多元背景和特殊地位的人士，如国际线上争议解决委员会成员、美国仲裁协会成员、当事人自我代理诉讼网络（Self-Represented Litigants Network, SRLN）成员、美国法学会（American Law Institute, ALI）成员等。特别工作组甚至包括来自美国以外的专家，并保持

---

❶ Gralf-Peter Calliess & Simon Johannes Heetkamp, *Online Dispute Resolution: Conceptual and Regulatory Framework*, TLI Think! Paper 22/2019, 2019, p. 2–5, at http://ssrn.com/abstract=3505635.

❷ *Id.*, 5–6.

❸ *Id.*, 6.

❹ *Id.*, 9.

❺ *Id.*, 9–10.

❻ *Id.*, 11–12.

❼ *Id.*, 12.

与世界其他地区同行的紧密联系。随着ODR成为主流,统一法委员会(Uniform Law Commission)也意向加入美国律师协会工作组。

目前尚不清楚特别工作组是否能够成功地制定出获得支持的ODR准则和最佳方案。法院和其他主要的利益相关者也在制定自己的ODR标准和衡量指标。因此,特别工作组应加强协作和团队建设。制定具有包容性的意见和支持的机构指南对于在合理设计和实施方面建立共识,并取得ODR的长期成功至关重要。❶

这些特别工作组在美国乃至世界推广合乎伦理且有效的ODR的基点是国际线上争议解决委员会的ODR原则和标准。❷ 随着公共、私营和非营利机构不断促进ODR公开,ODR的认证和审查机制也会发展。公开不仅意味着个人在一开始就掌握ODR过程的全部信息,也意味着个人能够预测ODR的结果。公开还意味着管理员应当发布ODR系统报告,并将这些报告提供给权威且专业的审查人员,以评估技术的使用是否不仅节省了时间和开支,也帮助人们在法院或其他场所获得了公平的救济。

(三)法学院/教育

作为传统民事诉讼和审判实践课程的补充,长期以来法学院一直提供谈判和争议解决课程,随着ADR发展至ODR,很多法学院现已提供ODR单元课程,甚至是完整的ODR课程。❸

国家技术和争议解决中心已经收到了来自14所院校的信息,它们提供的课程中至少50%侧重于ODR,其中有3个课程是国际性的。美国的课程涵盖ODR政策、法律和实践,从消费者和索赔服务到家事法和轻罪,还涉及社交媒体和区块链智能合约争议。通过这些课程,学生将有机会使用ODR平台并模拟体验,在系

---

❶ See Anjanette H. Raymond & Scott J. Shackelford, *Technology, Ethics, and Access to Justice: Should an Algorithm Be Deciding Your Case?*, Michigan Journal of International Law, Vol.35:485, p. 492 (2014).

❷ ODR标准列表来自国际线上争议解决委员会,并基于荣(Leah Wing)提出的ODR伦理原则。See ICODR, at http://icodr.org/index.php/standards/; Leal Wing, *Ethical Principles for Online Dispute Resolution: A GPS Device for the Field*, International Journal of Online Dispute Resolution, Vol.3:12, p. 11-15 (2016); The National Center for Technology and Dispute Resolution, at http://odr.info/ethics-and-odr/ (last visited on August 28, 2018).

❸ 已向国家技术和争议解决中心发布课程的院校包括克雷顿大学、多明尼克大学、米切尔·哈姆林法学院、诺瓦东南大学、佩珀代因大学法学院、圣塔克拉拉大学、南卫理公会大学、斯坦福大学法学院、马萨诸塞大学阿默斯特分校和密苏里大学法学院(哥伦比亚)。

统设计背景下研究技术，论证利用技术协助解决特定类型争议的最佳方案。

例如，斯坦福大学法学院提供人工智能监管、数字技术与法律，以及争议系统设计与在线争议解决等课程。人工智能监管课程（招收法学、工程学和计算机科学专业的学生）调查当前和新出现的与法律如何构建人类与人工智能关系相关的法律和政策问题。数字技术与法律课程使学生能够熟练掌握数字技术（机器学习、互联网结构、网络安全、加密技术和区块链）和法律框架。争议系统设计与在线争议解决课程关注了从电子商务到法院、索赔服务和加密货币等一系列制度，考察了利益相关者、追求的目标和程序供给等内容。其他的学术课程提供了替代性争议解决理论与实践，以及人工智能发展中数字化流畅性等内容。

同样地，密苏里大学法学院既提供法律和技术的一般课程，还开设"人工智能、数据分析和法律"课和两门"数字时代的争议解决"课（Dispute Resolution in the Digital Age, DRDA）。两门数字时代的争议解决课分别面向面授的法律博士生和线上授课的争议解决专业的法学硕士生。这两门课程都从争议解决系统设计和实践两个视角来思考技术，包括使用多种ODR平台进行模拟，审视伦理困境，以及通过提出解决选定冲突领域的系统设计方案完成最终项目。ODR是真正的跨学科领域，它既需要掌握争议解决的过程和结果，也需要掌握优化设计和实践的工程技能。

四、发展有益ODR的基本要素

开展ODR的国际对话和比较研究有助于为制度建设提供信息。❶ 很多国家已经将某些争议解决程序转至线上，它们每一个都可成为调研的对象，供他方学习。除此之外，决策者必须考虑正当程序的核心要求，并在裁决时保持对人工智能和算法的理性的怀疑态度。事实上，任何对不公正的争议解决机制效率的追求都是无意义的，效率不应掩盖公正。因此，充分考虑正当程序（due process）标准，为特定情境构建ODR机制至关重要。❷

---

❶ See Pub. Law Project, The Digitalisation of Tribunals: What We Know and What We Need to Know, April 5, 2018, at https://www.sheffield.ac.uk/polopoly_fs/1.775487!/file/The-Digitalisation-of-Tribunals-for-website.pdf.

❷ See Anjanette H. Raymond, *supra* note.

（一）正当程序保障

正当程序是美国司法的基石，而每个国家也都在为其法院的程序正义而努力。因此，发展法院ODR必须遵循正当程序标准，保证程序公正。❶然而，正如荣教授（Professor Leah Wing）所指出的，由于ODR的性质不断演进，很难为其制定严格的标准或行为准则。尽管如此，ODR共同体已经开始阐释共同的价值观，助力形成规范ODR实践的伦理原则。❷荣教授进一步解释说，"普遍性或一般化的张力"要求这些伦理原则应当具有足够的普适性，可以适应不同的环境、文化和司法，而且还应当反映出整体的凝聚力和时间的持久性。❸

欧洲的决策者也同样强调ODR公正标准。欧盟的ADR指令和ODR条例通过将不遵守标准的ODR供应商排除在欧盟ODR平台之外来保障正当程序。当然，这只涉及欧盟公共平台上列明的私营供应商。❹

电子法庭进一步提高了对正当程序保障的要求。至少电子法庭应当遵守保密、公正、胜任力和过程品质等基本标准。❺这意味着，法院和其他从业人员必须了解保密风险，并将这些风险告知客户和用户。❻他们还必须确保所有当事人都有充分的参与机会，并就程序和结果作出自愿且知情的选择。❼

国际在线争议解决中心明确了ODR标准，这些增加的核心标准可供法院数字化建设时考虑。国际在线争议解决中心的ODR标准列表如下：

可访问性（Accessible）：ODR必须易于当事人查找，既可以通过移动设备也可以通过台式电脑使用，最大程度地降低程序参与者的成本，ODR也应当易于不同身体状况的人访问。

可归责性（Accountable）：ODR必须持续地对其服务的机构、法律框架和社区负责。

---

❶ See Leah Wing, *supra* note.
❷ *Id.*, 17.
❸ *Id.*
❹ See Joasia A. Luzak, *The New ADR Directive: Designed to fail? A Short but Hole-idden Stairway to Consumer Justice*, Ctr. for the Study of European Contract Law, Working Paper No. 2015-2012, 2015, at https://ssrn.com/abstract=2685655.
❺ See Daniel Rainey, *Third-Party Ethics in the Age of the Fourth Party*, International Journal of Online Dispute Resolution, Vol.1:37, p. 42-52 (2014).
❻ *Id.*, 43.
❼ *Id.*, 46.

胜任性（Competent）：ODR 提供者必须具备在其目标领域提供合格且有效服务所需的争议解决、法律、技术执行、语言和文化等方面的专业知识。

保密性（Confidential）：ODR 应当根据政策保持当事人通信的保密性，公开谁将看到什么数据和如何使用这些数据等信息。

平等性（Equal）：ODR 必须尊重和有尊严地对待所有参与者。ODR 应当使那些经常被压制或边缘化的声音有机会被听到，确保线下特权和劣势不会在 ODR 过程中被复制。

公平/公正/中立（Fair/Impartial/Neutral）：ODR 必须遵循正当程序平等对待所有主体，不存在对任何个人、组织或实体的偏见或偏袒。在 ODR 服务前就应当披露 ODR 提供者、参与者和系统管理者的利益冲突。

合法性（Legal）：ODR 必须遵守并维护所有相关司法辖区的法律。

安全性（Secure）：ODR 提供者应当确保参与者之间的通信交流不会与任何未授权方共享。任何违规行为都必须及时地通知用户。

公开性（Transparent）：ODR 提供者必须事先明确地公开如下信息：争议解决过程和结果的形式和执行力；以及参与的风险和益处。ODR 数据应当以确保其不会被歪曲或断章取义的方式收集、管理和呈现。❶

上述的这些标准和原则不言自明，但它们在公共使用 ODR 和电子法庭时会有不同的应用。国际在线争议解决中心列表是为广义的 ODR 创设，而不是专门针对法院本身。安全性和可归责性在公共环境下尤为重要。法院必须特别注意确保其系统不会被"黑客"攻击，同时法院也要对纳税人负责。在电子文书提交和类似的数字化过程中，法院已经为安全作了努力，但这项要求在在线调解与连接法院的 ODR 建设中将更加突出。因此，电子法庭和司法 ODR 应当定期接受安全审查。

值得注意的是，法院已经通过与由泰勒科技公司运营的莫德里亚等供应商合作来管理安全问题，进而提供安全的连接法院的 ODR。虽然通过泰勒科技官网（tylertech.com），莫德里亚收集了一些基本信息，如用户姓名、电子邮件地址、

---

❶ ODR 标准列表来自国际在线争议解决中心，这些原则也可以在国家技术和争议解决中心找到。ICODR Standards, ICODR, at http://icodr.orglindex.php/standards/(last visited on November 13, 2018); Ethical Principles for ODR, ODR. INFO, at http://odr.info/ethics-and-odr/ (last visited on August 28, 2017); Amy J. Schmitz, *Consumer Redress in the United States*, in Pablo Cortés ed., The New Regulatory Framework For Consumer Dispute Resolution, Oxford University Press, 2016, 325.

IP地址和访问时间等,但莫德里亚和泰勒科技公司从不向第三方出售、出租或发布客户邮件列表。❶ 此外,泰勒科技官网通过遵守行业安全标准保护进入ODR程序的个人信息(如信用卡号)。❷ 不仅如此,选择为自己的案件定制解决方案的用户也会受到保护,因为莫德里亚的解决流程是由经过安全认证的、启用应用程序接口(Application Programming Interface,API)的案件管理系统提供支持。❸

然而,这种公私合作关系,如莫德里亚和马特宏,引发了对司法公正性的担忧。因此,聘任外部供应商的法院必须特别注意确保这种公私合作关系不会创造哪怕是表面上的偏见,实质偏见就更不用说了。当然,政府雇佣第三方提供了很多服务,这在允许更大创新的同时也具有成本效益。然而,在司法系统运行方面,公私合作可能会受到更高级别的审核。这意味着系统审核对于确保法院不受偏见或利益冲突影响至关重要。

审核和公开相辅相成。公开不仅意味着人们在开始时就了解某个程序的全部信息,还意味着管理者应当公布系统报告,并将报告提供给有权限和资质的审核者,用以评估使用技术是否不仅节省了政府开支,而且帮助人们公平地获得救济。例如,使用ODR的法院应当收集数据,分析系统使用前后的成本节约情况。法院还应当收集数据说明多少主体正在使用新系统并从中受益,他们何时访问该系统,以及他们是否能够使用移动设备访问该系统。检查完成ODR过程或以其他方式获得救济所需的时间也很重要。

收集的数据不应限于定量信息,也应当包括满意度、看法和用户体验等定性研究。这项研究不仅包括电子调查,还应当聚焦系统用户群组,他们可以提供更精确的反馈和改进意见。在这方面,适当的调查设计对于获得公正的评价而言必不可少。小组访谈也可以实现更深度地问询。

事实上,公开的重要性如何强调都不为过。国际在线争议解决中心的每个原则和标准都值得关注,但当法院开发和适用ODR时,公开尤为重要。数据收集和公开为对话和比较分析打开了大门,从而带来进步。当试点项目完成一个周期,

---

❶ See *Tylertech.com Privacy Statement*, Tyler Tech., at https://www.tylerteh.com/Privacy(last visited on September 6, 2017); *PCI Compliance*, Tyler Tech., at https://www.tylertech.com/about-us/compliance/pci-compliance (last visited on March 23, 2019).

❷ *Id.*

❸ Modria, Feature Comparison Chart (2017), at https://www.tylertech.com/Products/Modria/Modria-Feature-Comparison-Chart.pdf.

决策者应该聚集在一起交流意见。国际讨论将进一步影响这一过程，直至最终出现 ODR 的最佳方案。

来自世界各地的决策者已经呼吁收集此类数据并对法院技术开展充分的研究。例如，英国法律教育基金会（Legal Education Foundation，LEF）正在探索如何最好地衡量英国新 ODR 项目的成功。❶ 基金会提倡对与弱势群体司法系统公正性有关的数据进行评估。❷ 基金会认为，接近正义应当包括："第一，诉诸正式的法律制度；第二，获得有效听证；第三，根据实体法裁判；第四，获得救济。"❸ 因此，如英国法律教育基金会最近的报告所详述的，与试点项目有关的数据收集应当包括多样化的衡量指标。❹

（二）谨慎使用人工智能和算法

上述关于正当程序和伦理标准的讨论只是建设 ODR 最佳方案的起点。事实上，任何对话都必须考虑目前各行各业广泛使用的人工智能和算法，法律也不例外。❺ 尽管在没有预测分析的情况下，ODR 也可以促成谈判或者调解，但人们越来越多地使用预测分析和人工智能来辅助判断案件的价值和可能的结果，作为促成和解的催化剂。❻ 电子法庭甚至可以使用人工智能技术借助类案分析来裁决。本部分重点关注法院使用人工智能和算法的一些方法，并提出一些注意事项供决策者参考。

长期以来，精算学家使用预测系统和算法来解决保险行业中的概率问题，随着用户友好型人工智能程序的出现，执行部门和法院也加入了这一行列。❼ 问

---

❶ See N. Byrom, Legal Educ. Found., Developing the Detail: Evaluating the Impact of Court Reform in England and Wales on Access to Justice 6 (2019), at https://research.thelegaleducationfoundation.org/wp-content/uploads/2019/02/Developing-the-Detail-Evaluating-the-Impact-of-Court-Reform-in-England-and-Wales-on-Access-to-Justice-FINAL.pdf.

❷ *Id.*

❸ *Id.*, 14.

❹ *Id.*

❺ See Robert H. Sloan & Richard Warner, *Alien Intelligence: Ensuring Fairness in Algorithmic Decision-Making*, 2–7, April 16, 2018, at https://ssrn.com/abstract=3163664.

❻ Bernard Marr, *How AI and Machine Learning Are Transforming Law Firms and the Legal Sector*, Forbes, May 22, 2018, at https://www.forbes.com/sites/bernardmarr/2018/05/23/how-ai-and-machine-learning-are-transforming-law-firms-and-the-legal-sector/#3d6ef0b032c3.

❼ See Jane Bambauer & Tal Zarsky, *The Algorithm Game*, Notre Dame Law Review, Vol.94:1, p. 6 (2018).

题是，这些系统并不总是准确的。例如，对于某些人而言，用于认定酒后驾驶（Drink under the Influence, DUIs）的血液酒精浓度比率可能过高或过低，即使该比率来自具有参考价值的统计数据。❶另外，人们也可以通过战略性的改变行为习惯或者虚假输入来与系统博弈。❷编码错误或者编码者的偏见也可能导致结果偏差。❸

尽管如此，某些情况下人工智能和良好建构的算法有助于人们更客观的决断。❹它们也可以实现不拖延的裁决，而不必像传统法庭上的专家之战那样，需要部署各方当事人提出的成本高昂的专家证言。例如，人身伤害案件的法官可能有主观的理由怀疑原告的主张，或者法官对"人工智能律师"存在固有的抵触情绪，而人身伤害案件通常涉及数小时或者数天的专家证言，此种情况下，人工智能驱动的程序可以为法官提供案件评估，帮助法官作出公正判决，而无需再聘请专家进行长时间的审理。类似地，案件价值预估也可以帮助小额诉讼中的消费者与承包商达成争议解决方案。以这些方式，人工智能和算法可以导向更快速和更准确的裁决或合意。❺

当然，人们忧心于可能潜伏在人工智能背后的偏见亦可理解。❻正如欧洲委员会议会人权事务专员（Commissioner for Human Rights for the Council of Europe Parliamentary Assembly）所言："人工智能可以极大地提高我们的能力，使我们过上我们想要的生活，但它同样也可能摧毁我们。因此，我们需要对人工智能进行严格的监管，以避免其演变成现代弗兰肯斯坦式的科学怪物。"❼

---

❶ Jane Bambauer & Tal Iarsky, *supra* note., p. 7.

❷ *Id.*, p. 12-14. 虽然有时会有这方面的问题，但算法设计者可以通过增加模型的复杂性、频繁地更改模型、收集更多的或不同来源的代理信息来应对博弈，进而使博弈更加困难。

❸ See Richard C. Kraus, *Artificial Intelligence Invades Appellate Practice: The Here, the Near, and the Oh My Dear*, A.B.A., February. 5, 2019, at https://www.americanbar.org/groups/judicial/publications/appellate_issues2019/winter/artificial-intelligence-invades-appellate-practice-the-here-the-near-and-the-oh-my-dear/.

❹ Pamela S. Katz, *Expert Robot: Using Artificial Intelligence to Assist Judges in Admitting Scientific Expert Testimony*, Albany Law Journal of Science & Technology, Vol.24:1, p. 41 (2014).

❺ *Id.*

❻ See Dunja Mijatović, *Safeguarding Human Rights in the Era of Artificial Intelligence*, Council of Eur.: Commissioner's Hum. Rts. Comments, July 3, 2018, at https://www.coe.int/en/web/commissioner/-/safeguarding-human-rights-in-the-era-of-artificial-intelligence?inheritRedirect=true.

❼ *Id.*

我们可以看到人工智能在刑事法领域的显著应用。一些法官使用人工智能设定保释金金额，或帮助确定被定罪者的刑期。❶例如，现在亚利桑那州（Arizona）、肯塔基州（Kentucky）和新泽西州（New Jersey）的法院在设定保释金时会参考计算机生成的统计数据，而不是仅仅依靠法官自己的裁量和直觉。❷这些项目背后的决策者认为，这可以让法官使用基于事实的客观算法来确定保释被告的逃逸风险。另言之，使用人工智能有助于消除由法官的隐性偏见造成的区别对待。❸人工智能现在也在定向警务中发挥作用。❹此外，研究人员正在测试一个比陪审团更能识别人类骗局的程序。❺

人工智能也可能在法律披露中发挥作用。在 Winfield 诉纽约市案中，法官考虑了使用预测编码来分类和收集与开示请求相关的文件的做法。❻Winfield 案中，原告指控纽约市使用算法影响文件请求，导致本案中相关文件的代表性不足。❼其

---

❶ Matt O'brien & Dake Kang, *AI in the Court: When algorithms rule on jail time*, Phys.Org, January 31, 2018, at https://phys.org/news/2018-01-ai-court-algorithms.html; Caleb Watney, *It's Time for Our Justice System to Embrace Artificial Intelligence*, Brookings: Techtank, July 20, 2017, at https://www.brookings.edu/blog/techtank/2017/07/20/its-time-for-our-justice-system-to-embrace-artificial-inteligence/.

❷ *Id.*

❸ *Id.* 众所周知，主观评估被捕者逃逸风险时会受贫富差异的影响，而使用人工智能，法院可以释放所有危险或逃逸风险较小的人，财富已无关紧要，因为系统判断一个人不太可能再犯或者逃避法院审判时已无需将金钱作为保障。新泽西州（New Jersey）法院现在使用了一个名为"公共安全评估"的程序，这个程序通过立即向法官发送个人风险评分以便在监狱视频听证会上使用，加快了传讯的进程。如果当事人有资格被释放，那么这种方式迟延最小，不需要保释。作为防止未能出庭的额外风险，当事人会收到出庭日期的短信提醒。

❹ Stephen Buranyi, *Rise of the Racist Robots-how AI is learning all our worst impulses*, Guardian, August 8, 2017, at https://www.theguardian.com/inequality/2017/aug/08/rise-of-the-racist-robots-how-ai-is-learning-all-our-worst-impulses.

❺ Michael Byrne, *AI System Detects 'Deception' in Courtroom Videos*, Vice: Motherboard, December 19, 2017, at https://motherboard.vice.com/enus/article/zmqv7x/ai-system-detects-deception-in-courtroom-videos; Andrew Tarantola, *Watson is Helping Heal America's Broken Criminal-sentencing System*, Engadget, August 25, 2017, at https://www.engadget.com/2017/08/25/watson-heal-america-criminal-sentencing/. 在俄亥俄州蒙哥马利县（Montgomery County, OH），卡佩兹法官（Anthony Capizzi）与国际商业机器公司（International Business Machines, IBM）合作使用沃森（Watson）开发了与它的青少年案件最相关的数字案件档案系统。他将自己的管理系统与其他的管理系统区别开来，因为他的系统不仅是对过去事件的记录，还包括执法人员、缓刑监视人员和心理健康师的建议等数据信息。根据这些数据信息，他可以作出预断。该试点项目是一种"混合解决方案"，使得潜在的人工智能偏见与"人类决策"相平衡。*Id.*

❻ Winfield v. City of New York, No. 15-cv-05236 (LTS) (KHP), 2017 WL 5664852, at *10-11 (S.D.N.Y. Nov. 27, 2018).

❼ *Id.*, *5.

观点是这可能会导致不公正的文件审查，进而导致出现结果偏差。❶ 而法院否定了原告的观点，确认了预测编码是实现合理的和成比例的文件生成的可行方法。❷

法律中使用人工智能的又一示例是中国法院已经引进了名为"小法"的智能机器人，它可以回答通过文字或语音方式提出的问题。❸ 中国政府不断更新该平台信息，目前该平台已经包含了40000多个法律程序，30000个常见的问题（根据地区调整），7000部法律和5000000件案例的详细信息。❹ 参考相关的案例、判决、法律和专家意见，机器人可以为人们提供如何起诉，如何知悉他们的合法权益以及如何取证等信息。❺ 这类似于一些人所担心的"机器人律师"。截至2017年11月，机器人每天收到30000个信息请求，85%的请求能够得到立即回复。❻

康奈尔大学的一项研究认为，人工智能比人类更善于识别欺骗。❼ 在90%的康奈尔大学法庭模拟中，计算机成功地判断出了当事人何时撒谎。❽ 康奈尔大学的研究还发现，在保释决定方面，人工智能比法官要更好、更公正。❾ 据此，可得出结论，人工智能通过提高拒绝保释决定的准确性可以将犯罪率降低24.8%。❿ 另外，还可以发现，人工智能保释系统通过建议释放最不可能再次犯罪的被捕者，在不增加犯罪率的情况下，将在押人数减少42%。⓫

相比之下，法院用于量刑的康普斯（Compas）等项目则受到了尖锐的批判。⓬ 康普斯基于性别、年龄和犯罪史等100个因素的统计分析来评估罪犯可能的康复情况和累犯风险。⓭ 然而普罗公共报（ProPublica）的一项研究发现，康普斯错误地

---

❶ Winfield v. City of New York, *supra note*, *5.
❷ *Id.*, *11-12.
❸ Cao Yin, *Courts Embrace AI to Improve Efficiency*, China Daily，November 16, 2017, at http://www.chinadaily.com.cn/china/2017-11/16/content_34 595221.htm.
❹ *Id.*
❺ *Id.*
❻ *Id.*
❼ Byrne, *supra note*.
❽ *Id.*
❾ Tarantola, *supra note*.
❿ *Id.*
⓫ *Id.*
⓬ Annie Dike, *Would You Trust an Artificially-Intelligent Expert?*, The Nat'L L. Rew., October 25, 2017, at https://www.natlawreview.com/article/would-you-trust-artificially-intelligent-expert.
⓭ *Id.*

将黑人罪犯标记为累犯的可能性是白人的两倍。[1]这就引发了关于康普斯用于预测的算法存在内在偏差的严重关切。

同样地,对人工智能的担忧也存在于电子法庭的发展过程中。人工智能和算法可用于电子法庭和联通法院的 ODR,它们为当事人提供了案件结果的预测分析,甚至是最终裁决。基于类案的预测分析可以为当事人提供案件评估,帮助他们达成公正的裁决,甚至有助于消除影响面对面交互和决策可能存在的隐性的和显性的偏见。尽管如此,有证据表明,人们更倾向于遵从统计数据,而不是利用数据来辅助形成独立判断。[2]然而人工智能和算法反映了它们的创造者和设计者的价值判断和优先级。[3]当人工智能建立在有偏差的数据基础上时,就会出现"废进废出"的问题。尽管随着时间的推移,人工智能可以不断提升和改进,但它仍然易受人类偏见的影响,尤其是在"源数据反映了模式化观念,或者从人类文化角度训练人工智能"的情境下。[4]

因此,法院系统中的相关主体和社会监管机构能够访问算法使用的数据集和规则至关重要。[5]除此之外,决策者在为 ODR 平台和软件设计创建最佳方案时应当考虑上述的国际在线争议解决中心所设标准和原则。[6]决策者也可以考虑使用开源软件来提高透明度,或寻求公众意见改进法庭程序。[7]人工智能无法复制善治和理性决策所需的人类基本能力。[8]那些预测"机器人律师"最终将完成所有法律工作的法律未来主义者认为,法治提供了一个"明确的处方",它可以插入算法,进

---

[1] O' brien & Kang, *supra* note.

[2] *Id.*

[3] *Id.*

[4] Buranyi, *supra* note.

[5] Buranyi, *supra* note. 显然,刑事案件的当事人应当知道他们为什么被拒绝保释,以及他们的刑期是如何确定的。总部位于旧金山的人权数据分析组织(Human Rights Data Analysis Group)2016 年的一项研究显示,PredPol 软件(警察局用于识别高犯罪率地区)标注的主要是黑人社区,它是奥克兰(Oakland)白人社区的两倍。而当统计学家基于全国数据对可能的犯罪活动进行建模时,"热点"的城市分布要更加均衡。由于 PredPol 软件是基于早期的逮捕数据分析,分析的结果会导致某些区域被过度地监管,这使得 PredPol 软件陷入了一种自我强化循环,执法人员回到逮捕区域,导致了更多的逮捕,进一步强化了该区域将发生犯罪的预测。

[6] See ICODR Standards, *supra* note.

[7] Watney, 2017, *supra* note.

[8] See Frank Pasquale, *A Rule of Persons, Not Machines: The Limits of Legal Automation*, George Washington Law Review, Vol.87:1, p. 29–30 (2019).

而产出法律上的正确决定。❶ 然而，通常不可能将法律或法规简化为简单的输入，且"几乎不可能将知识和判断简化为一系列机器可以处理的命题"❷。

人类应该思考使用机器来提升自己的能力，而不是试图用机器来取代人类。❸ 人工智能可以作为一种帮助裁判者分析的工具，减轻偏见及其他人为失误。❹ 例如，技术具有巨大的潜力，它可以帮助人们评估小额索赔的理性解决方案，并为此类案件的司法裁判提供信息。然而，需要再次强调的是，人工智能和算法仍然要保持公开透明，法律专业人士和法院管理者需要警惕"网络伦理（cyberethics）"问题，并基于国际在线争议解决中心所设标准和原则探索最佳方案。❺

此外，电子法庭和公共 ODR 应当允许个人保持对过程的控制。塞拉教授（Professor Ayelet Sela）在斯坦福大学进行了一项实验，该实验评估了 68 名本科生和 18 名研究生使用半同步 ODR 的体验。❻ 她问道：第一，当事人对程序正义的看法是否会因其是与人还是人工智能软件接触而异；第二，当事人对程序正义的看法是否会受到其对结果控制程度的影响？❼ 经过数据评估，塞拉教授得出结论：第一，人们对正义的感知随着他们对决策过程的控制程度而变化；第二，与交给人进行决策相比，人们更不愿意将自己的决策控制权交给软件。❽

ODR 逐渐成为了司法系统的一部分，它为当事人富有效益的获得救济开辟了新路径。❾ 据此，法院应当继续扩大技术的使用以协助解决争议，并在必要时以

---

❶ Frank Pasquale, *supra* note, p. 44.

❷ *Id.*, p. 48.

❸ *Id.*, p. 47.

❹ See Robin Tible, *Note De Lecture: Yannick Meneceur, Quel Avenir Pour La Justice Prédictive?——Enjeux Et Limites Des Algorithms D'anticipation Des Decisions De Justice* [*Reading Note: Yannick Meneceur: What Future for Predictive Justice? Challenges and Limits of Anticipation Algorithms of Court Decisions*] La Semaine Juridique Edition Générale, No. 7, February 12, 2018, at http://www.cyberjustice.ca/en/publications/note-de-lecture-quel-avenir-pour-la-justice-predictive-enjeux-et-limites-des-algorithmes-danticipation-des-decisions-de-justice/.

❺ *Id.*

❻ Ayelet Sela, *Can Computers Be Fair? How Automated and Human-Powered Online Dispute Resolution Affect Procedural Justice in Mediation and Arbitration*, Ohio State Journal on Dispute Resolution, Vol.33:91, p. 146 (2018).

❼ *Id.*, p. 97.

❽ *Id.*, p. 115.

❾ *Id.*, p. 94.

更高的效率和更个性化的程序为当事人提供判断。❶ 但是，谨慎是必要的。技术可以成为协助解决争议的"第四方"，但它不应该取代并成为唯一的和最终的裁判者。❷ 相反，法院应当在一些试点中使用上文所述的分步程序（在线谈判和在线调解先于在线裁决），借助预测分析帮助当事人在最终裁决之前进行谈判和调解。正如塞拉教授的研究所证实的那样，参与者认为这种混合的过程在程序上更加公正，它带来了最大的满足感。❸

（三）考虑特殊因素

正当程序和谨慎使用人工智能和算法对于设计电子法庭和公共ODR而言至关重要。然而，在实施ODR之前，法院也需要考虑关乎公正和效率的特殊因素。下文即关于其中几个相关问题的讨论，包括确定案件类型、保持自愿、解决数字鸿沟以及考虑失业和政治困难。

1. 案件类型

首先，法院需要确定哪些类案件适于采用ODR，而有些案件因太复杂或者其他原因不适宜在线裁判。例如，复杂的商事案件可能不适合采用在线程序。此外，因需要特别关注儿童的最大利益，对家事案件中的子女监护权的最终裁判通常不适合采用电子法庭或者在线方式。而如上文所讨论的试点项目，ODR却有助于离婚双方达成协议。例如，拉斯维加斯（Las Vegas）的莫德里亚ODR项目为使用ODR促进诉前协商解决争议（或为预防诉讼）树立了良好的榜样。❹

适合ODR的具体案件类型包括小额索赔、违停罚单和驾驶轻罪、财产和所得

---

❶ Ayelet Sela, *supra* note, p. 94.

❷ See *Id.*, p. 98–110.

❸ 参与者对程序正义的体验因其将过程视为工具（机器）还是主体（人）而异。在调解过程中，争议方与"感知软件调解人"接触时所感到的程序正义要高于与人接触，然而在具有约束性的仲裁过程中，情况恰恰相反，即参与者在与中立的人接触时更能感受到程序正义。两种情形下，影响参与者感知程序正义的主要因素是他们有"话语权"，即他们能够有效地参与争议解决过程。有趣的是，参与者认为软件相较于中立的人更公正，更有效、更专注，他们在与软件的接触过程中感受到了更大的确定性和更少的负面情绪。他们认为自己在工具性调解中增加了近30%的"话语权"。然而，工具性仲裁参与者认为人类中立者更尊重和信赖，并且觉得在人力主导的程序中享有更多的"话语权"和信息正义。See *id.*, p. 107–136.

❹ See Clark County Court Uses New Technology from Tyler to Resolve Disputes Online, Bus. Wire, April 17, 2018, at https://www.businesswire.com/news/home/20180417005157/en/Clark-County-Court-New-Technology-Tyler-Resolve.

税争议,以及其他因诉讼成本高昂当事人可能无法提出异议的政府罚款案件。当然,随着试点项目的推进,法院会不断汲取经验、改进程序。而随着ODR程序的改进,ODR的适用范围将扩展并涵盖更多的案件类型。然而,这一过程必须谨慎进行,注重公平和正当程序。

2．自愿性(Voluntariness)

数字化的浪潮应该拓展当事人接近正义的机会,但它不应该同时消除人们线下参与的机会。例如,小额索赔案件是否应当强制采用在线庭审有待商榷。犹他州似乎在努力打造小额索赔案件包括庭审程序在内全面强制适用ODR。然而,电话和亲历的方式仍然应当保留,特别是对于那些无法采用或者不熟悉在线程序的人来说尤为必要。数字鸿沟在年龄方面表现得最为明显。2013年,皮尤发现,智能手机实际上消除了种族和民族之间的数字鸿沟,只要将智能手机接入家庭宽带,80%的"白人,非西班牙裔"、79%的"黑人,非西班牙裔"和75%的"西班牙裔"都可以上网。❶然而,2013年的同一项研究表明,智能手机扩大了18—29岁人群和65岁以上人群之间的鸿沟。仅考虑家庭宽带接入时,差距为37个百分点,而当考虑智能手机时,差距增至49个百分点。❷

电子法庭不应当是强制性的又一考量因素是其可能妨害当事人获得集体诉讼救济的机会。诚然,为小额索赔提供免费的或者便宜的在线救济方式可以降低消费者救济的壁垒,进而缓解其对集体诉讼的需求。❸但电子法庭也可能通过消减集体诉讼的需求来帮助公司。在某些情形下,与集体诉讼相比,消费者通过电子法庭可以获得比集体诉讼更好的救济。例如,遇到手机故障的消费者更可能通过便宜或者几乎免费的电子法庭获得全额赔偿,而不是通过集体诉讼,后者可能历时数年才能完成救济,结果是每个消费者从每一美元中只能得到5美分赔偿。❹

尽管如此,仍有一些值得关注的见解,即便消费者有机会诉诸ODR或者电子法庭,他们也会选择放弃。例如,消费者不太可能为了对抗"乱收费"而以某种方式向法院提起小额诉讼,这在通信公司将第三方费用附加给手机用户时就会遇

---

❶ Kathryn Zickuhr & Aaron Smith, Pew Research Ctr., Home Broadband, 4–5 (2013).

❷ *Id.*, 4.

❸ See Amy J. Schmitz, *supra* note.

❹ See Stephen J. Ware, *The Case for Enforcing Adhesive Arbitration Agreements——with Particular Consideration of Class Actions and Arbitration Fees*, Journal of American Arbitration, Vol.5:251, p. 254–264, 292 (2006).

到。然而，大多数消费者却很乐意加入集体诉讼，在获得赔偿的同时揭露这种具有普遍欺骗性的做法。事实上，集体诉讼发挥了私人检察官的功能，而不是仅仅提供救济。❶

因此，法院 ODR 仍应当保持自愿，电子法庭不应该阻碍消费者集体诉讼。ODR 和在线庭审仍将在节省时间和费用方面有效地发挥作用，因为大多数主张小额或简单索赔的当事人会选择通过这种新途径解决他们的争议。如上文所述，ODR 仍将帮助人们就其小额或者简单的索赔获得救济。而当程序是免费或者低成本的、用户友好的、公平公正和公开透明时，尤为如此。❷ 以这种方式，技术只是为"多门法院"增添了一扇大门。❸

3. 数字鸿沟（Digital Divide）

司法 ODR 和电子法庭必须适配移动设备，以帮助缓解数字鸿沟。如上文所述，移动通信为收入和资源偏低的主体开辟了通向互联网和 ODR 的新途径。❹ 此外，移动互联网和技术辅助通信已经成为人们彼此连接的核心。这对于使用手机作为主要通信设备长大的年轻一代而言尤其如此。因此，公民应该能够通过移动设备连接政府和获得司法救济。

可以通过手机完成的适配移动设备的 ODR 也有助于缓解人们对法院的恐惧，因为这种方式体现了争议解决的社会性。手机已经成为社会连接的渠道。此外，手机用户可以在文本之外依靠语音和视频记录，比起传统的电子邮件系统能更有效地接触到受教育程度不高或者语言能力较差的用户。❺ 移动通信还可以让争议解决专家更方便地协调会议，使不在场的当事人即使在没有计算机的情况下也能保持联系。❻ 缩小数字鸿沟的关键是开发易于使用的系统，提供有效的接近正义的途径。

即便如此，有些案件比较复杂不适宜通过智能手机或移动设备解决。尽管新

---

❶ Stephen J. Ware, *supra* note, p. 261-262.

❷ See Schmitz, Remedy Realities, *supra* note, p. 240-261.

❸ *A Dialogue Between Professors Frank Sander and Mariana Hernandez Crespo: Exploring the Evolution of the Multi—Door Courthouse*, University of St. Thomas Law Journal, Vol.5:665, p. 670 (2008).

❹ Flávia de Almeida Montingelli Zanferdini & Rafael Tomaz de Oliveira, *Online Dispute Resolution in Brazil: Are We Ready for This Cultural Turn?*, 24 Revista Paradigma, Jan./June 2015, at 68, 69 (Braz.)

❺ Colin Rule & Chittu Nagarajan, *Crowdsourcing Dispute Resolution over Mobile Devices*, in Marta Poblet ed., Mobile Technologies for Conflict Management, Springer, 2011, p. 93, 95-96.

❻ *Id.*, 98.

技术的出现提高了智能手机的实用性，但智能手机可能不如连接家庭网络的计算机好用，如上传和编辑文档的低便捷性、移动数据使用的高成本性等。因此，那些拥有计算机和宽带接入资源的当事人可能比那些受限于移动接入方式的当事人更有优势。为了应对这个问题，应当为那些没有足够设备或在线访问途径的当事人提供可用的法院自助服务终端（kiosks）。法院自助服务终端可以为当事人提供一种经济有效的争议解决途径，无须他们花费时间和金钱亲至法院。

例如，法院仍然可以通过网上解决交通罚单争议节省时间和经济成本，即便法院承担了在法院大厅或者图书馆为当事人提供设备供他们处理索赔的开支。这也可以使当事人更方便地对罚单提出异议，而不必在规定时间（对当事人来说可能方便也可能不方便）亲至法院面对法官或者市检察官。

4．政治和失业

政治和对失业的担忧阻碍了电子法庭和其他法院 ODR 计划的实施。法院的很多管理者担心技术会取代他们，或者畏难于学习新系统。为了解决这个问题，法院明智的做法是从小项目着手，培训该领域的专业人士，然后让新培训的管理者再带动其他成员，以此类推。一个郡县可以采用在线方式解决交通争议，试点成功后，它可以帮助其他地区将交通争议案件转至线上解决，即在实践中学习。此外，他们通常会感觉向能够用常规语言（不包括技术术语）解释过程的人学习最舒服。在旧系统下陷入洗牌困境的法院管理者可以更好地发挥他们的才能，花时间帮助消费者适应新的在线程序。❶

技术是"破坏者"，法庭技术可能导致某些工作岗位被取消或变更。虽然这可以节约司法成本，但也会给受到影响的人带来痛苦。然而有人预测，随着人们有更多的时间专注于那些需要人类同理心和超越人工智能逻辑的任务，技术也将创造出更好的新工作。❷ 此外，法官将有更多的时间专注于需要人力解决的案件。在线程序也可以更快地解决争议，减少案件积压。

政治和启动成本不应阻止市、县和州发展 ODR 和电子法庭。诚如上文所述，这些项目在拓展司法救济渠道和节约政府开支方面取得了成功。当涉及罚款和税务时，ODR 增加了税收，政府还可以从减少缺席判决和为相关主体创造其能够并

---

❶ See *Law Firms Climb Aboard the AI Wagon*, Economist, July 12, 2018, at https://www.economist.com/business/2018/07/12/law-firms-climb-aboard-the-ai-wagon.

❷ See *id.*

且愿意支付的争议解决方案中获得收益。此外，对于不居住在罚款和税务争议司法辖区的人来说，ODR 和电子法庭的优势尤为明显。当然，这些只是发展的起点，我们正缓慢地设计和实施公共 ODR。上文提到的大多数应用都是试点项目，它们可以为决策者提供数据以便改革和构建更进步的系统。需要再次强调，关键是促进技术使用的透明度，让全球的开发者分享经验和设计最佳方案；ODR 系统应当注意上述的国际在线争议解决中心所设的原则和标准。❶ 对于 ODR 开发者和接近正义的倡导者来说，这是一个为共同利益而努力的激动时刻。

五、争议解决系统的设计

美国应用于争议解决的创新动能强调了 ODR 应当如何遵循争议解决系统设计的最佳方案。即技术如何契合一个或者多个旨在预防、管理和解决一系列争议的程序。ODR 本身可以成为专门解决争议的一个或者全部程序。例如，在易趣网，所有客户可用的程序都可以在易趣网门户网站上找到：诊断客户是否遇到了问题以及遇到了何种问题，促进买方和卖方之间就争议解决展开对话，引入第三方协助（或调解），然后由第三方评估和决定。这一进程包括了从谈判（当事人保留了对过程和结果的控制）到基于第三方利益的协助谈判，再到第三方控制过程和结果的评估。

本部分将介绍争议解决系统设计的方法，然后用四个示例说明使用 ODR 的一系列设计。本文作者 Martinez 和同事们开发了一个分析框架，包含了六个要素：目标、利益相关者、背景和文化、结构和过程、资源和责任。❷

系统的目标是最重要的设计元素：设计者❸旨在实现什么以及解决什么争议？目标可以包括效率、合规、接近正义、创新、预防争议、声誉，等等。所有的这些目标都是可取的，但是一些主体或者决策机构需要决定目标的优先级。明确优先目标关系到过程选择，并为评估系统有效性提供度量标准。例如，易趣网目标

---

❶ See ICODR Standards, *supra* note.
❷ Lisa Amsler, Janet Martinez and Stephanie Smith, *Dispute System Design*, Stanford University Press, 2020; Stephanie Smith & Janet Martinez, *An Analytic Framework for Dispute System Design*, Harvard Negotiation Law Review, Vol.14:123, p. 123 (2009).
❸ 设计者是利益组织内部或外部设计或者重新设计争议解决系统的个人或者团队。

很明确为快速而公正的解决争议。❶

第二个框架要素是确定利益相关者及其利益、关系和相对权力。利益相关者包括创建、主管、使用和受系统影响的个人和组织；理想的情况是这些利益相关者在初始阶段就参与设计，分享用户体验。例如，易趣网的利益相关者包括易趣网管理者、作为用户的买方和卖方，以及更广泛的电子商务社区。

背景和文化构成了争议解决系统设计的第三个要素，即诊断和设计系统的环境和情况。所谓"文化"是指周围共同体所秉持的有助于界定争议的潜在假设和价值观。以易趣网为例，其背景和文化显然是重视技术和创新，以及当各方遍布全球时，向当地法院提出适度索赔时在物理上或法律上都不可行的困境。

结构和过程既包括考察各个过程之间以及其与正式的法律制度之间的关系，也包括上述过程类型的范围：直接谈判到第三方促进、调解、仲裁，以及法院裁判。作为一种过程选择，ODR不仅在效率方面有明显优势，还会带来不同的体验。

资源要素至关重要。它是指支持一个系统所需的和可用的财力、人力、数据、技术、信息和培训资源。高层领导者连同用户视角的认识，对于理解动机和建设规模容量至关重要。

最后，系统的责任制及其成功将取决于系统运行的透明度以及系统是否包括监管、学习和评估等组成部分。评估能够使相关组织建立关于该系统是否在目标、参与度、成本收益、中立品质和用户满意度等方面有效运行的衡量指标。上述皮尤ODR评估项目将为ODR的综合效益做出重大贡献。

表1比较了四个ODR示例中的设计要素。❷易趣网每年处理超过6000万起电子商务争议。❸美国各地的法院和法庭处理民事和刑事诉讼，其发展ODR的优先目标是促进当事人接近正义，其中民事索赔、小额索赔和家事纠纷引领了法院ODR的发展。邻里（NextDoor）是一个社交媒体平台，邻居之间可以就与其生活环境相关的问题在该平台展开交流。争议涉及财产、服务、声誉及其他事项。❹克洛斯（Kleros）是提供智能合约争议解决方案的龙头企业。❺

---

❶ See Amy J. Schmitz, *supra* note.
❷ Martinez, JDR Winter 2020 pending.
❸ See Amy J. Schmitz, *supra* note.
❹ Gordon Strause.
❺ See Amy J. Schmitz, *supra* note.

表 1 四个 ODR 示例中的设计要素

争议解决系统设计要素	易趣网	法院和法庭	邻里社交媒体	克洛斯
目标	快速和公平地解决交易问题	公正、高效和精简的用户体验	对虚假新闻和欺凌进行干预；促进文明、礼貌和睦邻友好	公正、公开、可扩展和自我管理
利益相关者	易趣网、消费者、卖方和监管机构	法院、法院工作人员、法官、公众、律师和诉讼当事人	市民/邻居、新闻工作者和监管机构	商事争议主体、就业或保险智能合约以及编码员
背景/文化	数量大，价值低，国际/跨境，交易关系	公共的，多样化，正式的，不同水平的文化、教育和技术适应性	地理邻近性，人际关系，不同种族、年龄和收入水平	在线优先，国际多样性，非正式和对技术的高度适应
过程	诊断、谈判、促进和评估	和解、调解、早期中立评估和审判	论坛讨论、基于技术的指导和建议以及促进过程	在线评估、众包陪审员和激励参与
资源	易趣网在软件和案件管理人员方面的投资	公共基金、政党、公职人员和支持的非营利组织	邻里在软件和案件管理人员方面的投资	克洛斯旨在自我运营的全面管理
评估	易趣网团队使用调查、用户体验研究和数据采集和监测	内部与外部的评估计划以及法院满意度数据	调查和用户体验监测	总体使用情况以及克洛斯案件量和用户群的增长情况
设计者	易趣网	法院与外部供应商和合作伙伴	邻里	克洛斯和全世界的开发者社区
个案的过程选择	在用户协议中明确规定，由消费者发起	申请者/原告选择性加入	邻里软件要求	既可以由原告也可以由被告发起

四个示例中的系统目标基本兼容并且明显重叠，但在优先考虑公正（易趣网、克洛斯、邻里）还是效率（法院）上存在差异。每个示例都存在多元的利益相关者，他们可能有不同的目标。过程多元主义概念说明了过程多元化的重要性，每个过程都可能比其他过程更好地实现某些目标。四个示例都同时提供了促进争议解决和评估争议解决选项，而邻里更倾向于促进，克洛斯则更注重评估。在背

景和文化方面，四个示例兼顾了公共利益和私人利益，再次要求根据当事人的优先事项做出过程选择。具体案件中，过程选择通常由易趣网、法院和邻里的用户（消费者）做出。资源和设计领导主要由争议解决提供者（易趣网，法院，邻里和克洛斯）提供。结合利益相关者的目标评估、根据权益的过程选择和实体与程序的公开透明等要素有助于争议解决系统的成功。

关于争议解决系统设计的说明对美国 ODR 非常重要。目前，美国 ODR 正处于令人难以置信的增长阶段，如果这些设计原则被忽视，那么美国 ODR 可能不会取得良好的结果。正如上文所述，经过精心设计的争议解决系统在促进公正和效率方面取得了最大的成功。因此，当我们展望未来时，深思熟虑的设计仍然也必须是 ODR 的基础。

结　语

创新和创业精神使美国 ODR 取得了显著进展。首先，我们看到一些电子商务公司迎难而上，提供了多元的救济方法。其次，司法 ODR 的指数增长为许多法院增添了一扇虚拟大门，从而促进了接近正义和诉讼效率。最后，在美国律师协会和国家技术和争议解决中心领导下，我们看到了美国 ODR 的制度化建设，大学承担了向学生讲授 ODR 课程和培训在线调解员的重任。

尽管如此，ODR 对接近正义的贡献在美国尚未达到应有的程度，特别是在电子商务领域。事实上，令人惊讶的是美国商事争议中的 ODR 如此之少。此外美国对争议解决系统设计的关注也还不够，特别是在利益相关者没有动机和权力提供最佳系统来解决接近正义相关问题的情况下。有些争议领域已经时机成熟，如退役军人与社会保障索赔，劳工赔偿以及其他可能转移至线上解决的争议（如果在疫情期间还没有这样做的话）。❶

我们正处于历史上一个前所未有的时期，人们无论意图为何都在线上开展活

---

❶ 虽然这不在本文的研究范围，但值得注意的是，美国联邦行政机构为利用人工智能改善数据管理、裁决、执行和问责等方面的治理做出了重大努力。David Freeman Engstrom & Daniel E. Ho, *Algorithmic Accountability in the Administrative State*, Yale Journal on Regulation, Vol.37:800, p. 800-854 (2020); David Freeman Engstrom, Daniel E. Ho, Catherine M. Sharkey & Mariano-Florentino Cuellar, *Government by Algorithm: Artificial Intelligence in Federal Administrative Agencies,* Report Submitted to the Administrative Conference of the United States, February, 2020.

动。对于许多人而言，ODR 是游戏规则的改变者。在被迫物理隔离情况下，ODR 具有创造连接的能力。此外，后疫情时代，资源正在流向支持 ODR，非营利机构也忙于制定标准。我们希望争议解决系统设计和健全的功能分析始终是助力接近正义的核心，然而，我们仍然担心，由于决策者和从业者必须迅速转向互联网，这种紧迫性很可能使其将谨慎置之脑后。

编辑：马歌

附录 A：ODR 供应商概览

此汇总基于上文提及的国家技术和争议解决中心的 ODR 供应商名单。再一次说明，这些公司和组织自称提供 ODR。我们试图确定在美国运营的 ODR 供应商，但没有注册并全面检查每一个实体的流程，而是仅访问了这些公司和组织的网站，试图确定他们提供的流程、案件类型和服务。然后我们用这些信息绘制图表，❶ 以下是图表的摘要：

1. 案件范围

案件类型	供应商数量	百分比 (n=70)
商事	21	30
民事	14	20
建筑工程	1	1
消费者	8	20
版权	1	1
债务	2	3
域名	3	4
离婚/家事	13	19
雇佣	3	4
金融	2	3
政府	1	1
保险	1	1
知识产权	1	1
国际	1	1
劳动	1	1
业主/承租人	2	3
遗嘱认证	1	1
不动产	1	1

---

❶ Amy J. Schmitz & Janet Martinez, *ODR Providers Operating in the U.S.*, August 27, 2020, at https://ssrn.com/abstract=3599511.

续表

案件类型	供应商数量	百分比 (n=70)
小额索赔	15	21
智能合约	2	3
交通罚单	1	1
信托	1	1
水利	1	1
拘传令和答辩	1	1
未详细说明	10	14

商事、民事、小额索赔和家事领域的争议是这些 ODR 公司关注的重点。

2. 过程和服务

过程*	供应商数量	百分比 (n=70)
谈判/和解会议	20	28
谈判/算法	4	6
调解	41	58
仲裁	21	30
判决	1	1
ADR	7	10
ODR	33	47
ADR 和 ODR	9	13
云服务	6	8
通信交流	7	10
投诉门户	1	1
众包陪审员	2	3
名录	2	3
预测软件分析	3	4
*非排他		

最常见的过程选项是调解，其次是 ODR，谈判和仲裁的比例大致相等。奇怪

的是，这些公司都自称ODR供应商，但并非所有公司都提供ODR服务。

3．服务

服务*	供应商数量	百分比 (n=70)
案件管理	41	58
当事人规则	22	31
中立者规则	14	20
安全保护	54	77
*非排他		

近80%的供应商提供安全平台，但并非全部。近60%的供应商提供案件管理，但这并不总是明确的。

虽然这些调查是非正式的，但它反映了可行的商业模式，以及哪类案件、过程和服务可能会促进ODR使用。

民事诉讼的信息化

——2022年《民事诉讼法》修订的体系性解读

[日]山本和彦 著[*]

史明洲 译[**]

一、信息化修订的意义

（一）既有信息化的尝试及其停滞

信息技术在社会中的发展无疑会延伸到司法领域。虽然司法在本质上具有保守性，但最终无法避免被社会潮流所渗透。为了提高用户的便利性，司法机关必须更积极地拥抱信息化的浪潮。信息技术在全世界普及的理由在于其便捷性，而"使用方便"恰恰就是民事司法的永恒主题。❶信息化有助于克服司法体制的现行障碍，❷打破距离障碍（帮助人民远程接受司法服务）、打破费用障碍（把司法的成本降低到低收入人群可接受的程度）、打破心理障碍（降低司法的门槛，消除沟

---

[*] 一桥大学教授，日本民事诉讼法学会会长。

[**] 中国政法大学副教授。

❶ 民事诉讼的利用者针对"你认为日本的诉讼制度使用方便吗？"这一题目进行了调查，对此持肯定态度的受访者比例始终停留在较低的水平：2006年为23.6%，2011年为22.2%，2016年为23.9%。最新一次的调查结果，参见民事诉讼制度研究会编：《2016年民事诉讼利用者调查》，商事法务出版社2018年版，第207页以下。

❷ 参见［日］山本和彦：《民事诉讼法的当代问题》，有斐阁2016年版，第550页以下。

通的屏障）❶。站在可持续发展目标（SDGs）的角度，信息技术将成为一种有效工具，使得人人都可获得解决社会纠纷的机会。

随着信息技术的不断进步，其在民事诉讼中的应用也在快速发展。过去，法院有一种"纸张文化"，绝大多数的法院工作都能够通过纸张完成。但是，现行《民事诉讼法》于1995年颁布时，立法者在维持期日概念的基础上，引入了当时最先进的信息技术（虽然传真机和电话会议系统现在难以称为"信息技术"）。❷即，一方当事人出庭的，可使用电话会议系统进行辩论准备（原第170条第3款❸）；双方当事人均未出庭的，可使用电话会议系统进行书面的辩论准备（原第176条第3款❹）；证人询问程序可以使用视频会议系统（原第204条），但证人得前往最近的法院，使用设置在法院的视频会议系统（《民事诉讼规则》第123条）。❺考虑到在此之前，准备书面的交换需要通过邮寄或现场提交，为了10分钟的庭审需要在东京和大阪之间来回奔波6个多小时，❻这些规定无疑是划时代的进步。

2001年，司法制度改革审议会的意见书提出，应当"将信息通信技术引入法院"，从而"提升法院的便利性"。即，"最高裁判所应当制定在诉讼程序（包括以电子方式提交和交换与诉讼有关的文件）、案件管理和信息提供等方面积极采用信息通信技术的计划，并公之于众"。为回应该建议，2003年的《民事诉讼法》修订案在专家证人询问程序中引入了视频会议系统（原第215条之三）。并且，该程序不再准用证人询问的相关规定，而是允许专家证人使用法院外的视频会议系统。比如，医生作为专家证人的，如果医院安装了视频会议系统，医生无需专门

---

❶ 事实上，年轻人的沟通方式已经从电话转向了文字。在不久的将来，信息化沟通的心理成本将低于面对面的沟通。

❷ 在疫情中，我们再次看到了公共机构对传真机的依赖。

❸ 2022年修订后的《民事诉讼法》条文称"第X条"，2022年修订前的《民事诉讼法》条文称"原第X条"，最高裁判所制定的《民事诉讼规则》称"《民事诉讼规则》第X条"。

❹ 在此之后，《非诉案件程序法》《家事案件程序法》进行了修订，双方当事人都可以通过电话会议完成期日（《非诉案件程序法》第47条和《家事案件程序法》第54条）。

❺ 立法者认为，这是基于"视频会议未被广泛使用的现状"。但立法者也意识到，"如果视频会议设备或具有类似功能的设备在公共机构中得到广泛使用，这一限制可能不再必要"，并且"使用视频会议设备来进行口头辩论"。参见福田刚久：《证人询问①：使用OA设备询问证人》，载［日］三宅省三编：《新民事诉讼法大系第3卷》，青林书院1997年版，第34页。

❻ 译者注：日本民事案件的审理节奏是"梅雨式"的，即一个案件会有许多期日，而单个期日往往只持续几分钟。作者所说的"10分钟的庭审"正是指这个现象。

前往法院。❶2004年的《民事诉讼法》修订案新增了在线提交申请的规定（原第132条之十），并实现了督促程序的在线化（原第397条以下）。❷

然而，在随后的十几年里，司法领域在信息化上并未出现任何新的进展。即便是已经立法的制度，实际的应用也不尽如人意。虽然电话会议方式的辩论准备与在线化的督促程序有一些应用，但视频会议的证人询问几乎无人问津。根据立法者的设想，最高裁判所应当尽快制定详细的"最高裁判所规则"来促进信息化的落地，但经过了20年，所谓的"最高裁判所规则"仍旧没有颁布，立法者的努力沦为了空谈。与此同时，世界各国都在极其迅速地将信息技术引入民事诉讼。除了原本领先的美国，欧洲各国、韩国和新加坡也逐渐超过了日本。现如今，日本反而成为司法信息化发展落后的国家。如果说平成时代（1989—2018年）的前15年是"改革的时代"，那么平成时代的后15年就是"停滞的时代"，或者说是"失去的15年"。

（二）内阁办公厅信息化研讨会：全面信息化的建议

在法律之外，日本落后的民事诉讼信息化状况也遭受了许多诟病。例如，在世界银行的《2017年营商环境报告》中，❸日本司法程序在信息化项目上的表现惨不忍睹。与企业重整（世界第一）、ADR（获得了3分中的2.5分）等领域的高评价形成鲜明对比，"案件管理"（是否具备电子化的管理工具）只获得了6分中的1分，"裁判自动化"（是否有电子申请、电子送达）只获得了4分中的1分，排名垫底。日本政府也意识到，司法信息化项目上的垫底得分为吸引外国投资振兴日本经济的基本国策形成了掣肘。因此，2017年6月，日本内阁通过的《未来投资战略2017》指出："为实现快速和高效的裁判，应当参考其他国家的经验，综合考虑裁判中的程序保障与信息安全，与相关部门通力合作，从用户的角度出发，尽快拿出推进裁判程序信息化的方案，并在本财政年度结束前达成结论。"

2017年10月，内阁办公厅设置了由民事诉讼法学者、律师、企业代表、消费

---

❶ 可以在"适当的地方"参与，无须出庭（《民事诉讼规则》第132条之五）。
❷ 关于修订的理由，参见［日］小野瀬厚、原司：《一问一答民事诉讼法、非讼案件程序法、民事执行法2004年修订》，商事法务出版社2005年版，第13页以下。
❸ 世界银行制作的报告，用于量化评价各国的营商环境。

者代表和信息安全专家等10名委员组成的"裁判程序信息化研讨会",❶并在次年3月形成了报告书。报告书在充分汲取经济和社会需求的基础上,确定了民事裁判"全面信息化"的目标。很显然,这次改革并不是在法学家内部、而是在接纳社会各界人士的批评与建议的基础上完成的。

1. 信息化的需求

裁判程序的信息化必须以满足用户(包括法院、当事人、律师)的实际需求为前提。在此之前,当事人和律师不得不到遥远的法院进行几分钟的辩论,把电脑上形成的电子文档打印成纸质形式提交,这是很不合理的。而且,当事人携带纸质档案、法院保管纸质档案也都很不方便。在此意义上,用户对民事司法的速度、效率和便利的需求并没有被适当地挖掘出来。与潜移默化的改革需求相比,抵制改革的声音往往更加洪亮。因此,在推进改革的过程中,有必要认真倾听沉默的大多数人的声音。

2. 信息化的样态:"3e"

如前所述,研讨会报告把民事裁判的全面信息化作为了最终目标。这个目标被形象地归纳为"3e":以在线方式提交各类文书的"e提交"(e-filing);诉讼案卷完全电子化制作和访问的"e案件管理"(e-case management);口头辩论期日、争点整理期日、证人询问等通过网络会议方式完成的"e法庭"(e-court)。尽管民事诉讼全面信息化的实现在短期内有一定的难度,但其作为最终目标被提出来,本身就意义重大。

3. 信息化的障碍

对于民事诉讼的全面信息化而言,社会基础设施的建构不可或缺。

首先,数字鸿沟的化解。如果把信息化贸然地适用于当事人未聘请律师的本人诉讼,可能会损害当事人接受裁判的权利。因此,必须建构起一套完备的支援体制,帮助当事人适应在线提交文件、网络会议等新的信息化系统。实践中,应当有效利用现有的公共和私人基础设施,比如律师协会、司法书士协会、法律援助中心和地方公共机构,大胆地编制专门的财政预算,降低当事人在跨越数字鸿沟时的金钱负担。

---

❶ 笔者是研讨会的负责人。另外,内阁办公厅、法务省正式参加了会议,最高裁判所也作为观察员列席了会议,关于该研讨会的工作内容与成立背景,参见[日]川村尚久:《裁判程序信息化的研讨》,载 *NBL* 第1113号,第47页以下。

其次，适当水准的信息安全保障。民事裁判的数据是个人信息、隐私和商业秘密的宝库，如果这些数据被泄露，显然会对当事人等诉讼参与人造成损害，破坏公众对司法的信任。研讨会认为，尽管有必要考虑到司法机关的特点，但信息安全保障的水准也需要与普通行政和私营部门相当。❶

4. 信息化的时间表

研讨会报告书将改革分为了三个阶段。其中，Phase-1 指的是在旧法下就可以实现的改革。比如，书面的辩论准备程序（以下简称"书面准备"）、辩论准备程序和审理进度协商期日等。无需立法就可以实施的改革，主要集中在"e法庭"部分。但一些"e提交"的事项，比如文书的电子提交、在线交换等，可以活用现行《民事诉讼法》的在线申请规定（第132条之十），通过修改《民事诉讼规则》的方式予以实现。Phase-2 指的是需要立法但不需要投入预算、改善环境的改革。Phase-3 指的是既需要立法，又需要投入预算、改善环境的改革。而这正是2022年修订案的主题。总的来说，信息化的时间表基于如下立场：不管怎样，现行立法下能做到的事情应该立即实施，这样就避免了以一些改革事项需要修改法律为"借口"，拖延那些无需修法的改革事项的实施时间。❷

（三）旧法下的信息化尝试：Phase-1

在研讨会的建议下，法院首先推动了争点整理程序中使用网络会议系统。如前所述，现行《民事诉讼法》已经可以使用电话会议系统进行争点整理，而网络会议只是给电话加上了一个屏幕。如果法律允许电话会议，那网络会议自然也是可行的，不需要对法律作任何修改。以此为起点，Phase-1 于2020年2月启动。虽然最初有的律师对网络会议产生了一定的抵触，但问题很快就被克服了。具有讽刺意味的是，改革的主导者们并没有做出什么特别的努力，反而是新冠病毒在日本的肆虐极大地推动了新制度的应用。因为，网络会议系统可以最大限度地减少人与人之间的接触，使民事诉讼实践免受疫情的影响，所以很快就在律师的日

---

❶ 因为，我们同时要考虑另一个因素，即民事诉讼本身是向社会公众普遍开放的。

❷ 由于司法当局缺乏主动改革意愿的历史，各界均对其存在一定的不信任感。所以，才以这种方式制定了改革的时间表。

常工作中普及开来。❶此后，利用网络会议进行争点整理的做法被完全确立。不过，辩论准备程序需要一方当事人出庭（原第 170 条第 3 款但书），而书面准备程序使得双方可以利用网络会议（原第 176 条第 3 款），所以后者更受青睐。

2020 年 2 月，Phase-1 在高等裁判所所在地的 8 个地方裁判所❷和知识产权高等裁判所率先启动。同年 5 月，扩大到横滨、千叶、埼玉、京都和神户 5 地的地方裁判所，❸12 月扩大到了全国所有地方裁判所的院本部，次年 2 月扩大到了各地方裁判所的分部，实现了地方裁判所层面的全覆盖。案件数量方面，2020 年 6 月为 601 件（辩论准备 162 件、书面准备 380 件），2020 年 10 月为 4023 件（辩论准备 896 件、书面准备 2951 件、劳动审判 50 件），2021 年 4 月为 11084 件（辩论准备 1810 件、书面准备 8971 件、劳动审判 51 件），2021 年 12 月为 18271 件（辩论准备 2727 件、书面准备 14977 件、劳动审判 55 件），2022 年 7 月为 23175 件（辩论准备 2779 件、书面准备 19749 件、劳动审判 88 件），呈现出稳步增长的态势。❹此外，2021 年 12 月起，东京、大阪、名古屋和福冈的家事裁判所开始提供在线家事调解服务。❺

2022 年 4 月，最高裁判所制订了《民事诉讼法》第 132 条之十的实施规则（简称 "mints 规则"❻），允许在线提出和交换部分文件。❼双方当事人都同意时，除了可以在线提交第 132 条之十规定的各种"申请与其他陈述"外（例如，提交准备书面、提出书证等），mints 规则还进一步规定，证据说明书与书证的副本也属于在线提交的范围。由于该规则目前只在部分法院内试运行，预计在 2023 年 1 月将扩大到高等裁判所所在地的 8 个地方裁判所。

---

❶ 参见［日］山本和彦编著：《民事裁判程序与信息化的重要论点：法制审议会中间试案的争点》，有斐阁 2021 年版，第 131 页以下。

❷ 不过，在东京、大阪两个大型地方裁判所，Phase-1 被限制了一部分审判庭。

❸ 2020 年 7 月还扩大到了劳动审判程序。

❹ 在家庭法院，根据《家庭关系程序法》第 258 条和第 54 条，原来可以通过电话会议进行调解，现在已经改为网络会议，类似于诉状等的准备程序。

❺ 到 2022 年 10 月，这将扩展到 19 个家庭法院总部。

❻ 实施细则的正式名称是《〈民事诉讼法〉第 132 条之十第 1 款规定的通过电子信息系统处理的民事诉讼中的申请及其他陈述的规则》。系统的英文全称是 MINji saibanshorui denshi Teisyutu System。

❼ 由于在线提出和交换文件可以在旧法下实施，所以属于 Phase-1。但是，它同时又是 Phase-3 的导入阶段，帮助利用者提前适应 2022 年修法后的全面在线提交。

二、《民事诉讼法》修订案的概要

与此同时,《民事诉讼法》的修订工作也同步启动。2018 年 7 月,"民事裁判程序信息化研讨会"就立法的核心问题与比较法现状展开了研究,并于 2019 年 12 月提交了报告。❶ 2020 年 2 月 21 日,司法大臣向法制审议会提出咨问,即"由于信息技术的飞速进展,社会形势与经济形势发生了巨大变化。民事诉讼法应当适应时代的变化,从国民利用民事裁判的便利性出发,围绕起诉状等文书的在线提出、诉讼案卷的电子化、口头辩论期日的信息化等问题,开展根本性的民事诉讼改革,希望法制审议会尽快提出改革的大纲"(法制审议会咨问第 111 号)。为响应前述咨问,同年 6 月法制审议会设置了"民事诉讼法(信息化问题)专班",开始了正式的法律审议工作。2021 年 2 月,专班公布了《民事诉讼法(信息化问题)修订的中间试案》,并向社会公众公开征求意见。❷ 此后,专班结合征求到的公众意见,又于 2022 年 1 月 28 日提交了《民事诉讼法(信息化问题)修订的纲要草案》。同年 2 月 14 日,法制审议会全体会议通过了《民事诉讼法(信息化问题)修订的纲要》,向法务大臣作出正式答复。

以法制审议会的正式答复为基础,法务省起草了《部分修订民事诉讼法等法律的草案》,于 2022 年 3 月提交国会。同年 5 月,该草案在国会通过并颁布。❸ 至此,法律文本层面的裁判信息化得以全部实现。但如前所述,民事裁判的信息化是立法与软硬件建设共同作用的产物。因此,新法的施行也是分阶段的,❹ 即无需软硬件配套的修订部分先行施行,其他修订部分等待软硬件系统建设完成后施行。预计到 2025 年,IT 系统的建设将全部完成,日本民事裁判的信息化程度终于可以

---

❶ 《民事裁判程序信息化研讨会报告书(2018 年 12 月)》,全文刊载于"商事法务研究会"的网站,概要刊登于 *NBL* 第 1162 期,第 11 页以下。其中,比较法的研究形成了专门的报告书,即《主要发达国家民事裁判程序信息化的调查报告(2020 年 3 月)》,全文刊载于法务省网站。
❷ 2021 年 7 月,专班还公布了一项关于地址和姓名保密制度的修订草案,并提交给公众征求意见。
❸ 2022 年 5 月 29 日颁布。
❹ 简单地说,在起诉状中载明姓名和地址曾被认为理所当然,但新法允许在一定情况下省略这些信息。例如,遭受家暴离家出走的当事人,如果在离婚诉讼时透露自己的真实住址,可能其生命处于危险之中。又如,性犯罪的受害者向肇事者索赔,如果在侵权诉讼中透露自己的名字,也可能承受巨大的心理阻力。因此,新法引入了一个新的制度,即原告可以在起诉状中隐藏自己的姓名和地址,通过隐私事项报告书单独告知法院(第 133 条—第 133 条之四)。不过,如果对方当事人认为这些信息对于其辩护活动必不可少,可以例外地向法院申请访问。立法者希望这种制度可以帮助那些曾经放弃诉讼的当事人得到从法院获得救济的机会。

达到世界先进水平。

三、"e 提交"

（一）在线申请

1. 在线申请的可能性

民事诉讼中的申请可以通过互联网完成。如前所述，旧法允许在线申请（当然，由于最高裁判所未制定"最高裁判所规则"，在线申请只停留在法律文本层面）。新法中，立法者将适用在线申请的法院从"最高裁判所确定的"法院扩展到了所有法院（第132条之十第1款），❶同时删除了在线提交的内容必须打印成纸质文本提交的旧规定（原第132条之十第5款），实现了在线申请的全过程数字化。❷并且规定，依法要求提交书面申请的，在线申请视为书面申请（第132条之十第2款）。在线申请被提交的，该事项被记录在法院的电子文档❸时，视为已到达法院（同条第3款）。❹除了前述"与民事诉讼程序有关的申请和其他陈述"❺之外，还有一些事项也可通过线上申请方式完成。例如，预告起诉的通知（第132条之二第4款）和当事人照会（第163条第2款、第3款）虽然不属于"申请和其他陈述"，但有单独的法律规定。❻

2. 特定主体的在线申请义务

本次修订的一大亮点是，向特定身份的主体科以了在线申请义务。律师、❼中央政府的指定代理人和地方政府的雇员作为诉讼代理人的，必须通过在线方式提

---

❶ 在线申请在法律文本中的表述是"使用电子信息处理系统的申请等"。

❷ 数字化的申请内容将会以电子诉讼案卷的形式保存。旧法要求把在线提交的内容打印成纸质文本，也是因为诉讼案卷是纸质的。

❸ 新法大量出现的"电子文档"概念，指的是"法院使用的电子计算机（包括输入/输出设备）中的电子文档"（第91条之二第1款），包括云服务。

❹ 该规定与原第132条之十第3款相同。

❺ 内容与旧法相同。参见［日］菊井维大、村松俊夫：《评注民事诉讼法2》，日本评论社2022年版，第708页以下。

❻ 不过，由于这些行为的受领者是对方当事人而不是法院，所以需要对方当事人同意。

❼ 包含司法书士担任简易裁判所案件诉讼代理人的情形（第54条第1款但书）。

交申请（第132条之十一第1款）。❶ 因为，既然法院开发了在线申请系统，就必须把这套系统用起来，如果让用户自行决定是否使用，将有碍于系统的充分使用。律师作为诉讼的专家，应该具备在线申请的能力，既然其垄断民事诉讼的诉讼代理人资格，就有义务促进更高效、快捷的法庭审理。同时，中央政府与地方政府也有责任促进整个国家的数字化。此外，立法过程中有意见认为，当事人亲自实施诉讼的本人诉讼也应科以在线申请义务。但鉴于目前互联网的普及程度，如果当事人不具备充分的网络环境与信息化知识，贸然向其科以在线申请义务，可能侵害当事人接受裁判的权利，因此该意见被纳入了远期规划。❷

但是，互联网总是会产生各种各样的故障。例如，当事人的诉讼时效即将届满并委托律师提起诉讼，但恰好律师的网络环境不佳或者法院的服务器故障，导致无法在线提交申请。如果在法院设备故障等不可归责于当事人的因素发生时，还坚持在线申请义务，显然是不公平的。在这种例外情况下，应当允许提交纸质的书面申请（第132条之十一第3款）。

3. 防止滥诉的措施

线上提交诉状，有的当事人可能反复提起若干个实质相同的诉。❸ 有法院反映，试点过程中出现了以下的情况：一些原告在起诉时不缴纳受理费，而是向法院申请暂缓缴纳；法院驳回暂缓缴纳申请后，原告对驳回申请的裁定提出即时抗告；法院予以驳回后，原告又对驳回诉状命令提起即时抗告。

起草过程中，围绕防止滥诉的措施展开了许多讨论，❹ 但立法者最终决定从驳回诉状命令入手予以解决。具体来说，书记官有权作出缴纳受理费的命令，❺ 原告未依此命令缴费的，驳回诉状。原告可以对驳回诉状命令提起即时抗告，但即时

---

❶ 不包括在期日时口头提出申请的情形。译者注：日本的行政诉讼原则上准用《民事诉讼法》的规定（《行政案件诉讼法》第7条），"中央政府的指定代理人和地方政府的雇员作为诉讼代理人"指的是行政诉讼的情形。此外，日本的中央政府（日文称为"国"）与地方政府（日文称为"地方自治体"）相对独立，所以作者使用了并列的表述。

❷ 不过，《最高裁判所规则》准备设置一个训示规定，要求具备在线申请能力的当事人在本人诉讼时尽可能使用在线申请。将来，随着公共部门和私营部门的数字程度越来越高，民事诉讼有望实现全面的在线申请。

❸ 专班前身的商事法务研讨会上，也有学者担心"过于便利的诉讼环境可能导致滥诉。"参见［日］杉山悦子：《防止滥诉的措施》，载前注山本和彦编书，第25页。

❹ 中间试案提出了许多方案。比如，原告即使申请暂缓缴纳受理费，也需要预缴数百日元的押金，或者允许法院直接驳回诉状且不允许即时抗告。参见前注杉山悦子文。

❺ 允许对书记官的处分提出异议（第137条之二第3款）。

抗告人需要缴纳"根据诉讼目的计算的适当金额的诉讼费",未缴纳的,原审法院有权径行驳回即时抗告(第137条之二)。❶也就是说,一方面把受理费缴纳命令的权限划归书记官;另一方面要求原告在即时抗告时缴纳最低限度的费用,可以在一定程度上防止不缴纳任何费用的反复滥诉。

(二)"系统送达"

线上起诉的,送达通过线上方式完成。❷把线上提交的申请打印出来用纸张送达,会让民事诉讼信息化的效果事倍功半。因此,立法者规定了全部在线上完成的送达(第109条之二以下),这被称为"系统送达",即经由法院案件管理系统的送达。❸

系统送达原则上要征得受送达方的同意,且受送达方必须事先向法院登记自己的通知地址(第109条之二第1款但书、第2款)。向负有线上提交申请义务的主体的送达,必然适用系统送达(第109条之四第1款正文)。❹系统送达的具体做法是,将应送达的电子信息上传到法院的案件管理系统,系统自动将其通知给受送达人预先登记的通知地址。受送达人查看或下载该信息的,送达立即生效。但为了防止受送达人长期不查看或不下载信息,在系统通知的一周后,视为已送达(第109条之三第1款)。❺不过,由于系统送达需要受送达人预先登记自己的通知地址,所以起诉状的系统送达存在事实上的困难。如何化解这个问题,需要期待实践的智慧。❻

立法者还讨论了向居住在国外的人进行系统送达的可能性。主导相关讨论的

---

❶ 整套机制类似于破产程序开始申请书的审查程序(《破产法》第21条)。

❷ 准备书面等不一定需要送达的文件,也可以进行系统送达(第161条第1款第3项)。在起草阶段,曾考虑过"系统送交"的概念(中间试案第4之1),但"送交"与"送达"没有本质的差异,所以"系统送交"被定义为送达的一种方法。

❸ 为了配合系统送达和后述的新公告送达制度,《民事诉讼法》中涉及送达的条款的编号(包括未经实质性修改的条款)发生了重大变化。例如,关于送达实施机关的规定从第99条改为了第101条,关于送达回执的规定从第109条改为了第100条。

❹ 负有在线申请义务的受送达人尚未登记自己的通知地址的,不妨碍系统送达。即,只需要把应送达的信息上传到系统,就视为完成了送达,无需实际通知受送达人(第109条之四第1款)。

❺ 受送达人因"不可归咎于当事人事由"无法查看的期间不算入一周之内(第109条之三第2款)。

❻ 如果起诉状以纸质方式送达,将极大地减损在线申请的效用。一种可行的方案是,让原告提交(已知的)被告的通知地址,但这种方式可能诱发冒名和欺诈。因此,专班建议设计一种鼓励受送达人在受送达前主动提交通知地址的方法。但这种方法的真正落地,需要通过实践不断完善。

是专班之外设置的专门的研讨会，❶但尚未形成统一意见。主要的法律障碍在于，系统送达也是送达，有侵犯他国主权的嫌疑。虽然有观点认为，受送达人主动登记通知地址是系统送达的前提，不具有强制性，不产生主权的问题。但即便如此，送达的效力事实上还是延伸到了国外，相关问题的解决不得不留待国际法的进一步探讨。

（三）公告送达

公告送达不再采用在法院公告栏张贴告示的传统方法，而是以在法院网站上展示作为基本方法（第111条）。❷在传统意义上，公告送达是对事实的虚构。但即便如此，在互联网上展示总归是要比法院张贴告示更有时效性。❸不过，互联网展示需要考虑被告的隐私保护问题。实践中，需要对公示的信息范围作更慎重的考量。除此之外，为了兜底保障不具备使用互联网能力的人的诉讼权利，法院会设置专门的终端设备进行公告。❹

（四）电子数据的证据调查

书证的证据调查已实现信息化。首先，书面调查的准备阶段，可以通过案件管理系统提交书证的副本，双方均没有异议的，可直接作为调查对象。书证的提交问题属于《民事诉讼规则》层面的事项，❺新法也保留了这种安排，由最高裁判所另行规定。❻如果一方当事人认为纸张质量等因素可能影响法官的心证，坚持对书证的正本进行质证的，仍可以使用传统的证据调查方式。除此之外，证据说明书（《民事诉讼规则》第137条第1款）的提出、证人与鉴定人的书面陈述，也可

---

❶ 法务省设置的"国际送达与国际证据调查信息化问题研讨会"（竹下启介教授担任主席），成员包括国际私法、国际公法以及民事诉讼法方面的研究者与实务专家，并邀请法院、外务省作为观察员。

❷ 法律文本的表述是"采取能让不特定多数人访问的措施"，实施细则交由最高裁判所规则具体安排。

❸ 被告在法院网站获知被诉的，可以亲自前往法院领取起诉状，也可以向法院登记自己的通知地址，接受系统送达（第111条第2项）。

❹ 在法院公告栏张贴告示的做法并未被新法禁止，但预计实践中绝大多数法院不会采取这种方式，而是安排公告用的电子终端。此时，不擅长计算机操作的当事人应当得到法院工作人员的帮助。

❺ 现行《民事诉讼规则》第137条第1款规定，提出书证时应提交两份副本。

❻ 《民事诉讼法（信息化问题）修订的纲要》曾建议在最高裁判所规则中设置"为事先准备的证据（文书、准文书或电子信息）的副本可以通过电子数据处理系统提交"的条款。

以通过在线方式完成（第205条第2款、第215条第2款）。

新法为适应诉讼案卷电子数据形式多样性的发展趋势，将电子数据作为一种新的证据方法（第2编第4章第5节之二）。当事人可以自行提交电子数据或者要求法院对有利用权限的人❶发出提出命令的方式，申请证据调查（第231条之二第1款）。当事人可选择提交载有电子数据的设备或者在线提交（同条第2款），准用书证的证据调查规定（第231条之三）。❷也就是说，电子数据不需要打印成纸质形式，既方便了当事人又节省了资源。❸

四、"e法庭"

如前所述，Phase-1已经把网络会议系统适用于争议解决。新法的重点在于扩大适用范围，将其应用于所有的期日。

（一）通过网络会议的争点整理

首先，删除了辩论准备程序的远隔地要件和一方当事人出庭要件（第170条第3款），法院认为应当的，就可以使用网络会议。❹在Phase-1的实践中，当事人倾向于使用双方不出庭的书面准备程序。新法有望改变这种现状，使辩论准备程序重新成为争点整理的基本类型。

其次，删除了书面准备程序的远隔地要件（第175条），并规定允许受权法官实施本程序。旧法上，第一审法院的书面准备程序必须由审判长实施（原第176条第1款正文），❺不能委派其他法官。旧法的立法者认为，在双方当事人不见面的情况下实施争点整理，需要一定的技巧，应由经验丰富的审判长来完成。但

---

❶ 对应"文书的持有人"概念。由于电子数据无法在物理上持有，所以从利用权限的角度予以规定。然而，"利用权限"的法解释问题，将成为新法的重要问题。

❷ 但是，有一些条款未被准用。比如，由于《电子签名法》第3条规定了专门的电子信息真实性推定，不准用第228条第4款的文书真实性推定；电子数据没有"笔迹"，因此第229条也被当然地排除在准用范围之外。

❸ 再审事由在伪造或篡改文件之外，增加了未经授权创造电子信息的行为（第338条第1款第6项）。

❹ 网络会议在法律文本上被称为"通过传输和接收图像和声音，在相互识别对方状态的同时进行通话的方法"。

❺ 在高等裁判所作为二审法院的案件中，可以由受权法官实施（原第176条第1款但书）。

Phase-1 的实践发现，通过网络会议的书面准备与线下的辩论准备并无明显差异，禁止受权法官实施并无道理。所以，新法从提高程序便利性的角度，把实施书面准备程序的主体确定为"法院"（第 176 条第 2 款），允许审判长委派受权法官实施书面准备程序（第 176 条之二）。

可以看到，旧法上的三种争点整理类型在新法上已经非常相似了。❶ 所以，起草过程中，有观点认为可以把准备性的口头辩论程序、辩论准备程序、书面准备程序整合起来，形成统一的争点整理程序（《中间试案》第 7 条之四的甲案❷）。该观点因便于理解受到了部分认同，但也有观点认为，整合后的程序可能降低程序的透明度和可预见性。因此，专班没有作出修改，维持了旧法上三种争点整理类型并立的局面。

（二）通过网络会议的口头辩论

新法还允许法院在听取各方意见的基础上，通过网络会议实施口头辩论期日（第 87 条之二第 1 款）。口头辩论是民事诉讼最正式的程序，必须在公开的法庭实施。但即便如此，也需要优先考虑当事人的便利性。是否使用网络会议，由法院依裁量决定。口头辩论的公开性原则指的是向第三方开放旁听，为契合直接主义与口头主义的要求，不能使用音频形式的电话会议，只能使用视频形式的网络会议。就网络会议而言，只要法官能够识别当事人及其代理人在口头陈述时的一举一动，就不违反直接主义与口头主义。并且，在通过网络会议实施的口头辩论程序中，法官仍然端坐于线下的法庭，线上参加诉讼的当事人的影像被投影到法院的大屏幕上，旁听人员坐在法院的旁听席，充分满足了宪法规定的公开原则。除此之外，今后还可以通过 YouTube 等平台直播庭审的过程，进一步扩充公开主义的内涵。不过，由于考虑到日本的当事人担心自己的诉讼被社会公众广泛认知，从而压制其潜在的诉讼需求，新法没有采取直播方式，而是沿用了在法院的法庭旁听的传统公开模式。

起草过程中，还讨论了当事人或其他参与线上庭审的人在未经许可的情况下偷拍、偷录的问题。有的委员建议，应当在新法中规定某种制裁措施来防止这种

---

❶ 预备性口头辩论作为口头辩论的一种类型，可以使用网络会议。
❷ 整合成为"新的争点整理程序"。

情况的发生。中间试案阶段，给出了若干种具体的方案。不过，这种建议最终未被采纳。因为，对偷拍、偷录线上庭审进行制裁的规定，不仅需要与《维护法院秩序法》相协调，还要与刑事案件的类似问题相统一。所以，立法者决定在观察法律施行后的滥用情况，再行制定新的规定。❶

（三）通过网络会议的询问

证人询问、当事人询问与专家证人询问都可以通过网络会议实施。旧法上，通过视频会议进行询问的，需要证人、当事人、专家证人前往最近的法院（《民事诉讼规则》第123条第1款），❷但实践中并不经常使用。新法规定，证人、当事人、专家证人可以在法院外的适当场所接受询问。❸这将极大地提高证人、当事人、专家证人的程序便利度，以使网络会议形式的询问获得更充分的利用。❹

不过，在询问过程中，法官往往可以通过观察证人、当事人、专家证人的表情和手势，形成一定的心证，这也是直接主义的体现。所以，需要对网络会议的使用场景施加限制。即，接受询问人的精神安宁可能受到严重干扰的（第204条第2项）❺，因地址、年龄、精神状况、身体状况或其他情况无法前往法院的（第204条第1项），当事人无异议的（第204条第3项），才能使用网络会议。也就是说，新法的事由可以分为两组，一是出于证人、当事人、专家证人的需要，二是当事人无异议，❻才能使用网络会议。❼不过，随着5G通信、全息投影等技术的

---

❶ 修改《民事诉讼规则》第77条（禁止在法庭上拍照、录像），把程序性期日、期日外的询问、书面准备程序的协商等也涵盖进来。另外，截屏、将音频自动转换为文本、直播等手段，也将被纳入"拍照、速记、录音、录像或广播"的文本之中。

❷ 法律文本的表述是"证人应当前往安装了必要设备的其他法院"。虽然法律文本没有规定专家证人的相关规则，但现实中仍然受到类似的限制。

❸ 预计新法成立后，最高裁判所规则将删除一方当事人出庭的条款，规定可在任何适当的地点接受询问。中间试案曾规定了一条没有明确允许在只有一方当事人出席时询问的规定。但在《民事诉讼法（信息化问题）修订的纲要》将该规则抽象为"允许证人在法院以外的地方出庭，根据专班之前的讨论，规定场所的具体要件"。

❹ 专家证人通过网络会议的陈述，也取消了远隔地要件（第215条之三）。

❺ 允许采用视频连接方式保护犯罪受害人，是2007年《民事诉讼法》修订的成果。参见山本和彦：《犯罪受害人的保护》，载［日］伊藤真、山本和彦编：《民事诉讼法的争点》，有斐阁2009年版，第36页以下。

❻ 可以看作当事人放弃了直接主义的利益。

❼ 两种情况都以法院认为"应当通过网络会议"为前提（第204条）。换言之，如果法院认为线下询问更适当的，即便当事人对网络会议没有异议，也将采用线下方式询问。

飞跃式发展，这些限制也将逐渐解开。

在起草过程中，还讨论了通过网络会议对居住在外国的证人、当事人、专家证人实施询问的可能性。和系统送达类似，这也存在侵犯他国主权的嫌疑，所以也留待国际法的进一步探讨。❶

（四）通过网络会议的勘验

目前，勘验的适用比例非常低（约占所有案件的0.1%）。在土地边界纠纷、建筑缺陷纠纷中，即便需要法官和当事人前往现场亲自勘验，但如果勘验现场较为偏僻，也往往难以成行。此时，可通过网络会议系统直播勘验现场的情况，让法官坐在法院就能完成勘验，形成心证。不过，直播形式能看的景象与现场肉眼观察还是存在一定的差异，因此需要法院认为适当且双方当事人同意（第233条之二）。

立法过程中，讨论了所谓的混合型勘验。即，合议案件的，只委派合议庭的一部分法官前往现场实地勘验，其他法官留在法院观看直播。虽然达不到全体人员实地勘验的效果，但比听取汇报更符合直接原则。中间试案把这种勘验方式作为法庭外证据调查的一种形式。不过，有批评意见认为，不应当将其作为法庭外证据调查，而是要定位成口头辩论期日的证据调查。❷ 此外，混合型勘验还存在一个重大的法律问题，即审判组织的成员为什么可以在同一期日分布在不同的物理空间，这可能影响法院组织法的基本逻辑。由于前述问题，混合型勘验没有被采纳。❸

（五）通过网络会议的其他期日

在上文中，我们介绍了主要期日在新法中的规定。除此以外的期日，也可能通过信息化方式进行。比如，和解期日可以使用电话会议（第89条第2款），❹ 程序进行协调期日（由最高裁判所规则具体规定）预计也将删除使用电话会议时的

---

❶ 此外，当事人能否身处国外参与口头辩论期日和争点整理期日，也有待进一步解释。

❷ 中间试案第10之三（2）的注释。这种意见认为，应当在线下法庭实施程序（当然这是以公开主义为前提的），当事人、不属于审判组织的其他诉讼参与人可以线上参与诉讼。

❸ 比如，可以解释为，受命法官在法院外进行证据调查（勘验、询问），审判组织的其他成员通过网络会议进行事实上的旁听。

❹ 此外，以前很少有关于和解期日的实质内容的规则，但最近的修订案改进了这些规则，如关于口头辩论和指定法官的规则的适用［见第89（4）和（5）条］。

远隔地要件与一方当事人出席要件。❶ 审寻期日可以使用电话会议（第87条之二第2款）❷，但对参考人的审寻属于证据调查，原则上应当使用网络会议，只有当双方当事人无异议时，才能使用电话会议（第187条第3款）。此外，法庭外的证据调查（不属于期日）也可以通过网络会议进行（第185条第3款）。

关于法院与当事人以外的人员参与程序的问题，专门委员在旧法中就已经可以使用电话会议，新法进一步删除了远隔地要件（第92条第3款）。翻译人员原则上需要通过网络会议，但当举行网络会议显著困难的，允许使用电话会议（第154条第2款）。一方面，小语种翻译人数稀少，允许其通过电话会议参加诉讼，有助于降低参与的门槛；另一方面，看清当事人的口型等图像信息对正确的翻译也是有价值的，应当优先使用视频形式的网络会议。所以，新法以折中的方式，将网络会议作为原则，电话会议作为例外。

五、"e案件管理"

（一）判决书的电子化

诉讼案卷电子化的先决条件是，法院工作流程中形成的所有文件都要以电子化的方式呈现。首先，传统的"判决书"在新法中称为"电子判决书"（第252条第1款）。在实践中，绝大多数判决书是法官在计算机上写成的，其初始状态是电子化的，只有在正式使用判决书时才会打印出来。这种习以为常的做法实际上是一种浪费。因此，新法从正面承认了电子方式制作的判决书的效力。❸ 由于裁定、命令全面准用判决的规定（第122条），裁定书、命令书在新法上也称为电子裁定书、电子命令书。书记官主管的支付令，也改为电子支付令（第387条以下）。此外，期日笔录档案变成了电子笔录，基础条款设置在口头辩论笔录（第160条

---

❶ 参见《民事诉讼法（信息化问题）修订的纲要》第5。此外，还允许在程序进行协调期日撤回起诉、放弃或认诺诉讼请求。
❷ 需要注意的是，审寻可以通过书面方式进行，未必是一个期日。
❸ 宣判也通过电子判决书进行（第253条第1款），并被电子化记录在电子文档（第253条第2款）。判决书的送达可以通过传统方式或系统送达完成（第255条）。

第 1 款），❶ 其他期日准用该规定。❷ 此外，专门委员的说明也实现了电子化（第 92 条之二第 2 款）。

（二）诉讼案卷的数字化

如前所述，法院制作的文件全部实现了电子化，当事人提交的文件也部分实现了电子化。旧法上，线上提交的申请需要以纸质形式打印出来，才能装订成诉讼案卷，多此一举且效率极低。因此，新法规定诉讼案卷将全部通过电子化的方式存储。❸ 反过来，书面形式提交的文件会被加工成 PDF 文档等数字化形式，再保存为电子诉讼案卷（第 132 条之十二第 1 款）。❹ 不过，在极特殊的情形下，即商业秘密❺、地址和姓名等隐私信息❻以及性质上难以数字化的文件❼，允许以非电子的形式保存（第 91 条）。这是因为，与纸质信息相比，数字化信息面临更大的信息安全风险。

（三）在线访问诉讼案卷

和传统的诉讼案卷一样，电子形式的诉讼案卷也开放给所有人（第 91 条之二第 1 款）。但是，不同身份的人访问诉讼案卷的方式不同。首先，当事人或利害关系人可以在线访问。❽ 新法还允许当事人或利害关系人下载电子诉讼案卷（第 91 条之二第 2 款）。❾ 其次，与案件无关的案外人只能前往法院，在法院设置的终端设

---

❶ 它将在被创建时记录在电子文档（同条第 2 款）。
❷ 此外，还有电子传票（第 94 条第 1 款第 1 项、第 2 款）和电子送达回执（第 100 条第 2 款）。
❸ 即构成诉讼案卷的电子文档中的信息（第 91 条之二第 1 款）。
❹ 关于谁来负责形成 PDF 文档的问题，在立法过程中有过讨论。最终的方案是，由法院承担具体工作。
❺ 在线申请的，可以将信息打印成纸质形式保存，并删除电子数据（第 92 条第 9 款）。法院取消访问限制的，再以电子数据形式存档（第 92 条第 10 款）。
❻ 纸质形式申请的，不会被制作成电子文档（第 132 条之十二第 1 款第 2 项、第 3 项、第 132 条之十三第 2—4 项）。
❼ 比如，电子文档的格式不适合存档的，或者体积巨大的图纸等不适合电子化的（第 132 条之十二第 1 款但书）。
❽ 《民事诉讼法》只规定了"通过最高裁判所规则规定的方式访问"（第 91 条之二第 1 款）。预计最高裁判所会在《民事诉讼规则》中规定，当事人或利害关系人可以通过法院的电子终端访问诉讼案卷。
❾ 此外，书记官出具与案件有关的证明，也通过线上方式完成（第 91 条之二第 3 款）。

备上访问电子诉讼案卷。❶ 在立法过程中，有的观点认为，应当从便利性的角度出发，允许案外人通过互联网访问电子诉讼案卷。但也有观点认为，诉讼案卷包含了大量的隐私信息和个人信息，如果允许毫不相关的案外人从全国各地轻松地访问，可能压制当事人的诉讼意愿。因此，立法者最终决定保留案外人前往法院访问诉讼案卷的传统模式。不过，站在向社会公开判决信息的角度，在线访问诉讼案卷在实践中的需求巨大。对此，可以通过匿名化等方式对判决信息进行加密处理之后，予以公开。

此外，需要另行考虑诉讼和解的档案。因为，允许社会公众访问相关档案可能会对和解造成事实和心理上的障碍。所以，无论是电子形式还是非电子形式的诉讼和解档案，都只允许当事人和与案件有关的案外人访问（第91条第2款后段、第91条之二第4款）。在专班的审议过程中，有的观点认为只需对附有"不得外传"条款的和解档案限制访问的对象。但站在当事人的角度，其没有必要专门约定此种条款。最后，立法者还是将访问限制适用于所有的和解档案。

（四）电子方式支付诉讼费用

取消预付邮票金额作为估计值纳入收费，从而消除了管理和退还邮票的麻烦。诉讼费用的支付环节，也进行了电子化。❷ 首先，引入了电子支付作为支付手段。旧法上，诉讼费用的缴纳方式主要有两种：一是在起诉状上粘贴印花税票缴纳受理费，❸ 二是把邮票交付给法院用于送达。新法规定，起诉状的提交以电子方式进行，物理上无法粘贴印花税票。至于邮票，其实在旧法实践中就已经颇受诟病，即法院觉得邮票的管理费事费力，而当事人也觉得诉讼结束后退回的剩余邮票无处可用。所以，新法决定使用电子支付作为诉讼费用的缴纳手段，并准备使用在公共事业缴费中利用较广的第三方支付平台"Pay-easy"。起草过程中，也讨论了使用信用卡缴费，但涉及手续费分担问题，未在本次修法时采纳。此外，新法不再用邮票缴纳送达费用，而是将估算的送达费用与受理费合并，统一通过电子支

---

❶《民事诉讼法》只规定了"通过最高裁判所规则规定的方式访问"（第91条之二第1款）。
预计最高裁判所会在《民事诉讼规则》中规定，与案件没有利害关系的案外人只能通过法院的电子终端访问诉讼案卷。
❷ 专班建议给确定诉讼费用数额的程序规定了一个时间限制。即，参考金钱债权消灭时效的期间，规定从诉讼费用负担的裁判之日起的10年（第71条第2款）。
❸ 不过，受理费非常高的案件中，例外地允许使用现金缴纳（《民事诉讼费用法》原第8条但书）。

付的方式缴纳，节省了购买、管理和返还邮票的精力。

新法规定，原则上应该用现金缴纳诉讼费用（《民事诉讼费用法》第 8 条第 1 款正文），❶ 只有书面起诉且迫不得已的，才可以使用印花税票（同款但书）。需要预缴其他费用的，也以现金支付（《民事诉讼费用法》第 12 条第 2 款）。由于在线完成的各种申请 ❷ 不产生独立的送达费用缴纳义务（《民事诉讼费用法》第 11 条第 1 款但书），所以这些送达费用被纳入起诉费用合并计算（《民事诉讼费用法》第 3 条第 2 款、附件 2）。当事人在线起诉，且预计将部分使用系统送达的，将对起诉费用予以减免。❸

六、信息化的新型诉讼程序：法定审理期间诉讼程序

信息化不是目的，而是一种将诉讼改造得更加方便且有效率的手段。事实上，数字化转型（Digital Transformation，简称 DX）就体现了这样的思维方式。新法也基于数字化转型的思维，创设了法定审理期间的诉讼程序：基于双方当事人的合意限定案件的审理期间，在首次期日的 6 个月内结束辩论，并在辩论终结后的 1 个月内作出判决。因此，攻击防御方法的提交时间与证据调查期间将会被法定，双方当事人也可以合意确定判决中的判断事项。通过这种新型诉讼程序，可以提高当事人对审理期间的可预测性，使其能够期待更快速地判决，从而促进诉讼程序的使用。

对于这项新的制度，专班从多方面展开了讨论。其中，中间试案还提出了两种具体的方案（第 6 "新的诉讼程序"）。其一，特殊诉讼模式，即以原告申请、被告不反对为前提，限定可使用的证据方法的种类，适用特别的救济渠道（甲案）。其二，审理计划模式，即双方当事人共同提出申请，以 6 个月内结案为前提，制订法定的审理计划（乙案）。❹ 新法原则上采用了甲案，但对启动程序作出了不同的规定。即，法定审理期间内诉讼程序需要当事人申请（不得依职权）启

---

❶ 法律文本使用的表述是"现金"，但预计最高裁判所规则会进一步规定为"电子支付"。
❷ 《民事诉讼费用法》使用了"特定请求"的表述（《民事诉讼费用法》第 3 条第 2 款）。
❸ 比如，受理费中按当事人数量计算的部分，被告为 1 人的为 2500 日元，但线上起诉可降为 1400 日元。
❹ 除此之外还有丙案，即不规定新的诉讼程序。

动（第 381 条之二第 1 款）的，双方当事人可以共同申请（同条第 2 款前段），也可以一方当事人申请、对方当事人同意（同条第 2 款后段）。❶ 诉讼审理已经开始的，也可以适用本程序。❷

法定审理期间诉讼程序的各个审理期间都被详细地规定。具体来说，法院必须在裁定适用本程序后的 2 周内指定口头辩论期日或辩论准备程序期日（第 381 条之三第 1 款），并在该期日时指定 6 个月内的期日作为辩论终结期日，然后在辩论终结期日时指定 1 个月内的期日作为宣判期日（同条第 2 款）。❸ 为了实现前述紧凑的审理日程，当事人原则上应在首个期日起的 5 个月内提交全部的攻击防御方法（同条第 3 款），6 个月内完成所有证据调查（同条第 4 款）。❹ 同时，为了在紧凑的审理日程下完成审理，法院与当事人应当在争点整理期间终结前确认法院判决中应当判断的事项（第 381 条之三第 4 款），判决理由也仅需要涉及与这些事项相关的判断内容（第 381 条之五）。❺

如上所述，在双方当事人都同意的情况下，从首个程序期日到宣判只需要 7 个月的时间。不过，如果过于迅速的审理阻碍了当事人的防御活动，就本末倒置了。❻ 所以，立法者对制度的使用施加了一定的限制。首先，鉴于法定审理期间对强势一方当事人更加有利，立法者在消费合同诉讼、劳动诉讼等双方当事人实力存在明显差距的案件中排除了本程序的适用（第 381 条之二第 1 款）。对于不属于明示排除的案件类型，法院也可以损害当事人衡平或者妨碍公正的审理为由，个别地排除适用（同条第 2 款）。❼ 其次，本程序启动后，当事人可随时单方面要求将案件转为普通诉讼（第 381 条之四第 1 款第 1 项），法院认为程序的推进显著困难的，也可以依职权转为普通程序（同款第 2 项）。❽ 最后，对适用本程序作出

---

❶ 原则上，申请与同意必须以书面形式作出，但在期日时也可以口头方式作出（第 381 条之二第 3 款）。

❷ 程序转换的，已经指定的普通程序期日视为本程序的期日（第 381 条之二第 4 款）。

❸ 期日的变更需要迫不得已的理由（第 381 条之三第 6 款）。

❹ 法院可以听取双方的意见进一步缩短这些期间。

❺ 电子判决书的事实部分只需要记载攻击防御方法的要旨。

❻ 基于这种视角，起草阶段也有人从根本上反对设立法定审理期间诉讼程序。

❼ 原被告实力悬殊的法人之间的诉讼或当事人未聘请律师的本人诉讼需要充分的时间准备诉讼，不应适用本程序。

❽ 没有救济手段（第 381 条之四第 2 款）。

的判决的救济不是控诉（第 381 条之六），而是异议（第 381 条之七第 1 款），❶ 即在同一审级通过普通程序续行审理。❷ 通过极其谨慎的制度安排，可以在相当程度上防止滥用，但要形成妥当、迅速、具有预测可能性的程序，还需要在实践中不断地打磨和完善。❸

七、其他修订事项

上文介绍了 2022 年《民事诉讼法》修订的主要事项，后文将对其他事项进行概括式的总结。❹

首先，在准备书面、证据提出的问题上，新法规定了不遵守期间的说明义务（第 162 条第 2 款）。有观点认为，当事人提交准备书面过于拖延是计划审理的最大阻碍，❺ 而旧法虽然设置了审判长指定提出期间的规定（原第 162 条现第 162 条第 1 款），但未规定不遵守期间的惩罚措施。所以新法规定，当事人没有在法院规定的期限内提交准备书面或证据的，需要说明未遵守期间的理由。❻ 期日的变更属于审判长（而非法院）的权限（第 93 条第 1 款），可进行灵活的调整。此外，新法还明文规定，法院对外委托调查的结果应当开示给当事人（第 186 条第 2 款），❼ 从而保障当事人的程序权利。

其次，在电子档案的补正问题上，设置了书记官可随时补正明显的计算错误或笔误的规定（第 160 条之二）。❽ 不过，鉴于和解笔录具有与生效判决相同效力的重要性，应当由法院作出补正裁定（第 267 条之二第 1 款），该裁定允许即时

---

❶ 准用票据诉讼的异议规则（第 381 条之四第 2 款）。
❷ 异议后的程序视为普通诉讼（第 381 条之八），可以控告、上告。
❸ 在法律生效之前，法院应当提出具体的诉讼模式，向用户展示如何在任何特定案件中使用该程序。
❹ 上诉审的信息化与第一审程序相同，概括性准用一审程序的规定（第 297 条、第 313 条）。
❺ 有人指出，不遵守提交准备书面最后期限的做法是导致诉讼程序过于迟延的重要因素，所以立法者就相关的制裁措施展开过详细讨论。参见最高裁判所事务总局：《关于裁判迅速化问题的报告（措施篇）》（2011 年版），第 23 页。
❻ 起草过程中曾有观点认为，应当强化驳回不及时的攻击防御方法的规定，设置类似于第 157 条之二的制裁措施（中间试案第 6 之 4）。
❼ 通过判例确立的程序。最高裁判所昭和 45 年 3 月 26 日判决，《民集》24 卷 3 号 165 页。
❽ 对补正处分的救济，准用诉讼费用金额确定处分的救济规则（第 71 条第 4 款、第 5 款、第 8 款），允许提出异议和即时抗告（第 160 条之二第 3 款）。

抗告（同条第 2 款、第 3 款）。此外，关于判决的补正裁定，新法也明确规定了可以对驳回补正申请的裁定提起即时抗告（第 257 条第 3 款）。❶

再次，对诉讼上的和解也作了若干修改。❷ 其一，法院建议和解方案程序删除了远隔地要件（第 264 条第 1 款），适用场景扩展到了双方当事人都缺席的案件。关于这种情况下如何确定和解成立日期的问题，新法规定当事人可约定一个生效时间，双方接受法院提出的和解方案的，该约定的日期视为和解成立日（同条第 2 款）。其二，法院送达和解笔录不再需要当事人提出申请（第 267 条第 2 款）。旧法上，逐一确认当事人是否有接受送达的意思给法院形成了较大的事务性负担。所以立法者认为，既然和解笔录具备诉讼终止效和执行依据的地位，依职权送达更为妥当。

复次，简易裁判所的信息化与地方裁判所基本相同。唯一的例外是，法院可以依裁量决定是否通过在线方式进行证人询问（第 277 条之二），以便与书面方式进行证人询问（第 278 条）的规定相协调。❸

最后，新法维持了旧法的地域管辖规则。由于在线申请与网络会议的引入，当事人在许多时候已经不需要前往法院出庭，但在特定的案件性质、期日类型、审理内容之下，还是有出庭的必要。并且，如果当事人希望出庭，也应当尊重其选择。因此，虽然信息化缓解了距离上的壁垒，但立法者并未寻求改变地域管辖的基本逻辑。❹ 当然，信息化可能影响法律的解释。例如，在法院依裁量移送案件时（第 17 条），由于可以在线申请、在线出庭、在线勘验，旧法将当事人、证人以及勘验物的实际位置作为考量要素的惯例将不再适用。❺

---

❶ 既有的讨论，参见［日］菊井维大、村松俊夫：《评注民事诉讼法 5》，日本评论社 2012 年版，第 217 页。虽然大审院判例与下级法院的判例都不允许抗告，但学术界的意见倾向于允许即时抗告。新法采纳了学界的观点。

❷ 起草过程还讨论了代替和解的裁定制度的改革问题。有观点认为，可以把目前仅在简易裁判所适用的代替和解的裁定（第 275 条之二）扩大到地方裁判所［中间试案第 11 之 2（3）"新的代替和解的裁定"的甲案］，即从正面承认付调停与《民事调停法》第 17 条裁定在实践中担负的功能。但是，有很多意见担心这种安排会导致制度的滥用，所以最后未纳入修法的范围。

❸ 起草过程还讨论了通过电话会议进行口头辩论的可能性。不过，专班多数意见的态度较为谨慎，希望在新法施行后观察是否还存在电话会议的需求。

❹ 中间试案第 13。

❺ 在第 17 条转移时是否应当把通过视频会议的证人询问纳入考量要素，在旧法上已经进行了较为深入的讨论。参见［日］大江忠等：《程序裁量及其规则》，有斐阁 2005 年版，第 84 页以下（山本和彦执笔）。

八、进一步的信息化

（一）法律施行的准备工作

如前所述，《民事诉讼法》修订案不会立即生效，而是在过渡期内分批分次生效。首先，双方当事人通过电话会议等方式参与辩论准备程序、和解等的规定等最先生效，❶ 即在法律颁布（2022年5月29日）的一年内生效。其次，通过网络会议参与口头诉讼的规定（Phase-2），在法律颁布的两年内生效。最后，线上申请、诉讼案卷的电子化、通过网络会议询问证人、法定审理期间诉讼程序等规定（Phase-3），在法律颁布后的4年内生效。❷

为了配合法律的施行，还将制定配套的最高裁判所规则。最高裁判所规则的出台预计与以上分批次生效施行的法律规定保持一致。Phase-3所需的案件管理系统等软件，也将有条不紊地搭建。

（二）其他民事裁判程序的信息化

2022年的《民事诉讼法》修订实现了诉讼程序的全面信息化。今后，其他未被涉及的民事裁判程序也将被逐步信息化。❸ 具体包括，民事保全程序、民事执行程序、破产程序、人事与家事程序（家事调停、家事审判、海牙公约案件）、非讼程序、民事调停程序、劳动审判程序等。❹《民事诉讼法》无疑将作为这些程序信息化改造的范本，但各个程序也必须要考虑自身的独特需求与机制。例如，在涉及大量利害关系人的破产程序中，以在线方式申报债权与网络会议形式的债权人会议将带来极大的便利；在家事程序中，可以通过网络会议处理涉及家庭暴力的案件，或者通过在线方式实现对子女的探望。在很多国家，破产程序与家事程序的信息化早于诉讼程序，体现出司法为民的制度本旨。

因此，在2022年修订案提交国会审议的前后，法务大臣向法制审议会提出了谘问，法制审议会随后设置了"民事执行、民事保全、破产与家事程序（信息化

---

❶ 但是，姓名和地址匿名化制度将在新法颁布之日起的9个月内（2023年2月前）生效。
❷ 离婚诉讼可以通过网络会议进行和解和认诺的规定（《人事诉讼法》第37条第4款）将在颁布后的3年内生效。这也适用于通过网络会议的离婚调解（《家事程序法》第268条第3款但书）。
❸ 刑事诉讼程序的信息化也在推进过程中。
❹ 此外，不属于法务省主管的法律也有类似的趋势。例如，消费者厅主管的《消费者裁判程序特例法》、金融厅主管的《金融机构更生特例法》。

问题）专班"。2022年8月，该专班提交了中间试案，并于当年10月公开征求公众意见，预计将于2023年初编制出法律的纲要。如顺利，2023年内将会向国会提交修订草案。

在"民事执行、民事保全、破产与家事程序（信息化问题）专班"的讨论过程中，把民事诉讼程序的信息化举措引入其他程序是工作的重点，但也关注了其他程序各自的特点。例如，除了律师与国家机关工作人员以外，破产管理人、遗产管理人、监护人是否也负有在线申请义务；是否要在一定的情况下保留用纸质形式保存档案的传统做法；是否将数字化保存的范围限定在可能有访问需求的场合；是否允许当事人在任何时候从法院外访问档案；如何处理利害关系人的访问请求；是否在民事执行程序、破产程序中引入格式化的在线申请；是否将民事执行程序的拍卖与分配程序进行简化；是否将债权申报程序简化等。

如前所述，诉讼程序以外的民事裁判程序对信息技术有很多独特的需求。例如非讼程序等对程序灵活性要求比较高的类型中，信息技术可以带来更高的工作效率、更快的处理速度、更友好的用户感受。如果这些别具一格的需求能够被我们一一满足，相信民事程序的便利性将会得到质的提高。

（三）法庭外纠纷解决程序的信息化：ODR

民事裁判是国家权力的行使行为，受到当事人程序保障的限制，其信息化存在一定的合法性界限。相比之下，法庭外纠纷解决程序（ADR）信息化具有更大的灵活性和独创性空间。事实上，电子邮件方式提交申请、网络会议方式举行听证的在线化工作模式，在疫情中已经成为ADR的普遍做法。特别是在国际争端（国际仲裁、国际离婚中的子女争端等）中，通过网络连接国内与国外已经成为惯例。❶ODR（在线争议解决）❷也是近年来常被讨论的话题。❸日本在ADR程序方面向来比较落后，但立法者最近也在考虑建立一种制度，赋予ADR中达成的协议以执行力，允许当

---

❶ 如前所述，在民事诉讼程序中与他国进行连线涉嫌侵犯他国主权。但是，ADR是民间的纠纷解决程序，不存在这种障碍。

❷ 在广义上，ORD也可以包含裁判程序的信息化。但本文取狭义的理解，只涉及法庭外的纠纷解决程序。

❸ 关于ODR的意义和挑战，参见［日］山本和彦等：《ODR制度的引入》，载 *L&T* 第82号，第1页以下。

事人在对方不履行协议时立即启动强制执行。❶

　　首先，关于ADR的信息化，可以鼓励现有的ADR服务提供者借鉴民事诉讼程序的"e提交""e案件管理""e法庭"，把他们的业务流程转到线上。实践中已经有ADR服务提供者实现了程序的部分转型。比如，汽车PL中心采用了视频会议系统，全国银行业协会采用了移动会议系统。各ADR服务提供者未来都将逐步转向全面的信息化，但也面临建设信息化系统的费用由谁承担的问题。❷

　　其次，关于平台运营商提供的狭义的ODR的拓展。严格来说，狭义的ODR不是ADR，而是介于ADR和IDR（企业内争议解决）之间的特殊形态。❸对服务不满的客户（客户声称在购买的商品与网上的图片不符）向服务提供者（入驻平台的企业或个体卖家）提出在线申请，要求更换商品。在过去，平台倾向于只提供纠纷解决的通道，把客户之间的纠纷交由当事人自治。不过，根据报道，近年来一些平台企业已经从社会责任和客户忠诚度的角度出发，主动地参与到纠纷解决中来，预计这种趋势会越来越明显。

　　这种潮流之下隐藏了一种新的理念：纠纷解决的系统设计。❹根据这种理念，商品与服务的运营商应当承担起纠纷解决的责任，并将其作为一个系统提供给客户。争端解决的国际标准（ISO10002和ISO10003）也采用了这种理念。❺也就是说，用户之间不能通过协商解决纠纷的，运营商应提供包括调解、仲裁甚至法院程序在内的完整的在线纠纷解决系统。❻

---

❶ 从2020年起，法务省的ODR推进研讨会讨论了振兴ODR的政策问题。此外，法制审议会仲裁法制专班讨论了赋予ADR执行力的问题，并于2022年2月回复法务大臣，正在准备向国会提交《ADR法》的修订案。

❷ 可以考虑由ADR服务提供者合作建立一个系统，共同分担建设系统的费用。参见[日]山本和彦等：《ODR制度的引入》，载 *L&T* 第82号，第12页以下。

❸ 这种用法源于ISO10002。

❹ 关于纠纷解决的系统设计，参见[日]渡边真由：《纠纷解决的系统设计与ODR》，载《仲裁与ADR》第17号，第73页以下。

❺ 关于ISO标准的基本逻辑，参见[日]山本和彦：《ADR法制的现代问题》，有斐阁2018年版，第163页以下。

❻ 关于ODR的体系性思考，参见[日]上田文：《ADR的信息化（ODR）的意义与课题》，载《法律时报》91卷6号，第42页以下。

（四）民事司法的新视野：人工智能的使用

人工智能通过对法院判决结果等进行大数据分析，预测具体纠纷的走向与结果，可以给当事人提供解决纠纷的重要参考。据报道，在 eBay 的 ODR 应用中，人工智能的应用已经取得了重大进展。❶ 甚至在未来，法院很可能把人工智能的预测作为判决的重要参考信息（所谓的"人工智能法官"）。❷

不过，人工智能在日本的应用面临一个现实的问题。由于日本的数字化进程十分滞后，整个社会都缺乏足够的大数据积累，无论人工智能技术如何发展，都难以实现人工智能的有效应用。令人庆幸的是，在本次修法的过程中，出现了将所有的民事判决信息开放为公开数据的有益尝试。民事司法制度改革推进部委联络会议建议（2020 年 3 月），把民事判决信息作为公共财产加以利用，即"民事判决信息可以在纠纷发生前作为公众的行为准则，在纠纷发生后作为当事人解决纠纷的指南，是整个社会所共享和利用的重要资产。因此，应当广泛地向公众提供民事判决信息"。此后，日本律师联合会法务研究财团组织了民事判决公开化工作小组，提出了"法院把所有判决数据提供给信息管理机关→利用人工智能技术将数据匿名化→信息管理机关将匿名后的数据提供给使用大数据的机构"的建议。2022 年 10 月，法务省开设了民事判决信息公开化研讨会，就立法的具体事宜展开讨论。预计这项立法将在 2025 年与法院信息化 Phase-3 同时问世，人工智能在纠纷解决中的应用将获得重要的基础。❸

综上所述，民事司法很有可能像其他社会领域一样，走向"社会 5.0"的时代（尽管其终点还不明确），将其重点从纠纷的解决转向纠纷的预防。

九、令和时代的民事司法改革

前文中，笔者讨论了民事裁判的信息化改革，并将平成时代（1989—2018

---

❶ 超过 90% 的纠纷是在人工智能的建议下，由双方当事人交涉解决的。

❷ 日本法上的司法人工智能研究主要以刑事法为中心。例如，［日］弥久真生等编：《机器人、人工智能与法》，有斐阁 2018 年版，第 10 章。从民事裁判出发的文章非常少，如［日］町村泰贵：《民事裁判中的人工智能应用》，载《法律时报》91 卷 6 号，第 48 页。

❸ 当然，只开放判决信息也未必充分。我们需要将诉讼和解、裁定、ADR 等程序中的信息也纳入进来，形成包含各种争端解决方式的大数据。

年）的前 15 年称为"改革的时代"，后 15 年称为"停滞的时代"。事实上，这种评价不仅适用于信息化，也适用于整个民事司法的改革。信息技术将不可避免地改变整个民事司法，它不仅影响了争点整理等法院内程序的关键性环节，如果把 ODR 等法庭外程序也纳入观察的视野，信息化甚至可能会给纠纷解决带来革命性的创新。换言之，整个民事司法都将迎来数字化转型。在此意义上，身处这场历史性变革的法官、律师甚至整个司法界的人们决不能被动地等待变化，而应以一种"进攻性的姿态"积极主动地拥抱信息技术，主动地参与民事司法的改革。在此意义上，2022 年的《民事诉讼法》修订极有可能把我们重新带入民事司法的"改革的时代"。让我们睁大眼睛，共同迎接激动人心的改革。

编辑：柴雨润

民事电子诉讼的成果与展望

——以规范性为中心*

[韩] 全然在 著**

朴顺善 译***

绪　论

2010年3月24日《民事诉讼等电子文书使用的相关法律》(第10183号法律,以下简称"《民事电子文书法》")的制定与颁布标志着韩国电子诉讼相关法律制度的首次建立。但是,电子诉讼法规与一般的诉讼法规不同,不是通过法令的施行就能立即实现的,而是只有建立电子诉讼制度系统才能有效实施。即,以计算机和服务器等电子信息的输入和存储的媒介为基础,不仅要具备网络通信传输技术、语音影像处理技术、高画质的显示器硬件设备等,还需要有能够完美实现复杂诉讼程序的软件技术。在电子诉讼的实施中,先进的软件技术和稳定的硬件设

---

*　本文是基金项目:黑龙江省哲学社会科学研究规划一般项目"黑龙江自贸区仲裁纠纷解决机制创新研究"(项目号:20FXB123)阶段性成果。内容是以2021年9月3日韩国司法政策研究院、韩国民事诉讼法学会、韩国刑事诉讼法学会共同主办的"电子诉讼10年,回顾和展望"研讨会上笔者发表的原稿为基础撰写的。真心感谢给予发表机会的主办方和担任主持的高丽大学法学专门研究生院教授俞炳贤、负责讨论的法务法人(有限)Barun律师事务所孙兴洙律师、全州地方法院部长审判员南贤、亚洲大学法学专门研究生院郭熙京教授、首尔高等法院事务官蔡正文。同时,向为撰写该文章提供宝贵帮助的司法政策研究院白光均法官、金成华、徐容成调查委员表示感谢。

**　全然在(CHON, HUY JAE),成均馆大学法学专门研究院教授、司法政策研究院特邀研究委员。

***　黑龙江大学法学院副教授,黑龙江大学日韩法研究中心主任。

备相结合是电子诉讼系统❶实现的必不可少的要素。因此,上述法律附则第 1 项规定的"自公布法律之日起不超过 5 年的范围内,可以根据民事诉讼、家事诉讼、行政诉讼、专利诉讼、民事执行案件、破产案件、非讼案件等类别,根据大法院规则,制定其适用时期",反映了电子诉讼系统的阶段性成果。据此制定了《民事诉讼等电子文书使用的相关规则》(以下简称"《民事电子文书规则》")附表 2 规定,以 2010 年 4 月 26 日专利诉讼、2011 年 5 月 2 日民事诉讼、2013 年 1 月 21 日家事及行政诉讼、2013 年 9 月 16 日保全案件、2014 年 4 月 18 日破产案件、2015 年 3 月 23 日民事执行案件、非讼案件及民事保全案件为顺序依次开通了电子诉讼系统,目前除了刑事诉讼外,法院的所有程序都已经开始实行电子诉讼。❷

2021 年是民事电子诉讼成为电子诉讼主流的第 10 年。首次引进电子诉讼是 2010 年 4 月的专利诉讼领域,2009 年专利法院一审受案量为 983 件;民事电子诉讼实施前的 2010 年全国民事一审受案量超过 98 万件,仅对比案件数量就相差 1000 倍左右。❸在过去的 10 年里,电子诉讼彻底改变了旧韩末引进近代司法制度以来一直维持的韩国民事诉讼的形态。电子诉讼的目标是摆脱以纸质记录为基础的传统诉讼方式,谋求记录的电子化(e-filing)、案件管理的电子化(e-case management)、法庭的电子化(e-courtroom),❹加强国民对司法服务的接近权,迅速有效地改变审判程序,提高司法透明度。具体来讲,从作为审判需求者的国民的角度来看,只要是可以连接网络的地方,无论在哪里都可以 24 小时提交诉讼文件或阅览和打印电子记录,并通过电子诉讼网站实时掌握诉讼的进行经过和现状。另外,与邮递相比,通过电子送达和提交文件,送达时间大幅缩短,送达费等审判所需的费用也减少了。

从法院的角度看,省略了收集提交的诉讼文件、调查书、审判书等制作记录,并将该记录依次转移到综合信访室、民事科、审判室、法庭等的繁杂的过程,在案件移送或上诉时,无需经过记录的邮寄等复杂的程序,只需点击一次就可以传

---

❶ 《民事诉讼等电子文书使用等相关规则》第 2 条第 1 款,定义了"电子诉讼系统",据此"电子诉讼系统"是指法院行政处为了制作、提交或管理民事诉讼等所需的电子文件,结合硬件、软件、数据库、网络、保安要素等构建运营的电子信息处理系统,来处理《民事电子文书法》第 2 条第 2 项规定的事项。
❷ 2021 年 9 月 28 日,国会通过了《刑事司法程序中使用电子文书等相关法律》的制定案。
❸ 咸允植:《电子诉讼相关法令的主要内容和争点》,《法曹》第 655 号(2011 年 4 月),第 296 页。
❹ 吴旻锡:《电子诉讼的现状和未来》,《民事诉讼》(21 卷 2 号)(2017),第 9 页。

送电子记录。另外，只要是裁判部的成员，随时都可以同时阅览电子记录，依靠一张纸记录的时间空间局限已经消失，在疫情等紧急事态时，居家办公具有可行性。另一方面，随着安装计算机、屏幕和投影仪的电子法庭的普及，裁判部和当事人可以在法庭上通过大型画面一起观看建设工地案件中的施工现场，观察是否存在瑕疵，通过观看黑匣子中记录的交通事故影像，推测哪一方的过失更大，听取当事人之间口头约定的录音文件等，形成了裁判部和当事人实时共享证据，可以展开生动法庭辩论的物理环境，这在过去是无法想象的情形。通过电子诉讼使用率也可以看出开始实施电子诉讼时所期待的民事诉讼程序的效率化、透明化、便民化的目标已经实现。通过年度司法年鉴确认的统计显示，在民事电子诉讼开始的第二年，即2012年，通过电子诉讼系统受理的电子诉讼案件占所有管辖案件的比例为调解案件17.9%、单独案件20.3%、小额案件46.0%，2016年该数据上升到调解案件67.3%、单独案件49.6%、小额案件69.5%；2019年该数据再次上升到调解案件80.3%、单独案件87.2%、小额案件80.4%，在所有管辖案件中适用电子诉讼所占比例均超过80%。5件民事案件中至少有4件是通过电子诉讼系统受理、处理的。可以说，这种电子诉讼利用率的飞跃性增加间接地表明了电子诉讼开始实行时所设定的目标正在成功实现。实际上，以电子诉讼使用者为对象，对利用电子诉讼的理由进行问卷调查的结果显示，认为"节约诉讼文件的接收及送达时间"的比率为81.2%，"节约诉讼费用"的比率为35.5%，"有效进行辩论"的比率为25.7%，❶ 这个结果也表明最初实施电子诉讼的目的稳步实现。

在过去的10年里，民事电子诉讼的成功实施不仅反映在国内的指标上，也反映在国际机构的评价体系中。世界银行（World Bank）每年发行的企业环境评价报告书 *Doing Business* 中包括"合同纠纷解决"（Enforcing Contracts）项目，对全世界190多个国家的民事司法程序的迅速性、效率性、透明性进行评价，2011年韩国的排名为第5位。在2012年实施民事电子诉讼后上升到第2位，2017年位居第1位，在最近的2019年评价中也保持了第2位（第1位是新加坡）。❷ 世界银行认为，这种排名上升的主要原因是电子诉讼的施行提高了民事诉讼程序的透明度与运行效率。❸

---

❶ 智能法院4.0事业说明资料，法院行政处（2017），第22页。该数据问卷调查为多项选择。
❷ https://www.doingbusiness.org/en/data（2021年8月9日）。
❸ "Doing Business 2016: Measuring Regulatory Quality and Efficiency", World Bank (2015), p. 95—96.

大法院在 2016 年为开发新一代审判业务及电子诉讼系统启动了对审判业务系统进行评估及改善的 BPR（Business Process Re-engineering）/ISP（Information Strategy Planning）项目，2018 年，在进行以大数据为基础的智能型新一代电子诉讼系统的预备可行性调查后，预计在 2024 年完成项目，并且从 2020 年开始启动了"新一代电子诉讼系统构建项目"。该项目的目标是增进作为电子诉讼使用者的国民的便利、摆脱因非计划性开发电子诉讼系统而导致的复杂、重复的业务环境、消除因系统老旧而导致的运营效率低下情况，❶ 项目结束时预计将引进以大数据、AI 为中心的、脱胎换骨的全新版本电子诉讼系统。

由此，电子诉讼可以分为系统和制度两个部分，在开发新一代电子诉讼系统的节点上，为了与大幅升级的系统相适配，检查和规范我国电子诉讼制度的法令是否处于完善的状态，找出制度中需要改善的部分，这是非常必要的工作。本文立足于对这一问题的思考，以外国电子诉讼相关立法例和国内外学界成果为基础，从规范、制度的层面讨论我国电子诉讼的发展方向。在后文中，首先讨论包括民事诉讼法在内的电子诉讼相关法令需要整顿的部分（Ⅱ - Ⅴ），其次讨论在新的 ICT 环境变化下，需要对制度进行改善的部分。

一、以电子诉讼为中心的民事诉讼法的变革

（一）国内现状

韩国电子诉讼以 2010 年 3 月 24 日制定并颁布的《民事电子文书法》为法律依据。本法由 16 个条文组成，主要内容是，首先列举并明示了包括《民事诉讼法》在内的个别根据法（第 3 条）。其次，在电子诉讼的同意和电子送达一体化方面，对同意电子文件进行程序的人使用电子送达（第 11 条第 1 款第 1 项、第 2 项），该使用人必须用电子文件的方式提交文件（第 8 条本文）。但是，在发生系统故障等情况时，可以提交纸质文件或发送纸质文件（第 8 条但书，第 12 条第 1 款第 3 项）。另外，电子送达应将电子文件登载在系统中，并以电子方式通知被送达人，但如果从通知登载事实之日起 1 周内被送达人未确认，则视为 1 周后送达

---

❶ 《新一代电子诉讼系统建设项目启动报告》，新一代电子诉讼推进团（2020），第 1 页。

（第 11 条第 3 款、第 4 款）。但是，因系统故障无法确认电子文件的时间被排除在送达时间之外（第 11 条第 5 款）。另一方面，在将纸质文件转换为电子文件或将电子文件转换为纸质文件时，应采取保证准确性的技术措施（第 10 条第 4 款、第 12 条第 3 款），与此同时，规定了对电子文件的证据调查程序（第 13 条）。此外还规定了委托以电子方式缴纳诉讼费用的情形（第 15 条第 1 款），除本法规定的事项外，必要的事项由大法院规则规定（第 16 条）。在制定法律当时的附则中，该法从公布之日起施行，但在公布之日起不超过 5 年的范围内，可根据第 3 条规定的各法律程序，以大法院规则分别适用该法律的适用期。

根据该法委任制定的大法院民诉电子文件规则中，对包括上述法律委任的事项在内的电子诉讼运用的细节事项作出规定，同时规定了各程序采用电子诉讼的法定期日，按照 2010 年 4 月 26 日专利诉讼、2011 年 5 月 2 日民事诉讼、2013 年 1 月 21 日家事及行政诉讼、2013 年 9 月 16 日保全处分、2014 年 4 月 28 日破产案件、2015 年 3 月 23 日民事执行及非讼案件的顺序适用电子诉讼。另外，法律制定后，废除了《督促程序中电子文件使用等相关法律》，并在 2014 年 5 月 20 日进行修订将《督促程序》适用上述法律，2020 年 6 月 9 日的修订内容为，废除公认认证书，将公认电子签名改为电子签名。除此之外，《民事电子文书法》的重点内容几乎保持不变。

（二）国外现状

韩国在制定电子诉讼制度所依据的法律的同时，保留了《民事诉讼法》这部民事程序的基本法，并出台规范电子诉讼的特别法。但是，这种方式与国外例并不相同。

韩国正在准备电子诉讼制度的立法及系统时，主要采纳了美国和新加坡的电子诉讼制度。在美国，由《联邦民事诉讼规则》（Federal Rules of Civil Procedure，以下简称"FRCP"）规制电子诉讼。即，各法院可以根据本身的规则（local rule）进行电子文件处理[FRCP§5（d）（3）]，如果有当事人的书面同意，就可以通过电子邮件进行送达[FRCP§5（b）（2）（E）]，判决书的送达也可以进行电子送达[FRCP§77（d）（1）]，对于通过电子邮件接受送达的人，在时限方面给予 3 天的附加期限[FRCP§6（d）]等规定。此外，关于电子诉讼的详细规则，无论是联邦法院还是州法院，都是依据自行制定的法院规则，但对于电子诉讼的核心电子文件的提交和电子送达，依据联邦民事诉讼规则。

以英国法为蓝本的新加坡为例，实际上相当于民事诉讼法的"Rules of Court"的 Order 63A "Electronic filing service"中，关于电子诉讼有 16 个比较详细的条文。其中重要的是关于电子文件提交的§8和诉讼文件电子送达的§12。

大陆法系的德国和日本尚未完成电子诉讼系统，因此很难认定其正在实施电子诉讼制度，但德国通过多次修改《民事诉讼法》（Zivilprozessrecht，以下简称"ZPO"），对电子诉讼已具备了非常完善的条款。日本的《民事诉讼法》中最初就存在与电子诉讼相关的部分条款，但是最近才正式推进电子诉讼的实施，开始以法务省为主导进行大规模的民事诉讼法的修订工作。德国 ZPO 中关于提交电子文件的规定为§130a，关于判决书、辩论调查书等法院制作的电子文件的规定为§130b，律师和公法人的电子文件提交义务化的规定是§130d，❶ 电子文件的送达的规定为§174（3）、（4），诉讼记录的电子制作的规定为§298a，❷ 电子记录的阅览的规定为§299（3），电子记录的保管规定为§299a，电子文件的证明力规定为§371a 等，并根据§128a 的规定根据法院的职权或当事人的申请实施远程视频审判。日本在 2004 年修改《民事诉讼法》后，允许将电子文件作为诉讼文件提交（第 132 条之 10），但由于法院规定需将电子文件打印成诉讼记录（第 132 条之 10 第 5 款），所以并不能视为完全实施了电子诉讼。但是 2021 年 2 月，日本法务省采纳并公布了《民事诉讼法（IT 化关系）等修订的中间方案》，❸ 在该中间方案中包括了电子文件提交诉讼记录的电子化、电子送达、电子记录阅览、认知及送达费电子缴纳、辩论准备日期、和解日期、验证日期等远程视频及语音收发、证人审问、鉴定人审问、专门委员陈述的远程影像及语音收发、电子判决书实施等，预计在不久的将来为了准备电子诉讼的实施进行大规模《民事诉讼法》的修改。

---

❶ 但是，该规定根据 2013 年 10 月 10 日与法院的电子法律交流促进法律（Gesetz zur Förderung deselektronischen Rechtsverkehrs mit den Gerichten）§26（7）规定从 2022 年 1 月 1 日开始实施。

❷ 目前，即使收到电子文件，法院也可以用电子方式制作诉讼记录，也可以打印电子文件制造纸质记录。诉讼记录电子化义务化的时间根据 ZPO§298a（1a）为 2026 年 1 月 1 日。

❸ 「民事訴訟法（IT 化関係）等の改正に関する中間試案」，法務省 2021 年 2 月 19 日，http://www.moj.go.jp/shingi1/minji07_00178.html（最终确认 2021 年 8 月 13 日）。

（三）制度性改善方案

韩国是从 2004 年开始尝试电子诉讼相关立法。当时，大法院制定了包括民事、刑事诉讼等一切诉讼程序在内的《审判程序中使用电子文件等相关法律》试行方案，并送交法务部。法务部于 2005 年组成"电子诉讼法制定实务委员会"讨论了上述试行方案，但委员会以（1）缺乏利用网络运营诉讼程序稳定性得到保障的实证研究；（2）在本人诉讼的情况下，方便了第三人提交诉讼文件等实际诉讼执行，因此有可能规避了律师代理原则的隐患；（3）引进电子文件时，应当以民事诉讼法、刑事诉讼法等基本法的修改形式来实现的理由未能通过。

此后，随着 2006 年制定了《督促程序中电子文件利用等相关法律》，且伴随着电子督促的实施，可以验证利用网络的程序的稳定性，并在 2009 年 3 月 2 日构建了"诉讼文件电子管理系统"，并以首尔中央地方法院的民事案件和专利法院的专利案件作为电子诉讼文件接收和送达的试点。

经过上述实证性审查后，大法院于 2009 年下半年以适用于除刑事诉讼以外的其他领域为前提，将《民事诉讼等电子文书利用等相关法律》试行案送交法务部，法务部以此为基础，由法律制定委员会制定法案，经过立法预告及法制处审议，于 2009 年 12 月 30 日作为政府案提交国会并通过，随后于 2010 年 3 月 24 日制定并公布。❶

从这些立法过程可以看出，关于电子诉讼的法律根据，不是修改《民事诉讼法》等基本法，而是制定了特别法。其原因是，随着超高速互联网和 IT 产业的发展、司法信息化的不断发展，在已经形成了足以运用电子诉讼系统的客观环境的情况下，尽量减少在试图修改基本法过程中的时间成本，将各程序的施行时期义务化，从立法到电子诉讼的各程序施行，在短短 5 年（2010—2015 年）内完成所有项目，众所周知，这大幅度提高了国民和司法部参与诉讼程序的便利性。

相较于从 21 世纪初开始修改针对电子诉讼的《民事诉讼法》，但至今未能以完全实施电子诉讼的德国和日本，韩国通过制定特别法，早期就制定制度上的依据，并在之后的 5 年一直致力于扩充电子诉讼系统。韩国该决定可以说是战略上的正确选择。

---

❶ 关于法律制定的沿革，详见高丽大学产学合作团（庾炳贤、金京旭、金东贤）：《电子民事诉讼中当事人的程序权利保障相关研究》，法院行政处政策研究报告书，第 24—25 页。

但是，电子诉讼已经进入实质性落实阶段，民事案件中的电子诉讼比率在所有管辖案件中超过80%，而且今后其比率有望进一步提高。因此有必要重新讨论是否继续以特别法规定电子诉讼。既然电子诉讼已经成为民事诉讼的主流，那么以纸质诉讼为前提立法的《民事诉讼法》就无法真正发挥对现实诉讼的规范力，反而是《民诉电子文书法》规定的电子文书提交、电子送达、电子记录化、电子证据调查等成为民事诉讼的标准。另外，关于电子证据的证据调查方式，《民事诉讼法》和《民诉电子文书法》的各项规定存在相互冲突之处，在适用哪些法律的问题上，也会出现实务上的混乱。

民事诉讼法关于诉讼文件的提交及送达、辩论、证据调查、记录阅览及保管等的规定都是以传统诉讼方式为前提的。因此，现在成为民事诉讼主流的电子诉讼相关规定应该整合为民事诉讼法的核心内容，也就是说，民事诉讼法体系应该朝着符合信息通信技术的发展和司法信息化趋势的方向变化。另外，将电子诉讼与民事诉讼法合并规制，这将维持程序法体系的整合性，进而防止立法政策上过度立法的可能性。比我们更早实施电子诉讼或正在准备实施的主要国家都要将电子诉讼相关规定放在民事诉讼相关基本法上，而不是特别法，也是出于这个原因。

二、电子文书及电子证据相关法令的统一规范

（一）现行电子文书及电子证据的相关法律规定及存在的问题

1. 民事诉讼法及实施规则

2002年全面修改《民事诉讼法》时，除了证人审问、鉴定、书证、验证、当事人审问5种之外，新设了关于"其他证据"的第374条。该条款规定："图纸、照片、录音带、电脑用磁碟，以及其他为记录信息而制作的物品等非文件的证据调查相关事项的鉴定、书证、验证的规定遵循大法院规则。"该条款也适用于电子储存的信息，从法条中可以看出，信息本身不是证据，而是以含有信息的物品，即储存媒介为证据，其证据调查相关内容遵循现有的鉴定、书证、验证相关证据调查方法。根据上述条款的规定，新设了民事诉讼规则第120—122条。其中，第120条规定，如果存储在存储介质上的信息是"文字"信息，则可以提交打印的文件，而不是电子存储的文字信息本身，第121条规定，如果存储在存储介质上的

信息是"语音或视频"信息，则可以通过播放录音带等存储介质进行验证并且如果法院或对方要求时，需要提交录音书等文件。对于存储在存储介质中的"图纸或照片"信息，"允许其按照"文字信息的相关规定提交打印的图纸或照片。

在上述各规则的解释中，对于语音影像信息，可通过储存媒体播放的"验证"方法进行证据调查这一点没有异议，但是对于文字信息的情况，允许提交打印文件。因此其证据调查方法是什么，令人产生疑问。从学说上看，有将电子储存的文字信息本身视为书证对象进行证据调查的"书证说"，也有认为电子信息本身可能是文件，从其输出的文件来看，将生成文件视为书证对象的"新书证说"，以及认为电子信息不是文件，应该通过鉴定的方法进行证据调查的"鉴定说"等观点。❶

在实务中，提交打印文件仅意味着，允许以简单的方法代替对存储介质的证据调查，打印文件本身并不属于书面证据，在调查打印文件时，将其写入"证人名单"，而不是"书证目录"，在判决书中作为证据时，也只写入"打印文件调查结果"，而不是采用"甲第 X 号证的记载"等有关书面证据的标示方法。❷ 从认为打印文件只不过是代替对储存媒介进行验证的工具，证据调查对象是储存媒介这一点来看，更偏向于"验证说"。

2.《民事电子文书法》及实施规则

作为电子诉讼法律依据的《民事电子文书法》在 2010 年制定，其中将根据电脑等具有信息处理能力的装置，以电子形式制作或转换后接收或储存的信息定义为"电子文件"（第 2 条第 1 款），根据该法律制作、提交、送达、保存的电子文件除其他法律有特别规定外，视为第 3 条各项法律（相当于民事诉讼法第 3 条第 1 号）规定的条件和程序的文件。据此，以电子方式写入的信息或扫描或数据以及通过智能复制等转化成电子形式的信息，不管它是文字信息还是语音或影像信息，都属于电子文件。这里的电子文件包括主张书面和证据方法。另外，电子文件与根据《民事诉讼法》规定的条件和程序的文件具有相同的效力，因此电子文件本身与文字信息和语音影像信息的区分无关，都可以视为与书证相似的文件。❸ 线下诉讼程序中的电子信息可以通过显示器等装置观看，但是无法直接编辑到法庭笔

---

❶ 郑东润、庾炳贤、金庆旭：《民事诉讼法（第 8 版）》，法文社（2020），第 644 页。
❷ 《法院实务概要·民事诉讼［Ⅲ］》，法院行政处（2017），第 1556 页。
❸ 《法院实务概要·民事诉讼［Ⅲ］》，法院行政处（2017），第 1556 页。

录中,因此也许可以看作鉴定;线上诉讼程序中电子信息可以通过显示器等装置,直接编辑到法庭笔录中,因此可以通过书证的方法调查电子文书。❶ 因此,在电子诉讼中,如果电子文件是证据方法,那么不管是文字信息还是语音影像信息,都会在"书证目录"上标明。另一方面,根据《民事电子文书法》第13条,对电子文件中文字、符号、图案、照片等相关信息的证据调查,应通过显示器、屏幕阅览电子文件(第1款第1项),对语音或影像信息的证据调查,应通过收听或收看电子文件(第1款第2项)。但是,关于电子文件的证据调查,只要不违反其性质,就应适用《民事诉讼法》的鉴定、书证、验证的规定(第2项),同规则规定,除同法第13条第1款规定的方法外,必要时可根据职权或当事人的申请,以验证或鉴定的方法进行证据调查(第32条第1款、第33条第1款)。如果想查明电子文件的伪造与否或制作时间等,可以例外适用。

另外,《民诉电子文书规则》第34条作为证据调查的特别规定,将电子文件相关的证据调查仅限于"主要辩论内容相关部分"(第1款),审判长等可以命令证据提交人提交电子文书中主要辩论内容相关部分(第2款),证据申请人的相对方可以事先阅览、收听、收看证据电子文件,法院或者证据申请人可以在期限内说明电子文件的主要内容,与此同时,可以要求证据申请人和对方陈述其相关意见,以省略证据调查程序的全部或部分内容(第3款)。这一规定是为了防止如果所有电子证据都必须阅览、收听、收看,而法庭审理时间不足的情况发生。❷

3. 二元规制存在的问题

如上所述,以电子形式储存文字信息或语音影像信息时,《民事诉讼法》和相应规则是以储存媒体为证据方法,以调查鉴定证据为原则,《民事电子文书法》和相应规则对于电子信息本身,以书证为基准,通过显示器或屏幕阅览、收听、收看。但是,关于电子信息的证据调查,两种方法并存会在解释上和实务上造成混乱。

即,当事人双方同意用户登记和电子诉讼,通过电子诉讼系统提交电子文件时,适用《民事电子文书法》规定的证据调查方法,这一点没有异议。但是,如果一方同意电子诉讼并提交电子文件,但对方却不同意,则根据哪一方当事人提

---

❶ 庾炳贤:《电子诉讼程序——以电子诉讼法案为中心》,《民事诉讼》(第14卷第2号),韩国民事诉讼法学会(2010),第214—215页。

❷ 咸允植,前文,第345页。

交电子信息，证据调查方法会有所不同。另外，全国法院的所有民事法庭都成为具备电脑、投影仪、屏幕的电子法庭。但是双方都以纸质诉讼进行，那么是应该只通过阅览、收听、收看提交的电子信息，还是通过传统的鉴定的方法进行证据调查等，都会成为问题。

关于这个问题，有以下观点：第一，认为《民事诉讼法》是旧法，《民事电子文书法》是新法，所以新法优先适用；第二，认为《民事诉讼法》以储存媒体，《民事电子文书法》以电子文件作为证据方法，所以要根据电子信息提交的形态进行区分；第三，认为《民事诉讼法》适用于纸质记录案件，电子诉讼法适用于电子记录案件。❶❷实务中，也没有制定明确的标准。

（二）改善方案

关于同一电子信息的证据调查方法，存在与《民事诉讼法》第374条和《民事电子文书法》第13条冲突的问题，因此，应该朝着统一规范的方向进行立法。在目前民事案件80%以上都是电子诉讼的情况下，根据《民事电子文书法》规定的宗旨，修改基本法《民事诉讼法》和实施规则是较为妥当。正如之前所述，在电子诉讼成为民事诉讼主流的情况下，为了恢复作为程序基本法的规范力，也要在《民事诉讼法》中整合电子诉讼相关内容，特别是关于电子证据的问题，以预防实务中可能出现的混乱。因此也可以以电子证据相关的《民事诉讼法》第374条等修改问题为契机，讨论民事诉讼法的整体ICT化。

这里就修改电子证据相关民事诉讼法阐述下列几点建议。

第一，现行大法院判例的观点是，语音影像信息不属于文件提交命令的对象

---

❶ 咸允植，前文，第340—341页。

❷ 个人认为，根据电子记录化与否，采取不同的证据调查方法的意见较为妥当。从现行实务来看，一方同意电子诉讼，以电子诉讼系统提交电子文件等理由将记录电子化时，即使对方提交纸质材料或信息储存媒体，法院事务官等也要将其转换为电子文件，进行司法电子签名，登记在电子诉讼系统中（《民事电子文书法》第10条第2款）。在这种情况下，由于不同意电子诉讼，审判人员也可以随时查看根据电子记录查看器的书证登记目录中记录的当事人提交的信息储存媒体的电子信息。另外，即使当事人双方都不同意电子诉讼，如果审判长命令电子记录化，通过记录查看器阅览相关电子信息。相反地，在纸质诉讼中，提交的信息储存媒体不能与纸质记录一起保存，存在丢失的危险等，因此相关信息储存媒体应与纸质记录分开，由法院工作人员单独保管在民事保管物品箱中。（《民事保管物管理的例规》第2条、第3条、第5条第3款）。即，由于与记录分开保管，所以与电子记录不同，法官很难随时确认该内容，而且当事人的保管物也不是阅览记录、复印的对象。因此，如果诉讼记录没有电子化，根据民事诉讼法及实施规则，以验证的方法进行证据调查，哪怕是验证调查书也要留在记录上，这才是适当的证据调查方法。

（参照大法院2010年7月14日2009MA2105决定）。文件提交命令只限于通过书证的方法进行证据调查的文件，但是关于影像信息等，《民事诉讼规则》第121条中规定了证据调查方法为验证，因此不能成为文件提交命令的对象。但是，考虑到目前在《民事电子文书法》中，将语音影像信息视为电子文件，并以书证作为证据调查方法，随着智能手机和平板电脑等的广泛普及，语音影像信息在数量上、质量上明显增加，将其排除在文件提交命令对象之外，反而会造成阻碍验证真相的结果，现行的《民事诉讼法》中也应该根据书证将语音影像信息纳入文件提交命令对象。

第二，认为现行《民事诉讼法》中有关电子证据的规制实际上处于空白状态也不为过。电子信息的生成及保管、管理所需的时间和费用较少，因此其比重必然会越来越大。目前，公共机关或企业等几乎所有的资料都是电子生成并管理，个人也更倾向于电子信息。电子信息与纸质文件等有形物不同，其媒介具有独立性、大容量、隐私性、流动性、网络相关性等独特的特性，因此出现了现有有形物证据中无法想到的各种问题，今后也会如此。❶ 为了应对电子信息特性可能引发的各种问题而对《民事诉讼法》中有关证据的规定进行修改时，有必要将电子证据的详细规定以独立章节的形式与现有的证人审问、鉴定、书证、验证、当事人审问独立等规定区分开来。这里不仅需要对与现有证据方法不同的电子信息的证据申请或证据调查方法，还需要对电子信息的形式证据力、动画和模拟等多媒体资料的规律、电子信息的证据展示等，对于反映电子信息的固有特性进行根本性的讨论。

第三，在韩国民事诉讼中，除非有证据的当事人主动提交证据，否则几乎无法强制其提交。向法院申请文件提交命令后，即使得到支持，对方不积极回应的情况占大多数，而且只提交接到文件提交命令的部分文件，并表示没有其他的文件。那么，申请文件提交命令的一方就无法再确保证据。对方之所以如此应对，是因为尽管不提交文件，也没有任何对诉讼的不利或制裁。如果不提交文件，胜诉的可能性就会增大，而且不提交也不会受到制裁，也就没人会诚实地提交文件，因此，经过不实的证据调查后宣判的判决也很有可能无法反映真实情况，败诉方

---

❶ 姜成洙：《电子信息证据调查现状和改善方案的基础研究》，司法政策研究院（2016），第241页。

也将无法信任审判结果。❶ 特别是法人或公共机关以电子信息的形式积累和管理多种资料,如果个人想以这种团体为对象提起诉讼,作为证据方法使用的电子信息收集必然会遇到困难。

韩国司法部也认识到这种问题的严重性,2015年在大法院下属的"事实审充实化司法制度改善委员会"上,在以扩大民事诉讼法文件提交命令的范围及加强制裁等为主要内容的"文件提交命令制度"的改善和新制度中,提议引进"起诉前证据调查程序",由议员提议向国会提交了民事诉讼法修订案,但因第19届国会届满结束而被废除。❷ 鉴于其必要性,在近期内必须推进重新立法,❸ 这时应该根据以电子文件为主的社会变化和电子诉讼扎根的时代潮流,制定真实反映电子信息特性的修订案。美国为了对逐渐增加的电子信息相关证据提交(e-discovery)进行有效的规制,在2006年和2015年通过修改FRCP,增加了电子储存的信息,即ESI(electronically stored information)相关内容,❹ 当然要先对包括这些在内的海外立法事例进行缜密的讨论。

三、电子证据使用义务人范围的扩大

(一)韩国现状

《民事电子文书法》原则上保障了当事人在诉讼程序中使用电子文件还是纸质文件的选择权(第5条第1款),但国家、地方自治团体,以及其他根据大法院规则规定的人,与其意愿无关,只能用电子文件提交诉讼文件,并义务性地接受电子送达(第11条第1款第3项,《规则》第9条)。因为国家、地方自治团体、

---

❶ 金炯斗:《新法曹培养体制下美国式探索的引进方案》,《法学评论》第9卷,首尔大学法学专门研究院(2019),第101—102页。

❷ 该民事诉讼法修订案的具体内容和解说参照金正宣:《有效收集证据的制度改善方案的研究》,司法政策研究院(2015),第144—196页。

❸ 在第21届国会上,由赵应天议员等提议,在第19届国会上废除的具有相同内容的民事诉讼法部分修改法律案目前还在搁置中。

❹ 有关美国e-discovery最近动向的详细内容参见宋美京:《关于美国民事诉讼中电子信息开始制度运用的最近动向的研究——2015年修订的联邦民事诉讼规则及联邦地方法院的实务为中心》,《外国司法研修论集》37卷,法院图书馆(2018),第489页以下;崔润贞:《关于美国电子证据提交制度(E-discovery)的研究》,《外国司法研修论集》38卷,法院图书馆(2019),第957页以下。

以及其他符合要件的人具备执行电子诉讼的充分能力和条件，即使强制使用电子诉讼，侵犯宪法上的审判请求权和平等权的可能性也很小。

属于这一类的人有国家、地方自治团体、与行政案件专利案件相关的行政厅、与家事案件非讼（包括罚款）案件相关的检察官、与家事案件相关的地方自治团体负责人、破产重组案件的程序关系人、根据《公共机关运营相关法律》指定的公共机关及根据《地方公营企业法》设立的地方公社中，由法院行政处长指定并在电子诉讼网站上公告的机构等（《规则》第25条第1款各项）。他们必须进行用户登记，以便提前收到电子送达或通知，如果没有进行用户登记，审判长等相关人员可以命令他们在起诉时进行用户登记（《规则》第25条第2款、第3款）。

（二）国外现状

在美国，2018年修改 FRCP § 5（d）(3) 时，对于"律师代理"的当事人，除了法庭以正当理由允许或者法院规则允许、要求其提交纸质文件之外，将以电子形式提交文件做了义务化规定。其宗旨是，以代理律师为例，在联邦法院的所有审级中强制落实电子文件，从而最大限度地体现电子诉讼的优点。❶但是，本人诉讼的情况与此不同，仅限于根据裁判部的命令或法院规则允许电子提交，或者在裁判部命令或法院规则规定了义务性电子提交的合理例外的情况下，本人才需要进行电子文件的处理。

在新加坡，不仅是律师代理的情况，本人诉讼的情况也义务性地进行电子文件处理［Rules of Court, Order 63A § 8（1）］。

在德国，ZPO § 130d 规定，包括律师和官公署或执行公共业务的团体在内的公共法人必须电子提交诉讼文件，但该条款根据2013年10月10日为促进与法院的电子法律交流的法律（Gesetzzur Förderung deselektronischen Rechtsverkehrs mit den Gerichten）§ 26（7）从2022年1月1日开始实施。

日本法务省2021年2月公布的《关于修改民事诉讼法的中间试行方案》中，关于电子文件，作为第一方案，所有当事人有义务提交电子文件，但在没有诉讼代理人的情况下，仅限于无法使用电子诉讼的不得已情况，允许其他方式提交。

---

❶ https://www.law.cornell.edu/rules/frcp/rule_5（2021年8月13日最终确认）。

作为第二方案，提出了只有有诉讼代理人的情况下，才有义务提交电子文件。❶

（三）制度性改善方案

一方面，如果对不具备处理电脑等 ICT 机器的能力或条件的当事人赋予提交电子文件的义务，这有可能侵害宪法上的审判请求权或平等权。但是另一方面，在诉讼文件的接收和送达、记录的编写及保管等方面，电子诉讼和纸质诉讼持续并存，会阻碍业务效率，导致司法费用的增加。❷ 因此，应尽可能扩大电子诉讼使用者的义务范围，从而将这种不合理最小化。

目前，根据《民事电子文书法》第 11 条第 1 款第 3 项，将国家、地方自治团体及其他符合要件的人定为电子诉讼义务使用人，并在《规则》第 25 条第 1 款中确定其范围，今后有必要通过修改法令，扩大电子诉讼义务使用者的范围。

那么，首先应该考虑对律师［包括法务法人、法务法人（有限）、法务组合等］义务化使用电子诉讼的方案。正如之前所看到的，美国、新加坡、德国、日本都在准备对律师义务化或义务化电子档案的立法。律师是公认具备法律事务处理所需的专业知识的人，因此可以认为具备了根据法令执行电子诉讼的知识和能力，并且为了执行律师业务，能够熟练适用电脑等 ICT 机器，因此即使强制使用电子诉讼，也不会侵害宪法上的审判请求权或平等权。

另外，从同样的角度来看，成为诉讼当事人的情况相对较多，而且可以认为充分具备了使用电子诉讼的人力、物质基础的金融机构（《诉讼促进等相关特例法》第 20 条之 2 第 1 款各项）或上市公司（《商法》第 542 条之 2 第 1 款）也可以指定为电子诉讼义务使用者。

《民事电子文书法》第 11 条第 1 款第 3 项规定，电子诉讼义务使用者为"国家、地方自治团体、其他符合要件的人，以及由大法院规则规定的人"，但是将律师、金融机构、上市公司视为相当于国家或地方自治团体的人多少有些困难，因此将该条款修改为"国家、地方自治团体、其他由大法院规则规定的人"，并在《规则》第 25 条第 1 款各项中追加他们的方案比较合适。

---

❶ 『民事訴訟法（IT 化関係）等の改正に関する中間試案』，法務省（2021 年 2 月 19 日），第 1 页。
❷ 吴旻锡，前文，第 40 页。

四、以电子诉讼为基础的快速救济程序（fast-track）引入

韩国电子诉讼只是将基于纸质诉讼的民事诉讼制度几乎原封不动地移植到了电子诉讼系统环境中，还没有达到基于数字信息的电子诉讼的优点最大化、也没有建立快速救济程序（fast-track）。

但是在目前的电子诉讼系统中，不仅法官和法院职员、当事人和诉讼代理人、鉴定人、专门审理委员等与审判相关的所有人可以同时共享电子记录，而且通过网络连接，超越空间限制，具备了在任何地方都可以连接审判的物质基础。

但日本在 2021 年 2 月发表的《关于修改民事诉讼法的中间试行方案》中，考虑到这种电子诉讼的特性，正在讨论新设一种相当于 fast-track 的条款，因此备受关注。下面将分析上述中间试行方案的相应规定，并研究引入我国实务的可能性。

（一）日本"修订民事诉讼法等相关中间议题"

日本法务省最近公布的《关于修改民事诉讼法的中间试行方案》中，以民事审判程序的 IT 化为契机，为了在公正、适当的程序中更快地进行审判，作为诉讼程序的特例，提出了"新的诉讼程序"的立法，其内容如下。❶

1. 原告在向地方裁判申报通知地址后可以要求根据新的诉讼程序进行审理和审判。

2. 提出通过新的诉讼程序进行审理和审判请求，要在第一次口头辩论（在第 1 次口头辩论日之前做出提交辩论准备程序的决定时，为第 1 次辩论准备程序日。以下在本项中也相同。）结束之前进行。

3. 在新的诉讼程序中，除特殊情况外，应在第一次口头辩论之日起 6 个月内结束审理。

4. 证据调查仅限于可以立即调查的证据。

5. （1）直至第一次口头辩论结束为止，被告可以按照通常的诉讼准则进行陈述。

（2）诉讼在有（1）的陈述时，按照通常的程序进行。

6. （1）在下列情况下，裁判所应根据一般程序进行审理和审判诉讼。对这些决定不能提出异议。

---

❶ 『民事訴訟法（IT 化関係）等の改正に関する中間試案』，法務省（2021 年 2 月 19 日），第 8—9 页。

①在未进行公告送达前,无法对被告在首次口头辩论期日进行传唤。

②被告在第一次口头辩论结束后的10天内不申报通讯地址。

③当认为不能根据新的诉讼程序进行审理和审判。

(2)诉讼根据一般程序进行,新的诉讼程序已指定的日期视为一般程序日期。

7.(1)对于新的诉讼程序的最终判决不得上诉。

(2)对于新的诉讼程序的最终判决,可以从收到判决书之日起两周内,向作出该判决的裁判所提出异议。但不妨碍在此期间之前提出的异议的效力。

(3)适用民事诉讼法第358—360条的规定对(2)的异议规定。

(4)在有合法异议时,诉讼将恢复到口头辩论结束前的状态。在这种情况下,按照一般程序进行审理和审判。

根据该方案,提出电子诉讼的原告在第一次辩论结束前申请快速救济程序,并且在第一次辩论结束前不提出异议的,其诉讼审理应当自第一次辩论结束之日起6个月内完成,证据范围仅限于可以立即调查的证据,且除被告提出异议外,不得上诉,并以一审判决结案。

在过去日本有学者主张,应将一些简易程序引入民事本案诉讼中,以迅速而有效地解决纷争,例如为了确定临时地位的做处分等简单而迅速的程序,其也被称作非正式辩论的双方辩论的审问程序,在此程序中并非双方论证而是根据可以立即调查的资料进行辩论、并非形式上的完整判决,而是以争论焦点为主进行判决的简易程序。❶现行日本《民事诉讼法》第5篇票据及支票诉讼和第6篇小额诉讼中,也已经将证据方法的限制、禁止上诉等规定立法化,这可能是为了将此扩大到新实行的电子诉讼。

在上述方案中,特别将审理期限限制在第一次辩论日起6个月以内,其原因是电子诉讼有助于尽早解决纠纷。❷在电子诉讼中,不仅书面送达在短期内完成,而且可以立即调查的证据也比一般民事诉讼更加多样化。即,在电子诉讼系统下,法官不需要到现场直接验证,通过在验证场所放置无人机的方法,可以法庭直播

---

❶ 参照濑木比吕志,假の地位を定める假處分(滿足的假處分)の特別訴訟化再論:その根據,關聯の立法論及び保全の審理對象論との関わり,判例タイムズ54卷1號(2003年1月),第4—24页。

❷ 另外,日本对民事诉讼处理延迟导致的权利救济弱化提出了强烈的社会批评,并于2003年制定了《关于审判迅速化的法律》(裁判の迅速化に関する法律)。最高裁判所根据上述法律第8条,每2年公布一次快速化验证结果,这也是日本强调迅速进行民事审判的原因之一。

现场情况,通过影像审判可以立即审问并不在裁判现场的证人,线上听取专门审理委员会对争论焦点的说明等,❶ 营造出可以迅速、简便地进行辩论和证据调查的环境。

(二)制度性改善方案

在电子诉讼中,如果原告希望迅速履行救济程序,被告在第一次辩论结束前未提出异议,则审理期限限定为 6 个月,证据方法限定为可以立即调查的证据,禁止上诉,上述规定对于没有类似立法例的我们来说,可能非常陌生。

但是,从不同的观点来看,远程视频审判,当事人可以实现,并和裁判部可以在方便的时间轻易进行辩论,现场验证或证人审问也可以同样线上进行,通过电子记录化和电子送达可以缩短审判记录的审核和送达所需的时间,在这种情况下,将审理时间限制在 6 个月以内,实行一审结案,并赋予当事人迅速的权利救济的 fast-track 的设计方案在我国也不是完全不可能的事情。

另外,考虑到对一裁终局的仲裁程序的需求,特别是在国际交易、企业、建设纷争等方面的需求,可以充分考虑将当事人放弃上诉权事先达成协议,向法院寻求单审审判制度化的方案。但是,可以选定当事人想要的仲裁员,非公开审理也是仲裁程序的优点,但在法院的判决程序中,不能像仲裁一样,由当事人指定负责法官或禁止公开审判。❷ 那么,可以考虑其他方式,例如像上述中间试行方案一样,将审理期限限定为 6 个月,谋求程序的迅速,并将案件分配在相关领域具有专业性的资深法官等方法。

以 2019 年 12 月 31 日为基准,我国法院的一审民事合议庭审判的案件平均处理时间比 10 年前增加了 2 个月以上(7.6 个月→9.9 个月),长期未结案件比率也

---

❶ 根据日本《关于修改民事诉讼法的中间试行方案》,证人审问、验证、法庭外的证据调查等可以通过影像或语音发送接收的方法进行,听取专门委员的意见也可以通过语音发送接收的方法进行。详见「民事訴訟法(IT 化関係)等の改正に関する中間試案」,法務省(2021 年 2 月 19 日),第 16—20 页。

❷ 在英国和苏格兰,主要在商事纷争中,现任法官作为仲裁人活动是允许的。相反,在美国,特拉华州衡平法法院曾允许法官作为仲裁人活动,这侵犯了根据美国修订宪法第 1 条保障的审判公开原则。与此相关的 Delaware Coalition for Open Government v. Strine[733 F.3d 510(3d Cir), 2013] 案中,衡平法法院法官的仲裁实际上属于诉讼,其不公开审理认定为违反了宪法的规定,因此在美国不再允许现任法官进行仲裁。相关详细内容见李在锡:《英国和美国法官的仲裁及其引进可能性的研究》,司法政策研究院(2015)。

增加了 2 倍以上（2.1%→4.4%），未结案分布指数呈恶化趋势。❶ 在审判延迟给当事人带来不便的情况下，最大限度地利用电子诉讼的优点设计 fast-track 是保障国民诉讼请求得到迅速处理的权利的好办法。另外，数十年来在法院工作、在专业领域积累了深厚造诣的资深法官，比起专门处理小额案件，更应该考虑一下以单一审判制来负责国际交易、商事或建设等专业领域案件的方案。对于当事人不愿意公开的案件，可以通过非公开辩论，给予充分的相互攻防和提交书面证据的机会，辩论日期可以规定为证人讯问等集中证据调查之日并一次结案。法院虽然是针对私人的纷争作出最终权威判断的宪法机关，但同时从以市民为中心的观点出发，也承担了为请求提供司法服务的责任。

五、促进远程视频审判的使用

"远程视频审判"可以定义为"远程诉讼相关人士即使不出席特定的物理空间，也可以利用语音和影像的实时双向传送技术传达一定意义的陈述内容，这种过程视为诉讼相关人士出席法庭并进行审判程序"。❷ 这摆脱了只能在法院内设置的物理空间"法庭"进行审判的传统诉讼观念，通过信息通信技术实现的远程诉讼关系人的出席和辩论的电子诉讼，可以认为是电子法庭（e-courtroom）的发展阶段。

（一）国内现状

1.《远程视频审判特例法》制定和实施

韩国在 1995 年 12 月 6 日公布的法律第 5004 号《远程视频审判相关特例法》中首次引进远程影像审判，其在时间上早于电子诉讼的实施。该法是为了让交通不便的岛屿、偏远山区的居民即使不直接出席法庭也能接受审判，以扩充司法服务为目的而制定的，其适用范围是"民事小额案件等市郡法院管辖案件"（第 3 条），允许远程影像审判的理由是"当事人或证人等审判关系人因交通不便等原因难以直接出席法庭的情况"（第 2 条）。在这种情况下，审判相关人士即使在不出席市郡法院法庭的情况下，也能利用远程法庭，通过影像和语音收发装置，在

---

❶《一审民事合议庭长期未结案件急剧增加》，法律报纸（2020 年 10 月 29 日文）。
❷ 桂仁国:《关于远程影像审判的研究——以外国远程影像审判利用现状为中心》，司法政策研究院（2016），第 181 页。

原本出席开庭的市郡法院法庭的法官的主持下,与对方当事人进行辩论。根据该法律,1996 年 2 月春川地方法院洪川郡法院和麟蹄杨口郡法院、大邱地方法院庆州分院和大邱地方法院郁陵登记所之间构建了影像会议系统,对民事小额事件等进行了远程影像审判,但由于高额设施运营费、设备老化等问题,2001 年 4 月系统运营中断,一直延续至今。该法律的实施在当时是非常具有革新性的尝试,但由于技术局限性和社会接受性不足,未能得到落实,事实上已成为一纸空文。❶

2.《民事诉讼法》第 327 条之 2 "通过录像等转播装置审问证人"

2016 年 3 月 29 日,根据第 14103 号法律修改《民事诉讼法》,为了谋求对证人、鉴定人、鉴定证人的证据调查程序的便利性和效率性,并照顾证人等,引进了利用信息通信技术的远程视频审问程序。这是大法院下属的"事实审充实化司法制度改善委员会"在 2015 年 3 月左右提出"在民事审判中,应该制定通过录像等转播装置审问证人、鉴定人的根据法令"的建议,因此推进了影像审判的引进,并将其立法。《民事诉讼法》第 327 条之 2 第 1 款规定,证人居住在偏远地区或交通不便的地方或因其他原因难以直接出庭时(第 1 项),因证人的年龄、身心状态等原因在法庭上与当事人面对面陈述时因具有心理负担而无法保持冷静时(第 2 项),法院可以听取当事人的意见,通过录像等转播装置的媒介设施进行审问。另外,《民事诉讼规则》第 95 条之 2 第 2 款规定,录像等转播装置应设在法院内,必要时也可以设置在法院以外的适当地方。法院应可以不经过当事人同意来听取当事人的意见,并根据合理裁量,来判断是否实施远程询问证人。

审问鉴定人时,根据《民事诉讼法》第 339 条之 3 第 1 款,鉴定证人审问时,根据同法第 340 条之但书,鉴定人或鉴定证人有难以直接出席法庭的特别情况或居住在外国时,可以进行远程审问。但是,在鉴定人审问或鉴定证人审问中,不仅可以通过"录像等转播装置的媒介设施",还可以通过"网络视频装置"进行审问,"网络视频装置"不需要法院的管理监督,从这一点来看,与"录像等转播装置的媒介设施"有所不同。即,证人审问需要判断其真实性,因此只能在法院管理监督的远程法院的法庭、法院设置的法院外影像证言室进行影像证言,其他

---

❶ 金度勋:《关于审判上影像会议系统使用的小考》,《法学论丛》第 36 辑,全南大学(2016),第 117 页。

场所则不允许影像证言。❶ 但是，如果证人因疾病等原因难以出庭，或者根据与外国的司法互助条约，以影像传送方式进行证据调查，则可以例外地利用便携式视频转播装置等进行远程影像证言。但是，对于鉴定人审问或鉴定证人审问，在不受法院管理、监督的空间里，利用自己的网络摄像机等网络视频装置也可以远程审问。❷

3.《民事诉讼规则》第70条第6款"通过网络视频装置进行辩论前准备"

2019年12月，疫情在世界范围内暴发，韩国法院从2020年3月左右开始采取了限制出入办公楼、法庭休庭、在家办公等防疫措施。同时，采取远程影像审判的方式，以保障国民接受审判的权利。大法院在2020年6月1日以第2900号规则新设了《民事诉讼规则》第70条第6款，并于同一天实施。

根据该条款，审判长等在当事人有难以直接出庭的特殊情况时，经所有当事人的同意，可以利用网络视频装置进行辩论准备。辩论准备日期与辩论日期不同，没有必要在法庭上举行，因此法官可以根据自己的选择，在审问室、调解室、法官室等地进行辩论前准备。

因此，2020年一年间，全国法院共有55件辩论前准备通过网络视频装置以视频通话的方式进行。❸

另外，法院行政处在修改上述《民事诉讼规则》后的2021年4月29日，在全国法院的所有裁判部开设了专用影像法庭，为法官通过Zoom、Meet等的视频会议软件（Video Connect）与居家或在办公室等的当事人及诉讼代理人以视频会议方式举行辩论准备奠定了物质基础。

4. 新设《民事诉讼法》第287条之2"录像等转播装置等的期限"条款

在因疫情而需要持续保持社交距离的情况下，通过议员立法，在辩论期间也提出了允许远程影像审判的民事诉讼法修订案，并于2021年7月23日通过了国会全体会议，同年8月17日公布，同年11月18日即将实施。

根据上述《民事诉讼法》修订并新设的第287条之2，审判长等认为合理时，

---

❶ 但是，根据2021年7月23日国会全体会议通过的民事诉讼法修正案第327条之2，证人审问中不仅可以使用"录像等转播装置"，还允许使用"网络视频装置"。

❷ 权纯亨：《新型冠状病毒事件后国内外影像审判相关研究——以民事诉讼规则第70条第6款的影像审判为中心》，2021年司法信息化（IT和法官）法官研修资料，第7页。

❸ 权纯亨，前文，第58页。

可以接受当事人的申请或经过同意,通过录像等转播装置或利用网络视频装置举行辩论前准备或审问(第1款),当事人因交通不便或其他原因难以直接出席法庭时,可以接受其申请或经过同意,通过录像等转播装置或利用网络视频装置进行辩论。在这种情况下,法院应采取必要措施进行公开审理(第2款)。根据上述各条款,对于开始的日期,准用《民事诉讼法》第327条之2第2款和第3款(第3款),因此可以视为当事人在该日期出席法庭并进行了辩论或审问,该日期所适用的程序和模式以及其他必要事项遵循大法院规则规定。

根据上述修订法,辩论准备日期和审讯日期一般不公开进行,只要"庭长认为合理",经当事人申请或同意即可进行远程视频审判,但法庭辩论原则上应在公开法庭上进行,因此,应进一步严格要求,在"因交通不便或其他原因认为当事人难以直接出庭时"经当事人申请或同意后进行远程视频审判。从双方都得到"当事人的申请或同意"这一点来看,不仅设置了严格的条件,还允许使用"录像等转播装置",而且允许使用"网络视频装置",其宗旨是不仅在法庭上,还允许在家或办公室接受审判,因此可以是评价为扩大了适用范围。

另外,庭审原则上要公开审判,因此,对于远程影像审判,法院也有义务采取必要措施,以维持法庭辩论的公开原则(第287条之2第2款后文)。

(二)国外现状

下面以英美法系的美国和大陆法系的德国为主,讨论远程影像审判的法律规制和现状。

1. 美国

在美国民事审判程序中,FRCP§43(a)为远程影像审判的相关法律依据。该条款规定:"除非联邦法令、联邦证据规则、民事诉讼规则、最高法院采纳的其他规则另有规定,否则证人的证词应在公开的法庭上进行。在紧急情况下,有正当理由、适当保护手段时,法院可以采取异地实时传输的方式,允许在公开的庭审中作证",虽以公开出庭作证为原则,但也例外地允许了远程作证。如果具备上述规定的"迫切的"(compelling circumstances)、"正当理由"(good cause)、"适当的保护手段"(with appropriate safeguards)条件,当事人可以同意出席远程影像审判或从法院收到强制证人出席远程影像审判法庭的传票(subpoena),进行远程影像审判程序。各州法院也都制定了类似FRCP§43(a)的规定,来允许远程作证。

由于疫情，在美国也不能实施法官和当事人出席法庭的一般审判，因此，除了陪审审判外，对于法官的审判，根据上述条款，影像审判被广泛利用。但是，只有联邦大法院通过电话会议（telephone conference）的方式进行口头辩论，联邦上诉法院、纽约州法院、加利福尼亚州法院、得克萨斯州法院、佛罗里达州法院等则使用了远程影像审判方式。❶

另外，根据美国宪法修正案第1条认定的宪法上公开审判原则，一般会通过相关法院的网站或YouTube网站等实时流媒体向国民公开影像审判过程。特别是在得克萨斯州，会向一审法院及法官提供官方YouTube账号，在得克萨斯州法院流媒体服务网站（http://streams.txcourts.gov/）上，以法官名字字母顺序发布YouTube账号的方式，方便普通人通过实时流媒体去观看自己想要的法官的审判或观看已经登记的审判。

2. 德国

随着2001年7月27日ZPO修订后新设了§128a，根据该规定，在当事人的同意下例外地允许了远程影像审判，但此后2013年ZPO修订后删除了"当事人同意"条件，允许以"当事人的申请或法院的职权"实施远程影像审判。❷

德国法院在疫情下，以上述条款为依据，实施影像审判，除了证人审问外，通过当事人一方的申请或依职权在法庭辩论时也允许影像审判。

但是，德国《法院组织法》（Gerichtverfassungsgesetz）§169规定原则上禁止将公开审判内容进行录音或者录像录制，ZPO§128a（3）也禁止录制影像审判，因此与美国不同，影像审判时法官必须出席法庭，连接视频会议程序等进行审判，普通人也要亲自出席法庭才能旁听影像审判。在德国，通过这种方式遵守审判公开的原则。❸

---

❶ 疫情以来，关于美国法院远程影像审判的详细现状，请参考权纯亨，前文，第11—23页。

❷ ZPO§128a：
一、法院可以通过申请或依职权允许当事人、代理人、辅助人在口述审理中异地参与审理。审理将通过视频和音频在相关场所和法庭同时转播。
二、法院可以根据申请，允许证人、鉴定人、当事人在审理期间在异地场所。审理过程将在相关场所和法庭通过视频和音频同时转播。根据第1款规定，当事人、代理人及辅助人被允许在其他场所时，审理过程也将转播到该场所。
三、转播不得录像或录音。对于该法条第1款第1项及第2款第1项的决定，不得争辩。

❸ 权纯亨，前文，第29页。

（三）制度性改善方案

1. 引进虚拟审判

如前文所述《远程视频审判相关特例法》或《民事诉讼法》第 327 条之 2 的通过录像等转播装置审问证人等规定是以裁判部的法官必须出席法庭，因交通不便等原因难以直接出席法庭的当事人或证人出席远程所在地法院的法庭，且通过法院内设置的"录像等转播装置"进行辩论或证言为条件，来进行远程影像审判。

但是由于疫情线上审判不可避免，因此迅速新设了允许在辩论准备日期进行非面对面远程影像审判的《民事诉讼规则》第 70 条第 6 款，之后在 2021 年 8 月修改了允许在法庭辩论环节也可以进行远程影像审判的民事诉讼法的条文（第 287 条之 2）。疫情之后，上述修订法令与以前的远程影像审判相关法令不同，不存在以法官等审判相关人士出席法庭为前提的限制。换句话说，可以评价为，由于疫情引起的《民事诉讼法》和《规则》的修改，从以法官出席法庭和当事人或证人出席远程法庭为前提的"远程审判"（remote trial）时代转变为法官和当事人、证人等审判相关人士都不需要出席到法庭的情况下，以出席网上存在的虚拟法庭（virtual courtroom），就可以进行辩论或证言的"虚拟审判"（virtual trial）时代。现在，不仅是当事人、诉讼代理人、证人，主持审判的法官也可以在法院内的法庭以外的法官室、智能工作中心等可以在网上传送影像及语音的地方，随时随地连接在线虚拟法庭进行审判的时代已经到来。❶

在过去的 10 年里，韩国电子诉讼达到了与世界任何国家相比都不逊色的高水平，唯独呈现弱势的部分是远程影像审判，❷ 但是在疫情这一灾难状况下，在不到两年的短时间内，引导出制度变化，使民事审判的全过程能够进行虚拟审判。❸

但有一点遗憾的是，与前面讲到的美国和德国的立法例中"无论当事人同意

---

❶ 权纯亨前文第 55 页之后的内容中指出虚拟审判带来的积极变化，包括解决法庭等空间不足问题、允许法官在家办公、消除外地人事变动带来的问题、消除需要到远程地管辖法院接受审判的当事人和诉讼代理人的时间、经济上的问题。

❷ 桂仁国，前文，第 152 页。

❸ 在疫情之前，集中讨论了有关远程影像审判的技术完整性要求和有效运营方式。但是远程影像审判并不是完全不同的新的审判程序，而是在审判程序中利用影像会议这一特定技术，应该将其掌握为正在进行的电子诉讼发展阶段的一环。因此，需要考虑如何在审判程序中合法有效使用的问题而不是考虑到已经在审判程序中使用的多种 ICT 技术的完整性以及远程影像审判是否存在技术上的问题。详见桂仁国，前文，第 14 页。

或申请与否，法院也可以依职权实施虚拟审判"规定不同的是，韩国《民事诉讼法》在法庭辩论环节严格地规定了"因交通不便或其他原因当事人难以直接出庭时"必须经过"当事人的申请或同意"才能实施的条件。此后，在法庭辩论的影像审判的过程中，实际出现的问题依旧是需要检讨和亟待补充的课题。

2. 与"审判公开原则"的关系

根据修订的《民事诉讼法》第287条之2第2款规定，在辩论期间也允许远程影像审判，同时赋予法院为公开审理采取必要措施的义务。辩论期间与辩论准备或审问不同，原则上应公开审判，公开审理主义相当于根据《宪法》第109条赋予司法部的宪法责任，因此即使法庭辩论在网络上的虚拟法庭上进行，法院也应采取适当措施，使普通国民能够掌握审判情况。

但实际上，以何种方式在何种范围内公开影像审判是个难题。如果法官是出席到法庭进行审判的"远程审判"，那么即使当事人或证人处于异地并出席视频审判，普通国民直接出庭旁听审判也没有什么问题，用同样的方法也可以遵守公开审判的原则（如前所见德国的例子）。

但是与此不同，如果法官也没有出席法庭，只是在网络上的虚拟法庭进行辩论，该如何公开审理。对此，如得克萨斯州法院等美国法院一样，优先考虑通过YouTube频道或电子诉讼网站以流媒体方式实时转播审判的音像。这种在线公开方式可以理解为在线进行的虚拟审判公开的原型。但是，这种方式实际上相当于"审判的直播"，虽然"审判的直播"在审判公开的原则和国民的知情权方面具有很大的积极因素，但是也有反对意见认为，侵害审判关系人的个人信息及隐私的可能性很大，而且有可能流入舆论审判，妨碍审判的独立，因此有必要慎重对待。❶❷

另外，从规范性方面来看，法院组织法第59条规定，仅凭审判长的许可就可以进行法庭拍摄转播，相反，大法院的《法庭旁听及拍摄等相关规则》中，即

---

❶ 最具代表性的是金泰亨：《以审判直播的可能性、局限及体现方案的比较法考察为中心》，首尔大学博士学位论文（2017），第263页。有关审判直播的详细内容请参考廉皓畯：《审判转播相关研究》，司法政策研究院（2017）。

❷ 在权纯亨前文的第40—41页中指出，如果以流媒体方式实时转播影像审判，有可能与个人信息保护或审判转播相关的现有原则发生冲突，因此为了解决这一问题，提出了仅限于一定数量的旁听者允许实时播放的方式或在法院内设置影像审判视听室，希望旁听的人访问影像审判视听室观看影像审判的方式。

使审判长许可，也仅限于"公审或辩论开始前或判决宣判时"，限制了转播时间（第5条第1款第1项）。因此，首先应该修改《法庭旁听及拍摄等相关规则》的相关条款。

3. 其他议题

如果实施远程影像审判，也会出现在现实法庭中很难发生的问题。例如，在审判进行过程中，试图入侵程序或引发通信障碍的行为、并非当事人或证人本人，其他人欺瞒审判部参与影像审判的行为、未经审判长许可，擅自录制、录音、编辑影像审判内容的行为等。在影像审判开始前通过电子诉讼画面警告或禁止，如有违反，事后将处以罚款、监禁等其他刑事制裁手段的方案也是需要研究的课题。

六、在线纠纷解决（ODR）制度的引入

（一）"在线纠纷解决"的意义与特点

在线纠纷解决（Online Dispute Resolution，以下简称"ODR"）是指利用数字通信手段等ICT技术，在网上解决纠纷的程序的总称。❶ 关于ODR的概念范围多少有些争议，在概念出现的初期，ODR出于在网上处理ADR而出现的概念，因此很多人认为"除了法院固有的纠纷解决审判程序之外"，应该局限于法院以外的纠纷解决程序，使用ODR一词。但是，随着从电子商务领域开始的ODR逐渐扩展到公共领域，多个国家的法院或法务部引进了在线纠纷解决程序。因此，认为只要是"在线"处理的"纠纷解决"程序，就包含在ODR概念中的意见逐渐增加，目前主流观点是，将法院等公共领域主管的情况包括在内。❷

ODR的特点是，第一，纠纷当事人之间通过网络进行非大面积沟通，因此希望像电子商务一样维持交易过程的益面性和非大面性的用户偏好度较高；第二，与线下纠纷解决程序相比，费用低廉，因指定日期等导致程序延迟的忧虑较少；第三，文件提交及送达的迅速进行，克服物理距离，简化业务流程等程序提高了

---

❶ 全元烈：《法院网络审判（ODR）的设计》，《法律》70卷1号（通卷745号），法律协会（2021），第75页。

❷ 全元烈，前文，第79—80页。

效率;第四,减少了法院审判等正式纠纷解决程序中感受到的紧张感或压力。❶

(二)国外现状

1. 电子商务与ODR

最初的ODR是在2000年左右从美国电子商务企业eBay的"纠纷解决中心"(Resolution Center)开始发展的。电子商务具有小额纠纷多、需要迅速解决、纠纷类型单一的特点。目前,eBay的"纠纷解决中心"每年处理6000万件以上的电子商务相关案件,其中90%通过自动化程序由ODR处理,无需法院等公共机关的介入,以私人履行结束。eBay纠纷解决中心分阶段进行"问题的诊断、自动化的协商调整或仲裁",会优先处理选择ODR的当事人之间的协商和调整,下一个阶段的仲裁是综合可用的信息后下达。eBay的纠纷解决中心的一大特点是具备了自我学习系统该程序会为每个个别事件提供个性化的定制服务。其原因如下,第一,得益于eBay拥有的大规模数据库,通过大数据分析,可以设计出符合个别纠纷类型的ODR系统;第二,所有交易都在eBay本身的平台上进行,因此与当事人知道的信息无关,可以掌握与该纠纷相关的正确事实。❷

2. 公共ODR的扩大和法院ODR

从电子商交易等私领域开始的ODR,因其沟通的高效率、低廉的费用等优点,随着信息通信技术的广泛应用,扩展到公共部门的纠纷解决。特别是在美国、加拿大等地,ODR作为税务异议、交通违规金异议、小额请求、租赁纠纷等的解决方法,其范围逐渐扩大到离婚等家事事件或情节较轻的刑事事件。❸

因此,在美国、英国、中国等地,法院也针对特定案件类型引进了ODR。但是,目前各国实施的法院ODR只是通过聊天机器人、在线调整、在线上的决定等,起到第一次处理案件的作用,而不是剥夺当事人接受法官审判的机会。❹

---

❶ 桂仁国:《关于在线纠纷解决(ODR)的研究》,司法政策研究院(2018),第45—50页。
❷ 关于eBay纠纷解决中心的详细内容请参考全元烈,前文,第81—83页;桂仁国,前文注49,第95—97页。
❸ 关于公共部门ODR的发展,请参考全元烈,前文,第88—90页;桂仁国,前文注49,第99—101页。
❹ 全元烈,前文,第91页。该论文主张,法院ODR的3个要素是:(1)从提出诉乃至申请到程序的结束为止,只能在网上进行程序;(2)不是帮助法官或法院职员决定过程的系统,而是帮助当事人自行解决纷争的系统;(3)法院管理运营相关程序。

3. 外国法院的 ODR

①英国 Briggs 报告书

英国大法官 Michael Briggs 在 2013 年负责民事审判制度现代化研究相关业务，并于 2016 年 7 月发行了最终报告书，这被称为"Briggs 报告书"（Briggs Report）。❶ 该报告书对英国的民事审判制度进行了全面分析，并提出了几个改善方案，其中第 6 章 The Online Court 讲述了为提高司法接近权而设立在线法院的问题。

上述报告书主张，通过对网络法院之前提出的批评性意见进行再反驳的形式，强调设立网络法院的必要性，特别是要设立处理 25000 英镑❷以下小额诉讼的网络法院并且不得允许与纸质诉讼并行。上述报告提出网络法院的 3 个阶段程序，第一阶段为"案件自动分类"阶段，与当事人进行的系统问答乃至当事人按照格式填写的网络文件对请求进行分类，并在系统中登记案件；第二阶段为"调解"阶段，在法院工作人员主持下，引导当事人之间进行调解；第三阶段为"决定"阶段，将经过第二阶段仍无结论的案件移交给法官，在法庭、线上或电话会议中选择适当的方法，接受法官判决。这 3 个阶段的程序表明，上述报告提交的在线法院正在积极接受 ODR 的概念。

英国大法院正式采纳上述报告书，并以 2021 年 11 月 30 日为期限，试行两处在线法院。❸

②美国犹他州法院的 ODR 试行

美国犹他州司法委员会（Judicial Council）于 2016 年 6 月成立了由法官、律师等组成的网络纠纷解决委员会（ODR Steering Committee），讨论是否成立 ODR 试点后，于 2018 年 9 月开始指定 1 处郡法院为试点单位，并于 2019 年 8 月追加指定了 1 处郡法院试点。从具体方式来看，原告向试点法院提起小额诉讼后就会进入 ODR 程序，由作为志愿者的案件管理人（facilitator）向当事人提出程序和意见交流方式的建议，并指定时间。案件管理者可以向当事人寻求证据或案件解决方案的意见，也可以为了解决纠纷而不向对方传达，而与当事人一方交换意见。当事人也可以利用实时信息服务程序相互交换意见，也可以利用在线门户网

---

❶ https://www.judiciary.uk/wp-content/uploads/2016/07/civil-courts-structure-review-final-report-jul-16-final-1.pdf（2021 年 8 月 10 日最终确认）。

❷ 以 2021 年 8 月 10 日为基准，相当于约 4000 万韩元。

❸ Briggs 报告和网上法院试点实施的详细内容参考全元烈，前文，第 96—101 页。

站（MyCase web portal）提交和交换相关文件。

通过这些程序，当事人之间达成协议的，应当向法院报告协议内容，如不成立，案件管理人应当将事实通知法院后，由法院指定审理日期。案件管理人在案件管理阶段汇总当事人的立场后传达给法院，由于案件管理阶段提交的文件不会自动编入法院的案件记录，当事人应当以通常的方式重新提交证据。在第一次试点中，法院审理在现实中的法庭进行，第二次试点在网络法庭上进行，第二次试点中，案件管理人员提交备案材料后，法官可以实时审核是否需要法庭审理，如果不需要，也可以根据通过网络门户提交的文件在线进行判断。如果指定了网上审判日期，当事人可以通过专门的诉讼审理空间——诉讼文件（On the Record）聊天空间交换意见，而不是在案件管理阶段用于交换意见的聊天空间，法官在审判后在聊天空间应向当事人说明审判情况。❶ 试点结果显示，该院受理的案件中，法庭辩论的案件数量减少至以前的44%，每起案件法院工作人员所需时间减少至45%，结案时间减少至58%。❷

③中国杭州互联网法院❸

中国浙江省杭州市是阿里巴巴、支付宝、淘宝等电子商务相关企业总部所在的城市，电子商务相关案件数从2013年的600件增加到2016年的1万件以上，呈现出爆发性的增加趋势，因此于2017年8月18日首次开设了互联网法院。

杭州互联网法院对杭州市基层人民法院认定管辖的第一审民事、行政案件包括：涉及网购、服务、小额金融贷款等合同的纠纷；涉及网络著作权的归属、侵权纠纷；涉及利用网络侵害他人人格权的纠纷；涉及网络购物中的产生的品质问题的责任纠纷；涉及网络域名纠纷；涉及网络行政管理产生的行政纠纷，与上级人民法院可以指定其他涉及网络的民事、行政案件归杭州互联网法院管辖。

杭州互联网法院仅通过非面对面的在线程序解决互联网相关纠纷，诉讼程序与普通法院基本相同，经过起诉、立案（受理）、送达、调解、举证、提出证据意见、法庭审理、宣判阶段。但是，由于是以非面对面方式进行，身份确认、申诉和答辩、举证和提出证据意见、法庭审理等各阶段的诉讼行为，只能以不同于

---

❶ 关于美国犹他州法院ODR示范实施的详细内容，请参考李贤钟：《人工智能时代的民事诉讼——以引进在线纠纷解决系统为中心》，《民事诉讼》（25卷1号），韩国民事诉讼法学会（2021），第26—30页。
❷ JTC, Case Studies in ODR for Courts , v.2.0, (2020. 1. 28.), p. 3（全元烈，前文，第95页再引用）。
❸ 本小节总结介绍了桂仁国，前文注49，第159—183页的内容。

传统诉讼程序的方式进行，对此，法院内部规定出台的《杭州互联网法院诉讼平台审理规定》❶规定了详细内容并予以实施。其中第 7 条以"网络诉讼前调解"的项目对 ODR 进行了规范，其内容是"诉讼平台将准备调解前的程序，对涉案案件，调解管理人安排调解员 1 人，当事人双方在诉讼平台的网上调解页面输入自己的调解意向，并由调解员实施调解"。收到调解案后由调解员整理后，上传至"调解信息"。调解期限通常为 15 天，经当事人双方同意，可以延长一定期限。调解期内当事人双方未达成协议的，该案进入立案审查阶段，由承办法官对该案进行审查确认。以杭州互联网法院为例，不仅以"诉前调解"的形式实施 ODR，而且调解不成立时也不在实际法庭上开庭辩论，而是通过远程视频裁判进行非面对面辩论后宣判，具有从诉讼程序开始到结案的所有阶段都在网上进行的特点。

（三）制度性改善方案

正如之前所看到的，英国、美国、中国等地虽然处于试行阶段，但法院正在实施 ODR，韩国虽然在网上通过审判解决纠纷的电子诉讼制度已经达到了落实阶段，但是对于利用网络进行审判以外的纠纷解决程序的 ODR，到目前为止还没有进行过特别的尝试。但是，通过网络解决纠纷的 ODR 具有低费用、高效率的优势，特别是在特定的小额纠纷中，是非常有必要引进该制度的。

以 2024 年完成为目标，在大法院正在推进的新一代电子诉讼系统中，以"开放的智能型法院"为目标，为独自诉讼的当事人提供支持的人工智能聊天机器人的功能、当事人可以通过个人 IT 机器连接虚拟法庭接受审判的功能等，预计今后将具备实施 ODR 的理想环境。❷

在我们法院实施 ODR 时，作为平台，即使使用现有的电子诉讼系统也没有什么问题，但是为了当事人之间、法院和当事人之间能够进行网上沟通，追加相应的聊天程序，就显得尤为重要。更重要的问题是，在何种类型的事件中，ODR 将被允许到何种程度。从海外例子来看，从电子商务等典型的小额纠纷开始，逐渐扩大案件类型是值得提倡的。小额诉讼更加强调迅速和经济理念，因此可以最大限度地发挥 ODR 的优点。最近，随着《民事诉讼法》的修改，在辩论期间，如果

---

❶ 关于审理规定的具体内容，见桂仁国，前文注 49，第 164—166 页。
❷ 桂仁国，前文注 49，第 194—196 页。

当事人同意,也可以不出席法庭,在远程进行在线影像审判,在小额案件中,可以更加灵活地解释当事人难以出席法庭的情况,通过ODR进行调解,如果和解不成立,也不一定要让当事人出席法庭,而是通过远程影像审判进行迅速判决,这是符合当事人意愿或纷争的有效解决的方式。(也可以考虑在小额诉讼审判法中设立放宽当事人不出席相关条件的虚拟审判特例规定的方案。)另外,为了灵活使用法院ODR,可以像美国犹他州法院一样,在事前没有反对意思表示的情况下,以在小额诉讼中必须经过ODR的方式来处理(即opt-out)作为基本型。(这样一来,实际上就相当于在小额电子诉讼中采取调整前置主义。)同时,如果今后可以通过人工智能提前预测事件结果,在ODR过程中事先提供给当事人,促进早期和解或调解的方案也可以考虑在内。但是,在法院ODR中,与eBay的纠纷解决中心不同,依赖当事人之间的协商或调整自动化的程序很难立即成为现实。因此,在法院内利用大数据等技术使这样的程序常用化之前,也可以由法院的常任调解委员或常驻调解委员、裁判部参与官等作为当事人之间协商的媒介来履行其职责。

七、人工智能常用化的应对

(一)电子诉讼系统中引入人工智能的可行性

最近,以机器学习等算法的发展以及支撑这些算法的电脑运算装置的性能提高、大量数据积累为基础的人工智能领域正在迅速发展,以人工智能为基础的法律科技产业的出现,有人担心未来人工智能法官会不会代替人类法官。❶

实际上,有报道称,2019年爱沙尼亚法务部着手开发对7000欧元以下的小额案件作出判决的"机器人法官"项目。据此,该项目的对象是合同纠纷案件,如果双方当事人将各种文件上传到电子诉讼系统,人工智能就会作出判决,如果对

---

❶ 英国牛津大学2013年发表的《雇佣的未来》报告书中,用0到1之间的数字表示人力被人工智能代替的可能性(越接近1就越有可能被代替),其中法官和律师分别被评价为0.40和0.35。相反地,韩国雇佣情报院在2017年发行的《第四次产业革命未来工作岗位展望》报告书中,以职务类型和熟练度为标准评价了技术代替的可能性,其中认为律师、法官、检察官等法律专家评价属于高熟练非典型业务,所以技术代替的可能性较低。参见金东奎等4人:《第四次产业革命未来工作岗位展望》,韩国雇佣情报院(2017),第17页。

此提出异议，人类法官可以重新审判。❶❷

以 2024 年完成为目标正在开发的韩国新一代电子诉讼系统也将提供利用人工智能的服务，据悉"智能型综合搜索"和"智能型诉讼程序指南"等都是其对象。

欧洲理事会（Council of Europe）下属的司法效率欧洲委员会（European Commission for the Efficiency of Justice，以下简称"CEPEJ"❸）在 2018 年 12 月的总会上，基于《关于司法系统和司法环境中人工智能利用的欧洲伦理宪章》（European Ethical Charter on the Use of Artificial Intelligence in Judicial Systems and The Environment，以下简称"AI 欧洲司法伦理宪章"）在伦理方案中采纳了关于欧洲司法伦理道德问题，考虑到 AI 欧洲产品中有关人工智能技术活用方案的法律、伦理争议点，提出了应区分以下领域的意见：（1）鼓励使用的领域；（2）虽然可以使用，但需要相当多方法论注意的领域；（3）追加科学研究后考虑使用与否的领域；（4）极其有限地考虑使用与否的领域。❹

根据上述意见，上述（1）类型包括改善先例搜索及数据可视化、提高司法接近权、创造司法行政相关战略工具，上述（2）类型包括对各类型民事纠纷结果的统计分析、民事纠纷中替代性纠纷解决（ADR）帮助、在线纠纷解决（ODR）、上述（3）类型包括法官档案和审判结果预测，上述（4）类型包括为刑事程序中个人档案的算法使用和对法官的量化标准（quantity-based norm）。新一代电子诉讼系统中提供的"智能型综合搜索"适用于改善上述（1）类型的先例搜索及数据可视化，"智能型诉讼程序指南"也属于上述类型的司法接近权。

"智能型综合搜索"是为了将机器学习技术运用到自然语言处理领域，弥补现有关键词搜索的缺点，提高搜索性能，利用这种方法将法令、判例、论文等资料可视化，是为了有效搜索和便于掌握，同时也是为了给使用者进行法律判断的过程提供充分的依据，因此带来判断误导等错误结果的可能性会大大减少。

---

❶ https://www.wired.com/story/can-ai-be-fair-judge-court-estonia-thinks-so/，首尔大学产学合作团（高鹤洙外 6 人）：《司法部的人工智能（AI）活用方案》，《法院行政处政策研究劳务报告书（2020）》，第 3 页再引用。

❷ 实际上，也有评价认为，被告不是利用"机器人法官"，而是利用邮政服务，如果不提出异议，法院的决定就会生效，这只不过是与韩国的支付命令类似的制度而已。首尔大学产学合作团，前文，第 36 页。

❸ 是法语"Commission européenne pour l'efficacité de la justice"的缩写。

❹ 有关上述意见的详细内容请参考首尔大学产学合作团，前文，第 67—70 页。

另外，《智能型诉讼程序指南》的目的还有利用自然语言处理技术，促进对法律不太了解的用户通过聊天机器人等轻松接近司法程序。但是，如果今后人工智能技术进一步升级，并公开下级法院判决书等，顺利提供人工智能发展所需的司法大数据，那么相当于上述建议意见中（2）—（4）类型的人工智能基础技术进入电子诉讼系统领域的可能性将逐渐增加。

（二）应对制度方案

在人工智能技术只适用于比较单纯的法律资料搜索或对当事人的诉讼程序介绍的当下，推出应对法律人工智能技术利用的制度多少有些过早。笔者认为，目前韩国国内对法律领域人工智能应用的技术、制度研究不足，对人工智能的制度性应对方案应该是逐步从中长期角度出发。但是，在未来的某个时刻，如果人工智能有可能参与影响法官判断或辅助判决书的制作、ODR等诉讼以外的纷争解决程序，甚至可能会出现部分代替法官判断的情况。因此在此之前，有必要设定司法部关于人工智能利用原则的规范或指导方针。因为只有具体原则，才能从法律人工智能技术的开发阶段开始，明确区分法律伦理上允许的和不允许的界限。

对此，可以优先参考的是CEPEJ在2018年采纳的AI欧洲司法伦理宪章的5大原则。❶ 五大原则概要如下，第一，"尊重基本权利"的原则。这意味着人工智能工具及服务的设计和采用必须符合宪法上的基本权利。特别是不能侵害对法官的接近权和接受公正审判的权利。第二，"禁止歧视"的原则。司法部的人工智能应用不能创造或强化对个人或个人集团的歧视。第三，"质量和安全"的原则。关于司法决定和数据的处理，验证的来源和无形数据应根据跨学科研究确定的模型，在安全的技术环境中使用。第四，"透明、正当、公正"的原则。确保数据处理方法可访问和理解，并允许外部审计。第五，"用户自治"的原则。在解决案件时，应排除人工智能的过度参与，作为使用者拥有信息的当事人，应有选择控制权。用户必须获得关于案件是否由人工智能先行处理的明确信息，并拥有拒绝权，从而保障直接接受法院审判的权利。

---

❶ 关于AI欧洲司法伦理宪章的5大原则的详细内容是韩爱罗：《关于司法系统和司法环境下利用人工智能的欧洲伦理宪章的讨论——关于民事司法程序中引进人工智能的讨论》，参见 Justice 172卷，韩国法学院（2019年6月），第47—50页。

除此之外,再追加几个考虑事项。首先法院如果在司法程序中利用人工智能,即使多少牺牲了效率性,也要确保"说明可能性(确保当事人的知情权)"。人工智能算法如何对输入变数下结论尚不明确,这被称为"黑匣子"(black box)问题,但通过机器学习,特别是深度学习生成的算法在内部是如何作用的还不得而知。但是法官在进行法律判断时,必须让外界掌握论证过程。只有这样才能基本上说服当事人和上级审法官。但是,对人工智能的判断结果的说明不仅仅要说服用户,而且要根据说明可以探测人工智能是否有偏向或错误,以便技术专家可以提供更好的理解和改善人工智能模型,这是信赖人工智能司法判断的必要因素。❶

另外,为了不发生"算法的偏向性",要筛选合适的学习数据。人工智能是根据自己重新学习输出结果的机器学习的方法,如果最初的输出结果有偏向性,那么人工智能的偏向性将越来越严重。无论是多么中立地制作程序,如果学习数据有偏向,就会成为照搬数据中包含的偏向性的结果。因此,为了开发辅助法官判断的公正的人工智能,必须以彻底保护个人信息为前提,允许查看法院内部的判决书等数据。❷❸

最后,如果实现人工智能高度化,达到向法官提出标准结论的阶段,法官会过度依赖通过人工智能形成的标准化结论,导致最终判断权限将受损,这种判决被收集到以前用作机器学习数据并影响到智能判断。为了防止这种情况发生,在辩论结束之前,应该向当事人出示《人工智能案件研究报告书》,给予反驳的机会,或者制定完善对策,除了人工智能案件研究之外,还要经过审判研究院等法律专家的独立评判。❹

---

❶ 高唯刚:《人工智能法律将改变的审判面貌——以"人工智能法官"的技术替代可能性相关的现状为中心》,《外国司法研修论集》第40卷,法院图书馆(2021),第24—25页。

❷ 高唯刚,前文,第25—26页。

❸ 2021年4月发表的《欧盟人工智能法案制定提案书》(Proposal for a REGULATION OF THE EUROPEAN PARLIAMENT AND OF THE COUNCIL LAYING DOWN ARTIFICIAL INTELLIGENCE ACT)中表示,如果人工智能不学习高品质数据,从准确性和健全性的观点出发,将无法满足适当的要求。另外,除非人工智能充分透明、可说明、文件化,否则重要的程序基本权利(得到有效救济的权利、接受公正审判的权利)有可能受到侵害。https://eur-lex.europa.eu/resource.html?uri=cellar:e0649735-a372-11eb-9585-01aa75ed71a1.0001.02/DOC_1&format=PDF, p. 27, (38)(2021年8月31日最终确认)。

❹ 韩爱罗,前文,第62—64页。

结　语

纵观韩国电子诉讼的实施过程，有时感觉就像是在看一部精心编排的剧本。从 2010 年 3 月制定《民事电子文书法》、2010 年 4 月实施专利电子诉讼、2011 年 5 月民事电子诉讼在全国同时实施、2015 年 3 月民事执行及非诉讼程序电子诉讼等，在法律规定的 5 年期限内构建了除刑事以外的所有领域电子诉讼相关制度和系统，这从先进的外国也很难找到先例。因此，构建了能够扎根电子诉讼的坚实的 ICT 环境，而且适应新技术较快的国民特性也起到了一定的作用。

现在电子诉讼成了主流。从向比我们更早实施电子诉讼的国家派遣法官和职员，熟悉他们的制度和系统，并运用 fast-follower 战略，到 10 年后的今天，与他们并驾齐驱，成为引领电子诉讼的 first-mover。以后要走的路将是别人都没走过的新路。2024 年构建新一代电子诉讼系统将成为第一步。预计将会出现非常创新、贴近用户的最尖端的系统。但令人遗憾的是，从电子诉讼的制度层面来看，很难看到这样的情况。为了在 5 年的期限内实现目标，只保留了 16 个条文紧急制定的特别法，因此根据传统的纸质诉讼设计的民事诉讼法对诉讼现实失去了规范力。现在到了应该修改《民事诉讼法》，使其符合电子诉讼法的时机。

从远远落后于世界潮流、想要开始电子诉讼的日本准备的《民事诉讼法》修改试行方案中可以看出韩国《民事电子文书法》的痕迹，但是可以感受到最大限度地利用电子诉讼优势设计新的 fast-track 等以电子诉讼为基础改革整个民事诉讼的强烈意志。

我们也要在更晚之前，以电子诉讼为基本条件修改《民事诉讼法》，并根据新的 ICT 环境重新设计规范。因疫情使得需要制定详细战略才能实施的远程影像虚拟审判的实施，根据非面对面—非接触时代，通过网络解决小额案件，谋求审判的迅速和经济的战略。另外，为了应对今后刮起的人工智能风暴，应该冷静地整理以社会协议为基础的司法部人工智能常用相关原则。

回顾过去的 10 年，期待以后的 10 年。

编辑：王睿

教　学

"民法总论"课程的三重维度
——一份初步的教学总结[*]

姚明斌[**]

2022年2月21日,是新学期本科生"民法总论"课程开课的日子。当天的开场环节,我向2021级的同学们介绍,这是我到华东政法大学工作后开设的第10轮民法总论课程。这个节点别具意义,当时我便计划着结课后撰写一份个人的教学总结。3月中旬疫情来袭,课程至此转为线上,师生几经调适,总算在6月13日顺利结课。如此特殊的一个学期,多了一些在焦虑中思考的缝隙,催生了若干此前未及深究的想法,在学期真正结束后,更觉得应该有所整理了。

一、作为法学入门课程的"民法总论"

从教初期,我一度认为民法总论课程的教学难点,在于其相较物权法、债法等分论课程的抽象特征。但是经历过两轮课程后发现,这门课程最大的挑战,其实在于其受众的特殊性。作为本科第一门民法基础课,民法总论通常在第一学年的上学期或下学期开设。我们所要面对的学生,是刚结束高中学习、完成高考的大一新生。他们是站在法学门外的"新鲜人",手里举着两块牌子,一块写着"迷茫",一块写着"向往"。相应地,作为法学入门课程的民法总论,涉及两个

---

[*] 本文系华东政法大学2023年校级本科教学改革与发展研究项目(民法教学中案例素材的运用体系研究)的阶段性成果。
[**] 华东政法大学法律学院教授。

方面的挑战：其一为入门之前需先有专业视角的转换意识，其二为学习兴趣与内容深度的平衡。

（一）入门与转码

专业分工之下，不同学科会对生活现实作不同的"转码"，法学也不例外，其专用的代码是"法律关系"，是"权利义务"。从 2017 年开始，我尝试在民法总论的第一堂课中，前置一个关于法学思维特点的主题，以比较简明和贴近生活的例子，来向法学"新鲜人"们呈现法学的思考应该是怎么样的。比如，当一群人集体闯红灯时，法律所追求的秩序状态固然不存在，但我们不会否认此时法律仍然是有效的，而且指称此种法律状态的用词只能是"有效"。在这个过程中，同学们可以尝试去感知"事实"与"价值"的分界，进而理解"是"与"应当"的不同，以及相比其他学科，法学看待世界的视角有何特殊性。

这样一个前置环节，严格来说并不是"民法"的，而是法学的，在讲解例子的过程中，也不可避免运用到了法理学、政治哲学的一些简要的背景知识。但是在民法总论开课前，先行设置一个独立的环节，特别呈现这种"转码"的特点，或有助于学生在之后具体的部门法框架中，慢慢完成思维方式的转型、印证与确信。

（二）兴趣与深度

作为法学入门课程，民法总论教学的另一个挑战，是如何在守护学生的学习兴趣和保证课程的专业深度之间做好平衡。众所周知，民法总论课程的实证法基础是民法典的总则体例，总则的规则具有统摄民法典分则和民事特别法的体系功能。对于初学者来说，民法总论的诸多知识板块、要点都是非常抽象和精深的。学生一旦因为课程难度而产生畏难情绪，那么民法总论打击学习兴趣的效应，也很容易"统摄"到后续的民法分论课程之中。

对于一门法学入门课程而言，培养好、守护好学习兴趣当然是非常重要的教学目标。因而比较直观的处理思路是，通过舍弃内容深度、降低课程难度，来保全受众的兴趣和愉悦感。但这种思路其实存在两个方面的风险。

其一，完全舍弃深度、降低难度，可能会导致民法总论侧重于价值宣示和概念宣讲，未能供给充足的技术养分。等到进入分论课程时，学生对共通规则、原理的陌生感会直接影响分论知识点的细化展开，老师可能又不得不在分论课程中反复作总论知识点的回炉和补课。

其二，完全舍弃深度、降低难度，是否能够真正保全学习的兴趣，本身也值得怀疑。专业学习的目的是专业层面的成长，故其间的兴趣和获得感，通常来自自身专业能力的突破。因为躺着就能听懂而愉悦和因为踮起脚尖后够到了以前未能达到的高度而满足，这两种感觉的质量是截然不同的。一味地舍弃深度、降低难度，或许能保全一些表面化的兴趣，但同时错失的，是启发学生突破自己舒适区的机会。而随着后续课程的深入，在专业训练的深度要求面前，此前保全的所谓兴趣可能也不再足以维持学习的热情。

经过这几年的摸索和尝试，我越发觉得，培养、守护同学们学习民法的兴趣，指向的应该是一种具有深度的品味和热情，而非只是完成一门课程、拿到好的绩点的浅层次的满足。在兴趣和深度之间，重要的是如何找到妥当的、清晰地呈现"深度"的方式，去启发同学们的专业品味和突破思维舒适区的动力，从而培养一种学习民法的"具有深度的兴趣"。

故而，"因为刚入门所以应该简单，否则学生学不下去就不爱学了"，此种担忧并非完全舍弃课程内容深度的正当理由。当然，出于认识规律、内容衔接、课时容量等考虑，很多时候确实需要在过于精深的局部作一些技术性简化。而简化什么、如何简化，深化什么、如何深化，本身就是教学设计上应认真对待的问题，也是我们教研室同仁在备课中时常交流的话题。

比如，请求权竞合等多元关系堪称请求权板块的疑难话题，具体展开时不妨以层次分明的例子先行，并注意对区分的标准加以深化、强调（如区分"请求权竞合"与"请求权择一竞合"的关键是两个请求权的内容是否相同）；而且，不见得要按照教科书的体例集中在请求权部分讲解竞合问题，完全可以待请求权、形成权等权利都讲完后再作讨论，这样可以让同学们带着对请求权、形成权的完整理解，进入请求权与请求权、请求权与形成权的关系板块。

二、作为民法课程的"民法总论"

在法学课程内部，民法总论是民法基础课程体系的"排头兵"。作为民法课程的民法总论，在民法体系的方面，涉及总则与分则的联动；在启发素养方面，涉及民法思维与学习方法的提示；在内容设计方面，涉及法价值与法技术的呼应。

（一）总则与分则

民法总则的"公因式"规则在适用时通常具有"双重不完整"特征，即总则的规则必须联立、配搭分则的规则，并在分则的交易场景中才得以释放其规范价值，仅靠总则或分则都不足以完整地反映规范适用的全貌。是以，民法总论课程的教学内容虽然是以民法总则为主，但若欲揭示、阐明民法总则的规范机理，势必不能脱离民法分则而仅以总则为内容。

事实上，某一个教学要点的共通性越强，在教学中越是绕不开分则具体适用时所涉及的规则及原理。以"要式法律行为"为例，除了围绕《民法典》第135条，阐明形式自由原则，若能结合合同编第469条和第490条、物权编第400条第1款等规定，可以让学生了解何为书面形式、以特定形式为必要的法律行为是怎么样的、欠缺特定形式对法律行为的影响为何。若能进一步结合形成之诉的相关规定（如撤销权行使行为）、结婚离婚等身份行为，则更能呈现《民法典》第135条所涉问题的"共通性"特征，使学生明了要式法律行为的相关原理并非仅对合同行为有意义。

越早让学生意识到民法总论并非只是关于民法总则的课程，习惯于在总则与分则的条文之间作体系性把握，通过具体的案例案型学会组合适用总则与分则，也就可以越早地让他们知道，民法总则之"总"究在何处，民法总则之"则"又有哪些。我入职华政后，发现我们教研室为青年教师排课时，往往会先安排主讲一两门分论课程，再安排独立主讲民法总论，想必也是出于这方面的考虑。

但在兼顾总则与分则内容时，时而会遇到详略安排的难题。以形成权为例，若不结合总则中法律行为撤销权和追认权，分则中法定抵销权、合同解除权、优先购买权等规定，仅凭抽象描述其定义，显然无法讲透。但具体的形成权类型又根植于特定的具象交易场景，每一种具体形成权的背后都是一个故事，像优先购买权这类构造复杂的形成权，需要铺垫的背景知识颇多，更是不容易三下五除二就讲清楚的。

对此，我在不同轮次尝试过不同的处理方式：

一是简要的方式，仅点明各类形成权并列示涉及的条文而不作展开，此显然不利于对原理的透彻理解；

二是完整的方式，对各类具体形成权逐一完整讲解，优点在于全面，缺点在于颇费时力，同学们的精力可能会被调动到具体场景的理解上，反而忽视了形成权的机理这一本节重心；

三是折中的方式，选择同学们基于生活经验比较容易进入的合同解除场景，着重以合同解除权为例，充分地揭示形成权的机理，其他更为复杂的类型则提示具体条文而一笔带过。

可能不同的学生对这三种方式的评价有所差异，但对保持课程讲授节奏而言，个人感觉似以第三种方式为优。

（二）思维与方法

民法总论是民法课程学习的起跑阶段，需要在思维与方法方面有所着力。在前几轮课程中，我的精力主要放在搭设框架、组织内容、打磨细节，琢磨如何通过民法的法技术揭示民法的法政策、法价值。随着教学经验的积累和教学互动的深入，我慢慢感觉到有必要向学生明确民法学习的思维特征，并有意识地提供一些有关学习方法的建议。

这里的思维，就是解释和适用现行法的解释论思维。这里的方法，就是从案例案型出发，作体系性思考的方法。在解释论的思维之下，任何规范性判断都需要有现行有效的法条作为支撑。法条每一个要件的内涵，则需要有对应的典型案例案型作为正面支撑和反面映衬，进而在体系上确定要件的层级、规则的定位、规则与规则的体系关联。

或许是自己的学生生涯还不是特别久远的缘故，我也习惯向同学们介绍自己求学时在学习方法上走过的弯路，以及些许整理的心得，希望能让他们知道，民法的学习有过程、有方法，正确的方法虽然不能缩短这个过程，但有助于避开一些弯路。最近几轮课程收到的"用户反馈"中，关于分享学习方法的肯定意见逐年增多，应该也可以反映出同学们在这个维度上的用户需求。

（三）价值与技术

没有法技术落实的法价值是空洞的，没有法价值支撑的法技术是盲目的。民法总论的课程内容不应满足于价值宣示，不意味着法政策、法价值不重要。以民法基本原则为代表的诸项核心法政策，是理解整个民法体系法价值取向的"大本营"，而阐明这些法价值如何落实在具体的法技术配置中，正是课程应予以体现的基本内容。

如果说具体的法技术规则呈现的是法律"是什么"，那么其背后的法政策考量、法价值取向所表达的，则是法律"为什么"是这样的。初学阶段，同学们对于法条的解读，往往容易停留于凭字面意思、不带规范价值的"语文解释"，而强调法条背后的价值考量和规范目的，是引导他们摆脱这种非专业解读习惯的重要路径。

更重要的是，通过法技术的"是什么"回溯法价值的"为什么"，很多时候还有助于返回技术层面，重新审视现有的"是什么"是否准确地落实了"为什么"，追问在现有的"是什么"之外，是否存在更好的规则设计方案，即"应当是什么"。

以《民法典》第191条"未成年人遭受性侵害的损害赔偿请求权的诉讼时效期间，自受害人年满十八周岁之日起计算"之规定为例。该条的法政策取向，当然是为了特别保护遭受性侵害的未成年人，进而在技术上推迟其损害赔偿请求权诉讼时效的起算时点。但是，若机械按照条文文义，诉讼时效在受害人年满十八周岁时一律开始计算，即使遭受过性侵害的权利人在年满十八周岁时尚不知道遭受过性侵害（或具体的侵权人）亦然。那么，遭受性侵害的未成年人在诉讼时效起算一般规则（根据《民法典》第188条第2款，以权利人知或应知权利受到损害及义务人为起算前提）之下的待遇，反而不如一般的受害人。显然，"自受害人年满十八周岁之日起计算"的法技术配置（"是什么"），并未准确地匹配特别保护遭受性侵害的未成年人（"为什么"）这一规范目的。自该规范目的出发，"受害人年满十八周岁"理应设置为诉讼时效起算的必要条件，而非充分条件，故更准确的技术安排应该是"诉讼时效在受害人年满十八周岁以前不开始计算"（"应当是什么"）。

如果学生能习惯上述的思考流程，那么对限缩解释、目的性限缩等法律适用方法的理解自然也是水到渠成。而民法学习的过程，也会是一个不知不觉地融汇法学方法论的过程。

三、作为课程的"民法总论"

民法总论作为课程,本身也是有体系的,这是最近几年我形成并越发确认的一个认知。一门课程的建设,授课环节的内容设计固然是最核心的方面,但如何有计划地备课和运用素材,如何制作、使用课件和辅助资料,如何答疑和组织讨论,如何设计作业和考核题目,也都是课程系统工程中重要的方面。其中有的部分,我初步形成了适合自己的操作方式,有的部分感觉还需要再继续探索和优化。

(一)备课与素材

我的备课计划基本分为"学期前"和"课程中"两个部分。每个开课学期的开学前两周(通常就是寒假或暑假的尾声),我会集中一块时间对整门课程作整体的备课。尤其是最近两年,民法典及其司法解释的出台带动了规范的频繁更新,相关规则和原理需要跟进整合,甚至局部内容的铺排、讲法都要随着调整,这些工作需要在开学前作系统处理。

比如,2017年《民法总则》施行后,关于意思表示故意不一致,第146条针对通谋虚伪(双方故意不一致)新设明文,对真意保留、非诚意表示(单方故意不一致)则未作规定。若按传统教科书体例,通常是先讲解单方故意不一致再讲解双方故意不一致,但考虑到新法对通谋虚伪已有明文规定,我选择围绕第146条的解释适用先讲解通谋虚伪,其间的分析运用到了意思表示解释原理,对于后置的真意保留、非诚意表示的若干情形,可以起到相当不错的示范作用。

课程中的备课,主要是学期中每周上课前一天,针对当周内容的细化准备,侧重于设例的选择和顺序安排、现场板书的设计和空间布局、提问环节的设置等。有时也会结合当周当月发生的新鲜时事,或更新设例,或准备新梗。即使当周涉及的是自己研究比较深入的节段,这种课前准备仍然是不可或缺的,哪怕只是简单地过一遍,也有很好的"热身"效果。

我确实比较喜欢选择时事新闻、社会事件作为课程素材,一来当然是为了激发同学们的学习兴趣和热情,二来也有思维和方法方面的考虑。我们自己求学时,老师的知识权威有一部分是建立在对文献信息的"垄断"的基础上的。但在信息爆炸的今天,学生搜集信息、素材的能力,有的时候已经超过了老师,师生面对的是近乎平等的信息世界。相应地,我们能传授的,或者能有足够吸引力的,应该不是信息本身,而是解读信息的方法。同样一则社会新闻,经过专业学习和训练的人,能够解读出深度完全不同的内容,能够展开专业品质截然不同的分析。同一条微博,别人看到的是故事,我们看到的是事故,这就是思维和方法的力量。

也正因此,选择有趣、新鲜的时事素材的同时,还应注意对素材的深度分析。否则,这些素材或许能给课堂带来笑声,但一笑而过后,缺少了应有的深度思辨,课堂也会异化为脱口秀小剧场。素材的积累在于平时留心的观察和存档,但备课时需要仔细评估素材的可用性。有不少时事素材,其趣味效果显著,可是分析价值有限,基于教学效果的"合目的性"考量,为了不分散课堂上宝贵的注意力,也只能忍笑割爱了。

(二)课件与文献

每次开课的第一节,我都会将学期前备课完成的全学期课件发布给同学们。之所以选择一次性发布而非逐周发布,是为了方便他们在课程进行中预习后续章节,同时也可以节省每周课前发布课件的工作量。

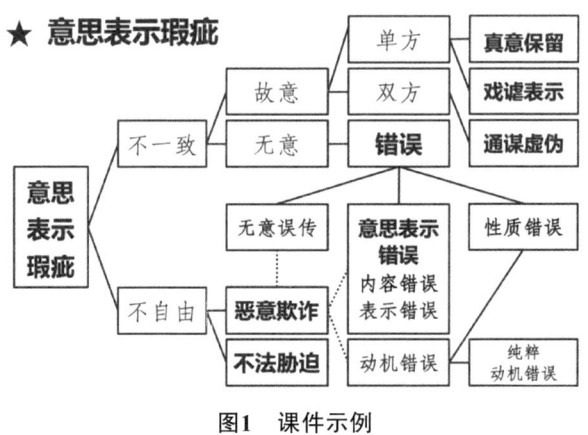

图1　课件示例

在课件制作方面,经过几轮的摸索,个人比较留意的是图示的设计和内容详略的安排。对于体系庞大、内容庞杂的板块,必要的图示有助于直观地呈现每一周、每一节知识点的体系定位,帮助学生形成听讲、消化的"段落感"。而在结束整个板块后,图示可以作为地图,方便我在课堂上作简要总结,也方便学生课下自我复盘、检验。

在 PPT 内容的详略安排方面，我设想过两种不同的取向。

一种是常见的讲座报告、产品发布场景下的风格，其特点是图大、字少，并有大量留白，讲求画面美感，视觉冲击力强。但这种制作风格的信息量明显不足，以大幅配图为底色也不方便打印后在上面做记录，感觉不太适合民法总论这类信息量密集的课程。

另一种则是类似于提词文档的风格，将大到提纲框架，小到具体示例的所有信息都呈现在 PPT 上。这种取向的课件固然保障了信息量，但文字过多容易导致字号过小，影响信息传递效率。而且，信息过于完整，也容易使学生聚焦于理解文本，忽视了听讲过程的吸收与整理，甚至在课后沉迷于被动识记课件内容，忽视原典研读，进而加剧了专业学习的应试化倾向。

经过摸索，最近几轮课程我比较稳定地采取折中的课件制作思路。一方面，尽可能在课件中完整呈现知识板块的框架，确保学生借助课件即无需再对框架性内容作重复记录，从而可以释放出注意力，集中接收相关设例和讲解。另一方面，在具体要点上仍然保留口述、现场板书、即时互动等方式来调动注意力，而非在课件中呈现所有信息。同时，在尽量确保字号不小于 28 磅（这个标准取经自金可可老师）的前提下，一般用浅色作底并在页面上适当留出一些空白区域，方便同学们速录和标记。不过，当堂的记录并非学习笔记本身，同学们在课后还需要自行作电子化整理，经过录入案型案情、撰写推理过程、补充条文内容、完善板块框架等流程，完成从输入知识到输出思考的转化。

至于课件之外的辅助文献，在常规的经典教科书以外，我大概从 5 年前开始，会按照整个学期各章的顺序，遴选若干适合本科生研读的、优秀的专题论文，推荐给同学们。每年开课前，我也会根据学界研究的发展，动态地调整篇目。最近两年民法评注作业成果涌现，优秀的评注论文也受到了同学们的欢迎。一年级学生研读专题论文，一开始都需要一个适应的过程，但从他们提交的研读报告来看，并无太大的实质障碍，很多时候还有补充信息、拓宽视野的功效。有的同学甚至会慢慢开始模仿学术写作，基础课程的辅助文献也因此间接地为高年级的写作训练作了铺垫。

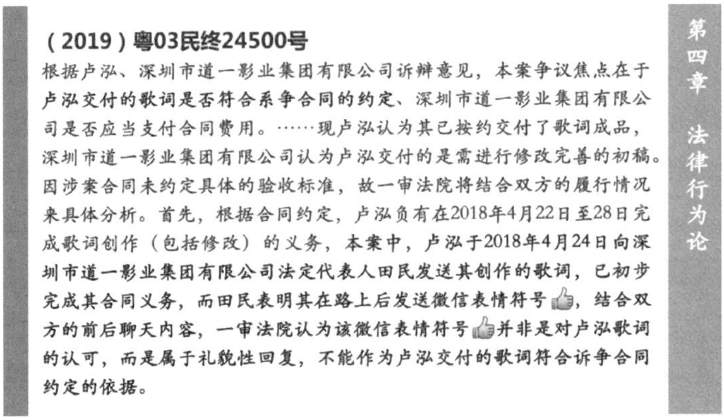

> **（2019）粤03民终24500号**
> 根据卢泓、深圳市道一影业集团有限公司诉辩意见，本案争议焦点在于卢泓交付的歌词是否符合系争合同的约定、深圳市道一影业集团有限公司是否应当支付合同费用。……现卢泓认为其已按约交付了歌词成品，深圳市道一影业集团有限公司认为卢泓交付的是需进行修改完善的初稿。因涉案合同未约定具体的验收标准，故一审法院将结合双方的履行情况来具体分析。首先，根据合同约定，卢泓负有在2018年4月22日至28日完成歌词创作（包括修改）的义务，本案中，卢泓于2018年4月24日向深圳市道一影业集团有限公司法定代表人田民发送其创作的歌词，已初步完成其合同义务，而田民表明其在路上后发送微信表情符号👍，结合双方的前后聊天内容，一审法院认为该微信表情符号👍并非是对卢泓歌词的认可，而是属于礼貌性回复，不能作为卢泓交付的歌词符合诉争合同约定的依据。

图2 课件示例

专题论文重在拓展理论视野，而裁判文书则可以展现实务动态。结合具体知识点的讲解需要，我也会遴选合适的裁判例编辑入课件，并提供文书号，希望能从入门时起，就让同学们有意识地关注中国本土司法实践的脉搏，并保持一种基于规则和原理的观察视角。当我在一年级学生的作业中，看到参考文献中列出了几个新近的判决时，我知道，裁判例文献也在开始产生影响了。

（三）答疑与讨论

我曾经以为，课程答疑的功能是帮助同学们及时清理学习过程中遇到的问题，但真正面对提问并作具体交流后发现，答疑的关键并非问题本身。很多时候，问题产生自同学们初学时所存在的误解，而这些误解，很多时候又是可以通过自己研读、思考、讨论解决的。故答疑的更高目的，应该是帮助学生理解问题，包括理解问题的来源，也包括理解问题的解决过程。因此，我效仿朱庆育老师，从民法总论开始，就对课程答疑设置了明确的规则：提问时，必须附上自己查阅文献后的初步思考，以及具体所查阅的文献。

在此规则下，有的问题，同学在查阅思考的过程中自己解决了，不仅可以停止向我求助，而且积累了"自力救济"的经验和成就感。有的问题，虽然同学经过查阅、研读、思考仍然未能完全解决，但附上了初步的思考方案，相比单纯的提问，显然更有助于我第一时间锁定可能的理解盲区，并判断其是否受到文献的误导，直接提高了回应的针对性。网课时期，答疑更多地需要通过电子邮件进行，这个规则确实帮我们节省了不少往返确认的成本。加上同学是带着自己的初步思考来提问的，也是带着前期准备接收我的解答，所获所得自然也就比毫无准备要更多。

课程讨论是最近两年我比较意外的教学体验。囿于课时的限制，课堂现场的当堂讨论其实并不好组织，课程微信群倒是成为课后讨论的"主会场"。讨论通常起于某位同学就某一问题在群内向我提问，其他同学在我回应前先发表了意见，渐渐地就形成了讨论的态势。有时我会作必要的引导，确保讨论不会跑偏。若最终讨论出了正确的结论，我会在群中确认；若未能讨论出明确的结论，我也会总结并予以解答。

无论是参与讨论的同学，还是"围观"的同学，都反映过微信群讨论对课程学习确实有明显的促进作用。这可能是因为相比线下当堂讨论，微信群讨论除了对"社恐"更友好一些，还具有两个方面的优点：其一，对参与讨论的同学而言，线下讨论要求口头即时表达，微信群讨论则可以有所准备后打字编辑参与，锻炼价值更有针对性；其二，对全体同学而言，微信群讨论有文字记录，即使自己不参与，也可以"围观"讨论记录，包括事后通过"爬楼"围观，并慢慢消化。

不过，我还是觉得，课堂现场的当面讨论，在交流互动、思绪激发等方面，具有线上交流无法替代的意义。而如何设计出稳定、高效的线下课堂讨论模式，仍然是值得重视和非常有挑战性的问题。

（四）作业与考核

课程平时作业的设计，涉及如何跟进观察课程中同学们的学习效果，同时也有激发他们及时输出的考虑。但当前本科生课负较重已是普遍现象，因此作业设计还需兼顾观察、激发的效率。过去几年，我先后尝试过以下几种平时作业的形式（最近两年为了反"内卷"，会特别设置平时作业的字数上限）：

（1）提交经过自己整理的指定章节的电子笔记（不包括未经整理的课堂速记实录）；

（2）选择一个老师讲授的案例案型，或者自己设计一个案例案型，独立概括案情并撰写分析过程；

（3）选择老师授课中主张或者提及的一个观点，提出自己的反驳理由，或者补充支持理由；

（4）选择一篇学期初发布的参考论文，撰写精读报告，要求呈现论文的框架结构、主要论点、论证思路、阅读感想；

（5）结合任一课程知识点，设计一道案例题反过来考一考老师，提供案情描述、考点答案和分析思路。

从实际效果看，前4种作业形式能够从不同角度较好地反映同学在课程中的学习质量，第5种形式要求偏高，虽然也不乏亮点之作，但总体的区分度不够明显。

同时，我也思索过是否借鉴兄弟院校同仁的创意，来丰富过程控制的形式。比如陆青老师在浙江大学实践过的逐一口试的方式，无疑是极具针对性的考察方式。但囿于华政法学专业学生人数众多，考虑到工作量和考察效率，就只能作罢。

课程考核命题方面，最具有实质考察价值的题型应该就是"法条分析"和"案例分析"。对此，朱庆育老师、周江洪老师等前辈的命题实践引发了很好的反响，也让我深受启发。但同样因为学生体量庞大，当前课负又普遍较重，且同学们客观上要面对一定的"绩点焦虑"，在多方面因素的制约下，我们暂时还做不到全部题目都围绕考核的实质指向展开，而是需要作基础性题目和区分性题目的组合命题。即便如此，过去几年教研室在组织命题时，仍然会在案例分析等区分性题目上尝试创新，我们几位同事也先后协力编写出了几道质量相当高的题目。

当然，期末考核并非课程学习的最终目的，很多时候反而是学生自我发现问题的起点。作为配套，我们也转而侧重通过民法总论结课后开设的"民法案例研习"课程，来针对性地训练案例分析的能力。

至此，这份基于个人有限经验的初步教学总结算是完成了。

每个学年，我都会从校内外的前辈、同仁处获得教学上调整和精进的灵感，也会从学生端收到可以再作修正、完善的意见。好的教学状态，应该是成长性的。这种成长性既有把自己新近的研究、思考融汇于教学的成分，也有教研室同仁交流切磋、无私互济的成分，还有师生之间教学相长的成分。在特殊情势下，这种成长性甚至还包括一些特殊技能的拓展——疫情防控期间，我也不得不开始学习制作线上课程资源，学会了做封面、调音轨、加字幕，并终于成为一名不时被催更的 up 主。

记得几年前,读到过章程兄引介日本学者平井宜雄的一段说法,其大意是,前去上课的路上满怀着展现教学内容的"紧张感",下课返回的路上又时常抱有本来可以讲得更好的"懊悔心",不断在这两种心境之间切换,应该就是一个从教者的"宿命"了。

从另一个角度看这种"宿命",或许也意味着,教学之道其实蕴藏着不断持续成长的生命力吧。

编辑:周淳

探寻理想的中国法课程体系

茅少伟*

法学教育的内容("教什么")和方法("怎么教"),主要取决于两点:一是法学教育的定位或者说基本目标("培养什么人"),二是影响该目标实现的具体约束条件(例如一国的法学研究水平、法律实践需求、学位项目的年限等)。那么,法学教育的目标是什么呢?甚至,什么是"法学教育"呢?不得不承认,人们对于这一前提性问题的认识,仍然存在不少分歧。一个重要原因是,在我国当前高等教育体系下,法学学位项目的设置极为复杂,涵盖了本科、硕士(又分为学术型、专业型)和博士(又分为学术型、专业型,其中法律专业博士项目为新设),很难一概而论。❶ 我们这里所讨论的法学教育,仅指零起点的、完整的、可以取得国家统一法律职业资格考试准入资质的基础性法律学位教育——符合这一定义的法学教育项目,就只有法律本科和法律硕士(非法本)两类。

法学教育固然可以、甚至应该兼容广义通识教育(旨在涵育人格健全的现代公民;本科教育首先应当是一种通识教育)和狭义学术教育(旨在培养专门的学术研究人才)的部分目标、内容和方法;但是,具有独立意义的"法学教育",显然主要是一种专业教育,旨在培养合格的从事各类法律实践工作的职业法律人。❷

---

* 北京大学国际法学院助理教授、副院长(主管学院的中国法教育项目),法学博士。

❶ 较早的讨论,参见方流芳:《追问法学教育》,载《中国法学》2008年第6期,第14—21页。

❷ 至于是应当以法官能力抑或律师能力作为专业法学教育的培养目标,则见仁见智。参见何美欢:《理想的专业法学教育》,载《清华法学》(第9辑),清华大学出版社2006年版,第110—140页;葛云松:《法学教育的理想》,载《中外法学》2014年第2期,第285—318页。专业教育的定位是第一位的问题,具体培养目标的确立是第二位的问题(尽管也非常重要)。基于对中国法律职业场景和发展阶段的理解,我们提倡一种更包容性的思路,即倡导一种"经过律师视角的法官(裁判者/决策者)视角"的专业训练。

以培养职业法律人为目标的专业法学教育，在内容和方法上就天然亲和于法教义学。我们这里所说的法教义学（或者规范法学），是指一种以求解（以及建构、批判和发展）特定法秩序下法律问题的答案为主要工作的实践科学，包含实践、知识（包括理论）和方法等不同侧面；❶后两方面，即作为知识和方法的法教义学，构成专业法学教育的主要内容。然而，法教义学的知识日新月异且日趋庞大，法教义学的方法与时俱进且日趋复杂，到底应该如何合理地撷取内容，辅以妥当的教学方法，以有效实现法学教育的基本目标，本身也就成为一个重要的理论和实践问题。

近些年来，各种法学教育的理论已经说得不算少，各类创新的课程改革也时有耳闻——但相对来说，实践还远远不够丰富、活跃。本文不拟多谈理论，而尝试以我较为熟悉的北京大学国际法学院（以下简称"学院"）❷的中国法教育项目为例，谈一点来自教学实践一线的经验与反思，主要包括两方面内容：一是课程体系的整体设计思路，特别是三大类课程（基础课、研讨课、实务课）的内容、方法和不同的配置逻辑（第一部分）；二是在全部课程体系中最为重要的两类基础课的安排，并着重介绍在内容基础课上使用的"放"的案例方法（第二部分）和在技能基础课上使用的"收"的案例方法（第三部分）。

一、课程体系的整体设计思路

学院的中国法课程体系以三年制法律硕士（非法本）项目为原型设计，通过基础课（重其所重的底部）、研讨课（灵活多元的中部）和实务课（质重于量的顶部）三大类课程，阶梯式地展开法教义学的训练。

（一）基础课

第一类课程是基础课，包括两类：一类是内容基础课，另一类是技能基础课。

---

❶ 参见雷磊：《法教义学的基本立场》，载《中外法学》2015年第1期，第198—223页；雷磊：《法教义学的方法》，载《中国法律评论》2022年第5期，第77—93页。

❷ 北京大学国际法学院（Peking University School of Transnational Law，简称STL）的概况，可参见学院官网（https://stl.pku.edu.cn/About_STL/History_of_STL.htm）的介绍。更具个人视角的观察，可参见茅少伟：《北大STL法学教育的12345》，载"STL中国法"公众号，2021年3月5日。

基础课的目标是在知识和技能两大方面，尽可能夯实职业法律人的成长地基，让学生得以"初入法门"，初步完成"从0到1"的转变。

内容基础课的基本设置逻辑是"重其所重"：精简基础课的门类、加大每门基础课的学分量。真正堪当"基础"的，主要是民法、刑法、公法（我们称之为基础法"三原色"）和诉讼法——这是我们进入到任何进阶方向的"专精"学习所必须依靠的"博通"基础。以民法为例，学院目前设置了三门民法基础课，在内容上主要涵盖民法总则、物权和债权，总计180学时；同时还增加了必修的民事诉讼法（60学时）和公司法（50学时）的学时。"重其所重"的逻辑也进一步体现在具体课程的内容安排上，以近两年"中国民法（一）"（相当于传统的民法总论）的课时配置为例：导论（包括法律、民法和法学方法的导论）占15%，法律行为（包括代理）占75%，其他（民事主体、诉讼时效）占10%。

技能基础课的目标是在学生初步掌握一定的基本知识和方法后，强化训练法律检索与写作、法律解释与适用、法律推理与论证等核心专业技能。学院既开设受德国传统影响的鉴定式案例研习和法学方法论课程，也开设受美国传统影响的法律检索与写作课程。

法教义学的知识和方法，在实践活动中，其实应该是同一事物的两面。作为知识的法教义学，是职业法律人运用法学方法解决法律问题的长期实践活动所生产、沉淀并整理而成的知识体系；作为方法的法教义学，则是职业法律人在应用、批判、发展法律知识以解决法律问题的长期实践活动中所共同使用并改进的方法。相应地，就教育过程而言，法教义学的知识和方法也应该是一体两面。通常，我们是在教授知识的过程中"渗透式"地教授方法。其不足之处在于，知识总是看上去比方法更加"实在"。没有知识作为基础的方法必然是空洞无物的，没有方法作为基础的知识却仍可能"自成体系"——对于继受法制尤其如此。在缺乏自觉的方法论意识的情况下，这很容易诱发重知识、轻方法的倾向，不仅会导致我们对于法律方法和技能的训练不够全面深入，也会影响基础课上教学内容和方法的选择。因此，我们有意识地把核心技能课程也提升到基础课的地位。

（二）研讨课

第二类课程是研讨课。在完成两类基础课的训练后，学生应当已经掌握了一定的基础知识，也熟悉了一定的基础方法——简而言之，初步具备了自主学习的能力。研讨课的目标，就是通过在各个进阶方向上的探究式学习，批判性地应用、发展在基础课学到的知识和技能，进一步提升自主学习的能力，让学生逐步体会"从 1 到 n"的进境。

近年来，我们尝试把大部分讲授式选修课改造成形式和内容都更加灵活、方法上更强调师生互动性的小型研讨课，减少单门课的学分量（以 20 学时或者 30 学时为标配），增加课程的总量，并开展小班教学。研讨课的内容和方法尽可能丰富多元，尽可能发挥授课教师的研究专长，并回应学生不同方向的发展需要。以民商法方向的课程为例，研讨课的类型包括但不限于：（1）传统的高阶部门法（如家事法、信托法、保险法、金融法等）；（2）选题更小、更精的专题研讨（如动产担保、不当得利、损害赔偿等）；（3）比较法研究（如比较合同法、比较公司法）；（4）典型案例研讨（如聚焦最高人民法院民商事案例的民事诉讼法专题）；（5）跨学科与实证研究（如法律实证研究、民法的经济分析）等。

我们希望通过课程设置，区隔出一个与基础课学习方法和目标不同的、新的学习阶段，并要求学生在新的学习阶段具备不同的学习心态（这当然是很不容易的一种转变）。在研讨课上，学生要逐渐习惯自己并不只是课程内容和方法的接受者，而是应通过共读、讨论、报告等形式，积极参与课程的创造。如果说，对于基础课，我们希望它们像大地一样坚实可靠，成为每一个学生共同出发的起点；那么对于研讨课，我们则希望它们像大海一样丰富包容，能满足学生和老师的不同兴趣和需要（例如，对于不满足于将法学教育与法教义学过度绑定的师生来说，研讨课是一个更开放的世界），真正促进教研结合、教学相长。

（三）实务课

第三类课程是实务课。实务课由具有丰富实践经验的实务专家开设，既包括诉讼/仲裁方向的课程，也包括非诉/交易方向的课程；既包括关注国内法律实践的课程，也包括聚焦涉外法律事务的课程。实务课的目标是衔接高年级学生的在校学习阶段和实习、求职阶段，"从 n 归 0"，重新出发，帮助他们更顺利地完成向真实职业场景的过渡。

实务课在精不在多，主要提供一个双向的交流平台。就学生这一端，经过了基础课、研讨课两个阶段的训练，他们应当已经具备了相对较好的知识和方法储备，可以相对成熟地理解和评估实务课的内容，而非要么全盘接受（认为与实务不符的理论都是"无用"的），要么一味地批判（认为与理论不符的实务都是"乱来"的）。就教师这一端，与一般实务讲座不同，在法学院开设实务课应当是教师对其多年实务经验的系统性整理和反思。

因此，实务课实际上提供了一种重要的对话机会：不仅是实务与理论的对话，也是实然与应然的对话，今天与明天的对话。从这个角度也可以区分实务课与技能基础课。技能基础课旨在训练共通性的核心法律技能，而不必与具体的执业领域或者方法直接挂钩；它固然也是实务导向的，也应当关照实务（实践、实然），但可以更多地采取应然的立场（例如，更关注应然上更好的法律论证应当如何做出）——基于这两个特点，技能基础课不妨由学者开设。相反地，实务课通常以特定执业领域或者方法为内容，其固然也会关照应然（理论）立场，但出发点和落脚点主要还是实践，来自具体实务场景的个性化经验和体悟是不可替代的，因此更适合由具有实际经验的实务专家（如法官、律师、监管官员等）开设。

（四）小结

基础课、研讨课和实务课三大类课程，大致对应学生在法学院期间三个各有侧重的学习阶段（基础学习阶段、研究学习阶段和实践学习阶段），从法教义学的基础知识和一般方法，延展到各个具体法律领域的应用和发展，最终导向生态更复杂的法律实践。

如果说，法律的生命从来都在于实践，而法教义学最不可替代的功能正是就法律实践进行的沟通，❶ 那么，就完整的法学教育而言，基础课（包括内容基础课和技能基础课）的重要性无论如何强调也不过分。基础课所奠定的不仅是职业法律人的成长基础，也是法律人共同体的交流基础。正是基础课上那些最基本、最根本的观念、知识和方法（也就是一套"共同语言"），确保了不同法律学科之间、法律理论与实践之间沟通的可能和有效。反过来说，如果现实的情况是，不同法律学科之间、法律理论与实践之间（实际上也就是不同领域、不同职业的法律人之间）的沟通出现了严重障碍，那么其根源之一恐怕正是基础课的失败。基于这样的认识，我们大胆地探索改革基础课的内容和方法，尤其是尝试实践了两种不同的案例教学方法，也取得了可观的成效。

---

❶ 参见纪海龙：《法教义学：力量与弱点》，载《交大法学》2015年第2期，第90—104页。

二、内容基础课与"放"的案例方法

内容基础课的目标是清晰的,即传授最基本、最核心的法律知识,并在此过程中潜移默化地训练对最基础、最重要的法律方法的理解与应用。目标既定,"敢问路在何方"?我相信一定有不止一条可行的道路——哪一条更合适,则取决于具体约束条件。

(一)基础课的现状与不足

以我比较熟悉的民法课程为例(其他基础课大体也适用),最重要的约束条件有二:第一,民法知识体系博大精深,枝繁叶茂,但课堂时间(学分/学时)以及学生能够有效投入的学习时间(包括课后自主学习的时间)太短;第二,尽管近年来民法学的研究和相关法律实践都有长足进步,但仍在相当程度上受困于继受法制的先天不足,例如,主要源于继受的已形成路径依赖的概念、知识和理论,与日益丰富、复杂的中国立法和法律实践之间,仍然存在不可忽视的鸿沟。对于法学教育来说,这两项约束是互相影响、互相制约的。

传统基础课教育最大的不足是什么?一言以蔽之:"不实质"。传统的讲授式基础课往往既不是以"问题"为中心(因此经常缺乏明确的问题意识),甚至也不是以"制度"为中心(因此经常忽视实证法),而是以"知识"传授为中心。学生往往是在不了解法律制度的历史(无论是真实的还是逻辑的历史)与现状,尤其是在不理解制度背后所欲处理的社会生活事实的情况下,就被"灌输"了一整套旨在解释制度、解决问题的法律知识。在民法、刑法等基础法领域,这些"知识"主要不是从我们的法律适用土壤中自然生长出来的,而是成套继受的,因此确实可以"自成体系",也必须体系性地学习(从而对学习时间有较高的要求)。但这种学习是不实质的,它不容易跟学习者(无论是个体还是集体)的经验和价值观产生有机的连接,是一种"在法律的外面学习法律"的方式。

知识学习的不实质,导致方法的训练同样也不实质。在问题与答案之间,我们更习惯用外求的法律知识来填充缝隙,而不是用法律论证、用法学方法的实质运用来铺平道路。即使在面对极具本土特色的疑难法律问题时,我们经常也只能诉诸非常概念性的、形式化的论证,而很难提出可靠的实质说理——这并不是说,在我们得出的特定结论背后没有实质性的经验、判断和理由,而是说,这样的经验、判断和理由与我们习惯的法律概念与知识之间,经常无法完成有效的连接和"转译"。

不妨以民法基础课上涉及的两项重要的意思表示瑕疵制度为例,略作说明。在讨论中国法上的"重大误解"案件时,学生可能脱口而出:"这种情形不能撤销,因为这是动机错误!"——却并不理解,这一纯粹概念性的推理要成立,至少需要满足如下条件:"(1)为了解决中国法下重大误解制度拟解决的问题,我们需要在缺乏实证法文字直接提示的情况下,引入意思表达错误与意思形成错误(动机错误)的区分;(2)并且,基于对该制度目的的解释,除了特定类型的动机错误外,普通动机错误不予救济。"问题并不在于,从法学方法的角度,尽管实证法文字存在巨大差异,是否有可能在中国法下建构出一个类似德国法下错误制度的解释方案(这当然是有可能的);而在于,是否确实有必要这么做?这当然就要追溯到,重大误解制度到底想解决什么问题,德国式错误理论是否很好地(乃至在备选方案中最好地)解决了这一问题。但是,我们经常跳过这一初始问题以及围绕这一问题的实质探讨,而直接把他国的教义学理论(实际上是他国法律人基于其特定实证法和社会实践,对该问题的一种回答)当作客观的知识继受,进而当作学习我国实证法的起点(这种态度,恰恰是违反基本的教义学方法的)。对于接受了这套知识的人来说,很多预设和结论被视为理所当然;对于不接受这套知识的人来说,可能就是"天方夜谭"——如果不能实质性地回溯到无可置疑的起点(待解的问题和实证法规定),双方根本无法展开有效的对话。

再比如,有一种欺诈叫作"沉默型欺诈"(负有告知义务的人故意隐瞒真实情况)——很显然,这里的解释重点和难点是当事人何时负有告知义务。"标准"回答是,根据法律规定、交易习惯或者诚实信用原则的要求,当事人负有告知义务时,应当告知。问题是,如果没有法律规定,也没有交易习惯,诚实信用原则是如何确定在此一情形下有告知义务,在彼一情形下没有告知义务呢?讨论往往戛然而止。这一类问题,才是实务中最迫切需要回答的问题。而要回答这类问题,我们显然无法简单地诉诸既有的概念、知识或者体系。

由此可见,这种缺乏问题意识、缺乏实质论证的路径,使得基础课的法教义学训练局促在狭窄的中部——起点似乎太高(概念门槛很高),终点却又太低(智识收获有限)。

那么,应当如何改进呢?传统基础课之所以"不实质",一个重要原因是其将主要精力放在了体系性知识的传授上——过分重视"体系",可能造成视野和理论上的封闭;过分重视"知识",容易忽视方法和技能的训练。这一缺点并非不可克服。如果学生能够投入更多的学习时间,并且加强案例练习,也可以期待"书读百遍,其义自见"。例如,通过给每一门讲授大课增设配套的案例研习小班课(这是接近德国传统的做法),可以帮助学生在知道、理解和应用的反复训练中融会贯通。问题在于,对于绝大多数法学院而言,在目前的学位项目下,学生的有效学习时间恰恰是最大的硬约束(原因包括但不限于:基础课学分总量有限;由于法律职业市场尚没有形成共识,不愿意更多承担学生在实践学习阶段的培养成本,导致学生在校期间最后一年主要用于实习和求职,实际在校学习时间减少),很难突破。此外,这种增加学习时间的方法也很难解决另一个重要问题,即由于知识体系是继受的,而不同法律领域的继受渊源不同,导致跨学科、跨体系的对话以及理论与实务的对话很难有效地开展。而要将中国的法学和法治向更高水平推进,这一障碍必须要跨越。

(二)基础课案例教学方法

我们尝试另辟蹊径,在另一个方向上探索:在既定目标和约束条件下,能不能从根本上改变内容基础课的授课方式呢?改变的方向是确定的,一言以蔽之:"实质化";或者说,要采取一种"到法律里面去学习法律"的方式。为此,我们尝试借鉴和改造美国法学院传统的案例教学方法(以及所谓苏格拉底式教学法),把内容基础课也变成了讨论课。

在基础课上能够开展有意义的课堂讨论吗?讨论的目的是什么?这是首先要回答的两个彼此相关的问题。很多老师(以及学生自己)都认为基础课应当以讲授为主,无法开展有意义的课堂讨论——因为学生缺乏必要的知识储备,无法应用这些知识来讨论问题。这种态度实际上隐含了一种对法律学习方法的理解:"应当首先学习大前提(法律规范/知识),然后通过将大前提适用于小前提(事实)的训练,增进对大前提的理解"。这种路径在成文法传统下是很自然的——对于法官来说,就像对于学习者一样,规范/知识主要是给定的。

我们以讨论课的方式来上基础课,自然也就需要改变这种以规范(以及阐释规范的知识)为中心的法律学习方法,并引入新的学习方法:"直接关注真实的法律适用过程,总是连带着小前提(事实)一起(而非脱离了具体问题和语境)来学习大前提（规范）"。关注真实的法律适用过程，也就是关注案例。因此，这种新方法在形式上就以案例讨论为中心。❶ 那么，这种方法要如何操作呢？以这种方法开展的基础课，能否实现其教学目标呢？

我们先从具体的操作方式说起［目前，比较完整地使用该方法的基础课是我主讲的"中国民法（一）"课程，在其他课程上也有部分应用］。学生需要在每次上课前做充分的准备，尤其是，需要提前阅读老师布置的课程材料（由于缺乏现成的材料，教师初次备课时需要花费相当的精力准备这些阅读材料），包括法规、案例、简明讲义和其他补充材料（例如专题论文、新闻报道等），其中最重要的是案例材料（以中国法院二审及再审的真实案例为主）。案例的择选非常关键，需要综合考虑权威性、典型性、可读性、事实、说理等。

课堂讨论围绕案例展开，大体可以分为三步：（1）梳理案例事实，评估裁判理由。这一步是紧密围绕学生提前阅读的数量有限的个案进行（这些案件根据其涉及的知识点、展现的不同思路等进行编排）。这里所欲评估的理由，不是指权威理由（依据某实证法规范），也不是概念性、知识性或者体系性的理由（例如，因为这是一个形成权，所以其行使通常不能附条件；因为违反公序良俗，所以该合同无效），而是要挖掘裁判依据和表面说理背后（可能）的实质性理由。（2）变化案例事实，开放寻求方案。这一步是要从个案逐渐发散开去，通过不断调整部分案件事实（也就是假设各种"类案"），不断检验、挑战原来的裁判结论和理由，继而开放性地寻求、比较和评估各种可能的解释/解决方案。（3）还原真实问题，回归规范解释。这一步是在前两步的基础上，重新呈现"类案"背后的真实问题，将我们讨论至此得出的"最佳解释方案"，收敛、回归于实证法；并将这一（通常是新的或者更清晰的）实证法解释方案，应用、检验于个案的处理（尽管未必会改变法院的裁判结果）。

这样我们也就能够理解，为什么在这种案例方法下，课堂讨论不仅是可能的，而且是必要且有益的。讨论是可能的，因为学生即使缺乏足够的法律知识储备，也不妨碍其首先从事实（而非规范）出发去理解案例，去理解法律所欲处理的事实问题，也不妨碍其调动常识和其他领域的知识来实质性（而非形式性）评估各

---

❶ 关于以案例为中心的教学方法与以规范/知识为中心的传统教学方法在法学教育理念和课堂表现上的差异，参见茅少伟：《案例法的理念与法学教育》，载"STL中国法"公众号，2022年4月6日。

种问题解决方案。与传统基础课的学习方法相比，这一方法是反向的，我将其称作"还原法"：它不是把规范（以及知识）作为讨论法律问题的演绎起点（相反，是作为"经验"归纳的终点），而是从案例出发，从事实出发，把重点放在还原规范背后的事实问题，还原具体问题背后的利益冲突、价值判断和政策衡量，还原各种解决方案的开放论辩，实际上也就是在尝试还原规范（以及知识）的生产过程。通过与授课教师和同学的对话，学生全程参与了这个模拟的规范生产过程（苏格拉底方法也被称作"精神助产术"），而非纯粹的旁观者或者被动的接受者，这是一种"到法律里面去学习法律"的方法，学生的理解深度和适应性可以得到实质的提高。

这一案例教学方法的基本理念可以概括为"两轻两重"：轻概念使用、轻体系完备；重问题意识、重实质论证。"两轻"是我们要"有所不为"的地方。"轻概念使用"，并不是说不使用概念，而是说要尽可能少地使用次要的概念，只使用最基本的概念（但必须非常准确地使用这些基本概念）。这样可以降低理解问题、开展讨论的概念门槛，将真实的问题更澄澈、更直白地"裸露"出来，而不是包裹在似懂非懂的概念"浆糊"之中。"轻体系完备"也并不是说不需要体系（例如，课程的模块化、专题化安排，还是需要依照合乎逻辑和目的的体系），而是说不过度追求知识覆盖的体系完备性。以案例为中心的课堂讨论需要耗费大量时间，从而必然要在一定程度上牺牲知识点的覆盖密度和完整性。从积极的一面来说，这实际上是要求我们有取舍素材的眼光和勇气，有方法和理论的高度自觉，在极有限的时间里，挑选最基础、最重要、最具体系框架意义、最有方法训练价值的少量制度（规范/知识）集中研习。❶ 相应地，"两重"是我们要"有所为"的地方，把概念使用限制在最必要的程度，把体系变得更粗疏（同时也更坚实），通过案例（并且，主要是真实案例）引入讨论，都是希望学生从一开始就习惯于带着问题意识学习法律，习惯于实质思考和实质论证。

放宽视野来看，对于继受法制来说，"两轻"其实是一项必要、重要且迟到了的工作。打个比方，我们继受而来的其实是一栋精装修的漂亮房子，房子的设计、建筑和装潢都体现了原业主的价值理念、使用需要和审美眼光。我们不可

---

❶ 参见茅少伟：《有用的理论、无用的理论与备用的理论》，载《燕大法学教室》（2021）第3期，第4—8页。

能、也没必要把房子推倒重建（重新"发明"一套基本法律概念和技术，几乎是不可能的；即便可能，也毫无必要，除了增加学习成本，闭塞交流，并不会有太多收益）。❶ 但是，我们毕竟有自己的价值理念、使用需要和审美眼光，同样不可能、也没必要全盘接受。因此，我们需要大胆地拆房子！只有拆掉那些非核心的部分，这栋房子的地基和承重墙才能更清晰地呈现出来；只有拆掉那些不合心意的装饰装潢，我们才能按照自己的需要，按照我国法律实践的发展状况，按照我国民众的价值观，来重新装修这栋房子，才能把这栋房子真正变成我们自己的房子。"地基"和"承重墙"其实就是那些最核心、最重要、最根本的概念、框架和方法（也可以说是法学的"基础科学"和"核心技术"）——我们拆掉的那些，不过是应用这些概念、框架和方法生产出来的具体知识。这些知识固然也重要（并且，作为"前人走过的路"和"他人走过的路"，在进阶的比较法学习和研究中，应当继续关注），但他国可以生产，我国也可以生产，今天可以生产，明天也可以生产，不需要、也不可能在法学院有限的时间里全部学会。寻找法学的"地基"和"承重墙"，当然也是一个探究性的过程。重要的是，跟整栋房子相比，"地基"和"承重墙"只占很小的部分，并且是许多法律部门所共用、共享的，如果能够更深刻地把握它们，跨体系、跨部门的沟通也就可以变得更自然、更有效。

（三）小结

我们在内容基础课上引入的案例教学方法是一种"放"（发散）的方法，鼓励学生首先能够把思维打开，更主动、更具反思性地学习基础知识和方法；从实践效果看，这种新方法在引领学生快速入门并具备自主思考能力和习惯方面具有显著的效率优势。

三、技能基础课与"收"的案例方法

天下没有免费的午餐。即便我们相信，与传统基础课方法相比，"放"的案例方法所获得的要远大于所牺牲的；但这也不代表那些被牺牲的东西不重要，或

---

❶ 就移植的民法所面临的本土化和社会化的挑战及其应对方式，早在20多年前，苏永钦老师就有很深刻的讨论。参见苏永钦：《私法自治中的国家强制——从功能法的角度看民事规范的类型与立法释法方向》，载苏永钦：《走入新世纪的私法自治》，中国政法大学出版社2002年版，第47—52页。

者不需要重新获取，或者会自动重新获取。"放"的案例方法所牺牲的主要是知识（体系）的密度。学生的课后自主阅读和学习可以部分弥补。在课程设置上，我们希望通过后续的技能基础课来促进"收"（收敛）的效果，以防止学生知识学习的过度"碎片化"。为此，我们既引入了德国传统的鉴定式案例研习课，也引入了美国传统的法律检索与写作课，期待两者能相辅相成。

（一）鉴定式案例研习课程

近10年，源自德国的鉴定式案例研习方法（在民法领域，亦即请求权基础方法）获得了广泛的关注，相关课程实践也有长足的发展，有力地冲击了传统课堂。❶

鉴定式案例研习课程可以分为初阶课和高阶课，其区别不在于基本方法，而在于训练要求和侧重不同。初阶案例研习一般是配套内容基础课开设，案件事实相对简单，尤其是知识点指向相对清晰，学生一方面可以熟悉鉴定式案例分析的技术（包括分析结构和写作格式）；另一方面，在反复的法律适用练习中也可以更好地掌握核心规范、知识和法律解释方法。高阶案例研习则是在完成相关领域全部内容基础课之后开设，以综合案例为主，要求学生能够更加独立地、体系性地运用各种法学知识和方法解决问题（尤其是疑难问题）。两者配合当然会有更好的训练效果。在时间和师资受限的情况下，高阶案例研习在课程体系中具有更重要的地位。学院目前在民法、刑法、公法等方向开设的主要是高阶案例研习课。

在采取"放"的案例教学方法的内容基础课上，无论是在课堂讨论还是在课后练习中，我们也一直在训练案例分析、法律解释、法律适用等技能，但这是远远不够的。与初阶案例研习类似，基础课上的练习需要配合知识学习的进度，就一个完整案件的解决而言，往往是片段性的（尽管在个别问题点上可以不乏深度）；案例教学方法所采取的"轻概念使用""轻体系完备"立场更加剧了知识"碎片化"的倾向。因此，通过综合案例的严格鉴定式训练，我们能够更全观、更体系性地把握特定法律领域，并将知识网络编织得更细密一些（例如，通过请求

---

❶ 参见吴香香：《请求权基础：方法、体系与实例》，北京大学出版社2021年版；于飞主编：《鉴定式案例研习：首届全国大赛优秀作品暨会议记录》，中国政法大学出版社2021年版。

权基础方法体系性地检索、适用规范，可以极大增进对民法知识体系的理解和把握）；同时，并非不重要的是，由于此时的写作目标主要是在法律体系内部进行沟通，因此，在表达上，也更重视概念的准确使用。在内容基础课上，我们拒绝用"法言法语"替代思考；在案例研习课上，我们则需要练习用"法言法语"表达、沟通和落实思考的结果。

更重要的是，综合案例的鉴定式分析可以检验我们是不是真的掌握了在内容基础课上学到的知识和方法。要解决案例提出的法律问题，我们往往需要更"密"的知识，需要"从已知打进未知"，这个训练过程是不是有效、是不是高效，就考验我们"已知"的（也就是在内容基础课上择选出来的核心知识点）到底是不是知识网络上的关键节点，到底能不能够纲举目张、举一反三。在解决疑难案件时，除了援引、解释和适用法律条文，除了应用知识，还可能需要发展、续造法律，需要权衡冲突性的政策理由并进行实质论证，这就考验我们对法学方法的理解是"徒有其表"，还是在有需要时确能实现"运用之妙"。

在内容基础课之后，高阶案例研习课是非常必要的一个"以练促学"的阶段，可以在专业概念使用、知识体系梳理和法学方法运用等多方面起到"收"的效果。

（二）法律检索与写作课程

开设鉴定式案例研习课的老师大概都有过这样的体会：在初期的快速成长（也就是学生熟悉了鉴定式方法的基本技术、分析结构和写作格式）后，学生作业和课堂讨论可能会呈现出两个相关联的不利倾向。一是写作逐渐"套路化"，结构和格式都处理得不错，但对于关键问题、疑难问题的实质论证仍然不足；二是课堂讨论仍然不免以知识为中心，即关注点经常还是在与具体案例相关的法律知识而非基本技能上。这两点不足在鉴定式方法下并非不可克服，但也并不容易克服，原因之一是，鉴定式方法固然有一套共通的基本技术，但主要仍是在各具体法律部门（例如民法、刑法、行政法等）分别训练，与该领域相关的知识、方法和分析框架的特性（例如民法的请求权基础方法）自然会吸引更多的注意力。

受美国法学院传统影响的法律检索与写作课程，可以在一定程度上弥补这两点不足。这类课程进一步放松了对特定领域的知识以及特定写作格式的要求，意图穿越部门法的壁垒，聚焦于法律检索、法律写作、法律解释、法律适用、法律论证等共通性技能的训练；同时，还可以在更一般性的层面上，探究一些通常受关注不够的理论和方法问题（包括如何理解法律渊源，如何处理法律冲突，如何使用案例来论证，如何使用学说来论证等）。

以我们开设的"中国高级法律检索与写作"课程为例。❶ 在上这门必修课前，学生（非法本法硕）只刚刚上过几门中国法内容基础课（宪法、民法、刑法），但我们需要在这门课上尝试处理许多与民法、商法（公司法）、行政法、诉讼法、劳动法、金融法乃至国际税法相关的案例问题。在没有学习过具体知识的情况下，学生能不能像一个真正的专业人士那样，"有模有样"地处理这些问题？实践证明是可以的，因为处理法律问题的基本方法是共通的。并且，正是因为没有学过相关知识，我们才不得不尝试用这些基本方法去处理陌生的问题、陌生的材料。虽然在这个"跌跌撞撞"的过程中一定会出问题乃至闹笑话，但在经过一番"无知者无畏"的探索后，的确可能"发现"一套可以贯彻于（而不是专属于）各个部门法的基本框架和方法。每个法律领域当然都会有更具体的方法，就好像每个法律领域一定会有更具体的知识、更具体的理论。但如果没有一套共通的基本方法（"共同语言"），跨学科、跨体系的对话如何可能呢？事实上，这样一种训练正是以真实的职业场景为预设：对职业法律人来说，需要处理陌生的问题是一种常态——这个时候当然不能简单以"我原来没有学过某部门法"为由而拒绝处理。这种方法训练并不试图、也不能代替知识的学习，但是，经过这样的训练，学生对共通性法律技能的理解和应用能力会加强，在处理陌生问题时的自信心和胆量会提高，进而自主学习、自主探究的动力也会随之提高。

（三）小结

尽管降低了对部门法知识和特定写作格式的要求，但法律检索与写作课程所应用的仍然是一种"收"的案例方法，因为它同样要求体系性地解决问题，要求准确的概念使用和专业表达，要求将法律论证等专业技能贯穿于法律适用过程之中。内容基础课"放"（发散）之在前，两类技能基础课"收"（收敛）之在后，两者若有效配合，就可能"收""放"自如，避免法律学习中"一放就活，一活就

---

❶ 对该课程的简要介绍，参见《走进 STL 特色课：中国高级法律检索与写作》，载"北京大学国际法学院"公众号，2021 年 6 月 17 日。

乱,一乱就收,一收就死"的循环。

结语

在一个健康的生态中,法学研究、法学教育和法律实践应当是互相关照、互相促进的。近年来法学教育领域的各种改革和探索,正是面向变化了的法律实践需求做出的,也是伴随法教义学研究范式的更新做出的。专业法学教育在法律的理论与实践之间、在法治的现在与未来之间,应当起到重要的桥梁作用。如果我们希望法学教育和它所培养的未来法律人,不只是一种适应性的力量,同样也是一种创造性、变革性的力量,那么,就不得不承认,法学教育的现状离理想还很遥远。因此,重新审视其内容、方法和目标是必要的。即使有成熟的理念,要落实到具体的课程体系设计和课堂实践上,也并不容易。本文简要介绍了学院课程体系设计的理念和多年实践,这其中有大胆的探索和试错,也积累了一些经验和教训。野人献曝,是期待更多的交流和指教,毕竟这是一份公共的事业,为了一个共同的未来。

编辑:章程

兼总条贯 知至知终
——教税法的一些体会

钟瑞庆*

引　言

做大学老师最重要的意义，就是可以育人。孟子有一段话很有名，"得天下英才而教育之"，"乐也"。这一乐，是可与"父母俱存，兄弟无故"以及"仰不愧于天，俯不怍于人"并列的，而且其乐超过了"王天下"。育人依赖于课程。不过，一门课程的名字可以相同，但随着讲授者的不同，以及课程内容安排的不同，其实质可以相去甚远。北大国际法学院的茅少伟博士，有一个观点我非常赞同，他认为，育人的关键不在于安排什么课程，而是安排谁去上。育人，是一个人去启发另一个人。这不是一个简单的知识灌输的过程，而是一个思维上师生相互启发、相互激励的过程，因此，由谁去上课，比用什么教材，要重要得多。当然，实际上，随着上课者本身的变化，上课的内容会在不知不觉中发生变化。也就是说，上课的具体内容，其实也可以反映上课者本身的状态。如果上课者持续不停地在进步，那么，即使使用相同的教案，其实还是会教出每年不一样的内容。孔子作为伟大的教育家，其给后人最大的启示，或许就是他不断地取得进步这一事实本身，他从未停留在同一个地方，而是每过一个阶段，就会有一个非常大的变化，所以他才能说，"吾十有五而志于学，三十而立，四十而不惑，五十而知天

---

* 浙江大学光华法学院副教授，法学博士。

命，六十而耳顺，七十而从心所欲，不逾矩"。当然，这并不等于说如何安排课程的内容是不重要的，而是说，课程内容的确定，要从育人的视角出发，因而对育人者和被育者，都会提出相应的要求。忽视对人的要求，单纯去设定课程的内容，就注定无法达到育人的目的，而是转变为文凭售卖的生意。

那么，从育人的视角出发，该如何设定课程的内容呢？马一浮先生为浙大写的校歌中有一句话"兼总条贯，知至知终"，这或许可成为设定课程的思路总纲。粗略地说，"兼总条贯"，就是知识体系的贯通，"知至知终"，则是为该知识体系探求边界。从教学的角度而言，一门课程会有其核心与边界。确定其核心，即可把该课程的不同内容融会贯通，而确定其边界，则可让该课程与其他课程的关系，得到界定，进而可帮助学生把不同的课程贯穿成为一体。以税法为例，税法课程内容的安排，首先要实现税法内部的贯通，然后又要对税法与其他法学课程，乃至与相关的经济学、会计学之间的关系，进行准确的划定。从税法的这个角度出发，第一步是实现税法内部的贯通；第二步是把包括税法在内的各法学课程的贯通，即法学体系的贯通；第三步是把法学和其他相关学科，如经济学、会计学的贯通。也就是说，这可以理解为是层层贯通的过程，也是层层确定知识边界的过程。各课程的同与异，就可各得其位。这也类似于康德所展开的各种批判。当然，限于个人的能力，我们或许在上述的过程中，在某个特定的阶段就再也无法往上取得进展，但这并不能因此而否认学术进展本应追求的目标。"兼总条贯，知至知终"是理想，我们可以不断地追求靠近它，但或许永远无法完全地实现它。

我对税法的课程，即按上述思路展开。

一、理论准备

理论准备，类似于思想准备。逻辑上，课程应该呈现一门课程的共识。但何谓共识，在哪种范围里的共识，就可能是一个问题。例如，一种选择就是根据中国现有的税法研究学者的研究成果，去呈现共识；另一种选择是在世界范围里，去选择最能反映税法的学科特性的共识，结果都是共识，但内容可能相去甚远。

我的准备办法是把税法领域里迄今为止最优秀的学者，最好的论文以及最好的书（包括专著和教材）挑选出来，一一加以阅读。因此，最重要的一步是要有能力去挑选这个名单。不过,这并非想象中的那么难,毕竟,只要去挑一些好的论文出来,在其引著中加以检索,很容易会发现谁的地位高,哪一篇论文重要。我的办法是,先确定哪一国的税法研究水平最高,然后再确定,在该国中,谁的研究水平又是公认的高,再由他横向和纵向展开。很粗略地比较,就可以发现,在税法的领域,美国水平最高,然后我又发现,Boris Bittker 既有广度又有深度,因此,先把他的著作搜罗完全,借着 Boris Bittker,又搜罗出 Marvin Chirelstein、David Weisbach,然后再找出 Charles Kingson。关键的几个人确定了,剩下的就是认真地、反复地阅读他们的书和论文,税法中的核心问题,就慢慢地浮现了。需要注意的是,阅读这些人的著作,其目的并非要将其结论完全照抄于中国,而是用于发现税法所面临的特有问题的性质,例如,Boris Bittker 的经典之作,*Federal Income Taxation and the Family* 以令人信服的方式说明,在个人所得税的纳税主体的问题上,存在难以解决的困境:单纯以个人为纳税主体,收入相同的家庭,其税负是不同的,而如果希望拉平家庭之间的税负,就必须同时设立单个人的税率表和夫妻共同申报的税率表,但这又会产生这两个税率表之间的公平问题,要么存在单身惩罚,要么存在结婚惩罚。David Weisbach 的论文 *The Irreducible Complexity of Firm-Level Income Taxes: Theory and Doctrine in the Corporate Tax*,则以很清晰的方式,说明何以企业所得税必然是复杂的。Charles Kingson 的 *How Tax Thinks* 则提出了一个税法概念的解释框架,这个框架由交易所涉及的风险、回报和控制(risk, reward and control)三个部分组成。毫无疑问,这些问题是中国税法同样必须面对的,但解决方式可能跟美国人所提出的完全不同。理论的意义在于,我们可以借此理解中国的方案的优劣,并理解何以中国会选择和美国并不相同的解决思路。这是在税法技术层面的理论准备。

很显然,仅仅停留在税法的技术层面是不够的,而是需要进展到经济和哲学的层面。这是因为,就税论税,最终将无法理解何为税。必须上升到经济层面理解税,是因为在不同的经济运作方式下,征税的方式及其规则,是不同的。例如,在传统的农业经济下的征税方式和税收规则,必定不同于工业化、市场化和全球化下的征税规则和征税方式。我主要依赖于亚当·斯密、熊彼特和凯恩斯的理论去理解当代市场经济下的运行规则,进而借此理解税收的作用及其意义。而必须上升到哲学层面,是因为,税收问题必然也涉及正义问题,税法的核心问题,是将公共负担按合乎正义的方式分配给纳税人。那么,何谓正义,就成为无法回避的问题。康德、孟子和罗尔斯，是目前我主要的理论依托。

上述的理论准备，并不是需要在课堂上完整地加以呈现的部分，而是属于背景性的部分。这种背景性的部分，最好能够被上课的老师完整地加以把握，这样，老师知道自己所表达的观点，是在什么样的理论脉络下展开的。所依托的理论脉络，当然最好是可找到的最顶级的理论。也就是说，不问观点倾向如何，每一派的观点背后，同样存在着不同层次的理论家。作为老师，最好是选择该派之中最好的理论表述。这个办法，就是我们中国古人所讲的，"学其上，仅得其中；学其中，斯为下矣"。学其上，当然得先知道什么是上，鉴别力是最重要的。一旦知道了何为上，并且理解其何以为上，再看中和下的论文和著作，自然就"一览众山小"了。在这个意义上，学问有点像爬山，最怕的是一直在山脚下徘徊，甚至把山脚下的一点风景当成了全部。最好的办法是先爬到山顶，这样就有全局在胸之感，然后从山顶再往下走，又会发现山顶上看到的某个点，可慢慢扩展出复杂的细节。当然，上山下山，可以反复来回走，这样，就慢慢地既有全局又有细节，且能把全局和细节都纵览贯通。

二、税法方法的特殊性

如果希望在一个清晰的理论脉络下去呈现税法，那么，就必须进一步追问税法的特殊性，也就是说，必须对税法进一步理论化，以澄清税法与既有的法部门之间的关系。一方面，税法仍然遵循其他部门法的逻辑，其法学方法论，应与一般法无异。但另一方面，税法也有自己独特的思考方式，拥有自己独特的视角，这一独特性，也表明其有资格成为一个独立的法部门。

那么，税法方法的特殊性何在呢？我认为，在法的各部门中，税法是唯一的以价值为思考核心的部门法。这是因为，现代税法征收的是货币税，而非实物税。因此，税法，至少是现代税法，必须承担起直接确定货币价值及其变动的重任。我称之为"从钱眼看世界"，即一切均需转化为货币加以衡量。正是根据货币化衡量的财产的持有、增加或消耗，现代税收分为财产税（财产持有时的税）、所得税（财产增加时的税）和消费税（财产消耗时的税）。传统的法部门，例如物权法，并不直接处理价值，而是通过确定物的归属，间接处理价值问题。例如，物的价值本身即使发生了重大的变化，但只要物的归属没有发生变化，从物权法的角度而言，什么也没有发生，但对税法而言，则并非如此。例如，根据评估值征收房产税，就可以在物权法层面没有任何东西发生变化的条件下，导致应纳税额不同的结果。正是因为税法的这一特性，导致其不得不从经济学和会计学移植大量的概念，而不是直接从传统的法部门移植概念，进而导致税法与会计学、经济学的交叉。税法思考的核心，就不得不围绕价值的创造及其分配来展开。以个人所得税为例，工薪所得的税率最高为45%，财产转让所得为20%，炒股所得为0。那么，对这些条款的理解，自然就要求追问，为何对于工薪所得的税率设定，要远高于财产所得，而又将炒股所得税率定为0？直观上，导致不同阶层的收入差距的最大因素，是财产所得，但在税法上，恰恰又把劳动所得，即工薪所得，确定远高于财产所得的税率，岂非与调节收入差距的目的背道而驰？其答案，就需要对创造不同所得的过程及其限制有深入的理解。这就导致税法思维的核心内容，会不同于其他法部门。

当然，围绕价值展开的法学思考，并不能离开具体的概念来展开。价值的思考，同样要通过概念，要把不同情形下的价值确定或者转换，用不同的概念来加以定义。这在一方面增强了其稳定性，但在另一方面，也创造了各种难题。这是因为，价值是在不断流转变化的，而概念却总是需有一个稳定的内核。用稳定的概念去把握不断流转的价值，就如同刻舟求剑一般，导致各种的漏洞存在，这是税法所面临的特有的难题。无论如何精细化、体系化，这一根本难题都不可能得到彻底的解决。例如，以企业所得税面临的核心难题为例，企业所创造的价值，首先留存在企业，既可以通过分配方式，转移给股东，以股利的方式体现，也可以通过继续留在企业，以股东股权价值的增值来体现。这两种不同的体现方式，如果不考虑企业和股东之间投资机会的差异，对于股东而言并无实质性的区别，但在税法上，因为用了不同概念去表达，分配方式获得的部分就成为股利，而以留存方式导致的股权的增值，则被定义为财产转让所得，而股利和财产转让所得的税率，又常常是不同的。也就是说，同一种价值，被不同的概念所表达，就导致了不同的税收后果。这就成为各种税收筹划的根源。

如何理解基于价值思考而确定的税法概念呢？Charles Kingson 把税法确定价值的归属的概念，称为税法上的所有权（tax ownership），并设定风险（risk）、回报（reward）和控制（control）三维度的分析框架。换言之，在税法的视角下看待价值的归属及其变动，还是要基于权利和义务的视角，但此视角的分析，需要以民法为基础，但又不完全采纳民法下的定义，而是更多地借鉴公司金融学和会计学的思考模式，从其经济实质去展开分析。税法的各种核心概念，诸如债、股之分，利息、股息、转让差价、租金、特许权使用费等，乃至转让与服务之分，都可在此框架下获得解决方案。

三、体系定位

一旦理解了税法方法的特殊性，就可以进一步界定税法与相关法部门的关系。厘清税法与相关法部门的关系，一方面是进一步理解税法方法的特殊性的含义；另一方面，是希望借此反过来观照其他法部门思考方法的特殊性，最终是希望借此帮助学生理解法体系的体系性，到底是如何构造的。也就是说，是带着体系性的思考，带着希望借此实现将各种法部门贯通的目的，来理解税法的定位及其意义。

那么，为什么可以借着税法来实现这一追求呢？这是因为，税法的一个重要特点是普遍性和基础性。这一点是法学界的很多人没有理解的。税法的普遍性和基础性，当然是由税收本身的普遍性和基础性所决定的。在西方，有一句话非常有名，"在这个世界上，除了死亡和税，没有什么是确定的"（in this world nothing can be said to be certain, except death and taxes）。在中国，温家宝同志也讲过一句话，"一个国家的财政史是惊心动魄的。如果你读它，会从中看到不仅是经济的发展，而且是社会的结构和公平正义"。换言之，税法跟所有人有关，构成秩序建构中的最为基本的规则。既然税法跟所有人有关，它就必然跟所有的法部门有关，也跟法学之外的其他学科有关。也可以说，要准确地理解税法，就必须对其他相关的部门法，以及相关的其他学科的关系，有比较清楚准确的定位。或许可以这样理解，即在税法的课堂中，不能仅仅讲税法，还要讲民法、刑法、行政法，同时还要讲经济学、会计学。以下逐一简要分析。

（一）税法与民法

按照我们前述把税法理解为价值法的逻辑，税法和民法的处理对象是不同的。但实际上，民法只是不直接处理价值的确定及其转变的问题。也就是说，民法通过间接处理的方式，通过确定权利义务的得、丧、变更，同样处理了价值的问题。

然而，这种处理方式是间接的，因为民法只需确定权利和义务的归属，而无需得出该权利和义务价值几何的结论。而税法则需在民法的权利和义务归属结论的基础上，进一步去分析由此而生的价值归属及其变化，并据此去解释相关税法概念并确定税收后果。在这个意义上，民法总是在税法之前，因为任何涉及价值的处理，首先总是由当事人以民法的方式处理的。按此逻辑，不懂民法，就无法懂税法。当然，懂了民法，不等于就会自动懂税法。理解民法是税法的必要条件，但不是充分条件。

按照上述进路，税法和民法的关系，可以这样粗略地加以理解，民法是构造我们日常经济生活的法，而税法恰恰是根据日常经济生活的结果来征收税收。换言之，税法要对民法产生的结果加以评价，然后决定某个人或某种经济活动的税负。这种评价，就是从价值角度出发，从风险、回报、控制三维度，去分析价值的归属及其变动，然后再由此判断纳税义务是否产生。

举例而言，个人所得税法下的财产转让所得，自然要求财产转让为前提。确切地说，财产转让所得，要求两个财产转让行为，即买和卖。那么，何谓财产发生转让？民法下物债二分的逻辑，可以把转让理解为债权合同和物权合同，即可能是根据签订债法上的转让合同为已足，或者要求发生了物权让与才构成转让。如果税法根据民法来决定，那么，就要看上述两种观点哪一种是主流的。但如果完全由民法来决定，那么，当事人就可以选择何时转让来决定纳税的时点，并可能策划出规避的方案。例如，甲拥有 A 公司股票，甲如果直接出售持有的股票，依照上述的规则就必须缴纳财产转让所得，但甲可以通过卖空的操作，即借入 A 公司股票并将其卖出，那么，此时甲是否也必须纳税呢？依照上述逻辑（即必须完成买和卖两个行为才有财产转让所得），甲仅进行了卖而未买，"所得"所要求的差价并未产生，因此无需纳税。但从价值变动的角度而言，甲已经完成了将 A 公司股票的风险、收益完全转移出去的目的（因为甲卖空之后，本应通过买回才能返还所借的股票，即他必须承担买回价格的风险，基于这个逻辑，一般的卖空无法确认所得。但此例中，甲无需通过买回返还，因为他已持有 A 公司股票，因此，其买回价格早已被锁定），即应认定其股票已完成转让。简而言之，为了要阻止这种避税行为，转让的概念就要在民法的转让概念的基础上进行扩张。

这样，我们就可以看出税法与民法之间的复杂关系，因为税法所要求的价值分析，无法脱离民法的概念来展开，但又不能完全依赖民法分析的结论。逻辑上，按照税收中性的要求，当事人在从事民事或者商事活动时，应当完全无需考虑税法的规定。然而，因为价值分析总是依赖于民法的概念，税法的价值分析的结论，常常取决于当事人在从事民事或者商事活动时所采取的法律形式，例如融资是债还是股，财产让他人使用是租赁、转让还是服务，这就意味着，从实务角度而言，从事任何民商事活动，均需考虑税法的相关规定，从理论角度而言，税法对民法的依赖，为税收筹划大开方便之门，而税法对民商事活动的约束，又可能构成限制私法自治空间的最重要的力量。

（二）税法与刑法

按照价值法的逻辑，刑法所要处理的问题，常常是无法通过金钱衡量的，因为刑罚主要是剥夺人的自由乃至生命。例如，杀人犯被抓，然后被判死刑，其含义，显然非金钱可衡量。但杀人和死刑，同样会产生金钱上的后果，也就是说，如同民法，刑法通常也是间接地处理价值问题。不过，刑法所处理的价值问题，一般而论，是针对某个具体的人。在此意义上，其效能和强度，可能会远大于民法，也远大于税法。因为无论如何，税法在理论上，其税率不能高于100%，但通过刑罚，却可以彻底地消灭某个人。但针对更大范围的价值问题，税法的重要性，就要高于刑法了。可以认为，刑法的法治所面临的难题，是能不能彻底堵死要故意针对特定的某个人的刑事调查和刑事处罚的滥用，而税法的法治所面临的难题，则是能不能彻底堵死优待或者亏待某个群体的问题。依照这个逻辑，虽然罪刑法定与税收法定看起来是并列的，但其内在的逻辑却各有不同：

第一，所指的法不同。罪刑法定与税收法定，虽然都是法定，但所指的法，其实内容不同。在中国，刑法所指的法，当然是狭义的法，即刑法，是由中国的立法机关即全国人大及其常委会制定的；税收法定中的法，却并不仅仅指全国人大及其常委会制定的法，而是包括国务院制定的行政法规、财政部和国家税务总局制定的各种规章及其他规范性文件。当然，有人会说，这不对，应该全部由全国人大及其常委会去制定。不过，这是理想，至少现在不是这样。实际上，即使是美国，由国会授权财政部去立法补充（即制定 regulation），也是很常见的。

第二，法定的程度不同。同样是法定，在刑法上，依照罪刑法定的逻辑，不能去制定一个兜底的罪名,即法定是严格的法定,但在税法上,却必须有一个兜底的分类,也就是说,在刑法上,如果出现了某种新的侵害他人权益的行为,性质极为恶劣,但依照现有的刑法,无法纳入任何一种罪名之下,这行为即应按无罪处理,但在税法上,就必须先定一个兜底的条款,以免事先分类不够周延而导致产生税收漏洞。

为什么看起来刑法的法定程度要远高于税法呢?其原因即在于,刑法的滥用是针对个人的积极的行动,而税法的滥用,其实更常见的是对某个群体的看不见的优待,即消极的滥用。刑法要防止积极的恶行,而税法要防止的是消极的恶行。税收法定,其最为重要的功能,即防止某些人以某些冠冕堂皇的理由免某些人的税。

税法和刑法还可能存在交叉,因为严重违反税法的行为就变成了犯罪行为。此时需要注意的就是,税法可能成为扩张刑罚的工具。因为税法的普遍性,以及基于税法的目的应防止消极恶行的特征,而赋予税法以普遍性和周延性,而由此就可能使得违反税法的行为,在某种意义上就具有普遍性,而利用此普遍性,即可扩张刑罚,实现针对某个特定个人的刑罚滥用,违反税法的刑事犯罪客观上变成一种兜底罪。因此,针对此交叉领域,应注意限制其适用范围。降低对刑法的依赖程度,应成为税法的目的之一。随着税收管理能力的提升,刑法的管辖范围应随之收缩。缺乏对这一点的理解,就可能导致刑法领域的检察官和法官们,就可能会在不知不觉中,扩大了刑法的规制范围。

(三)税法与行政法

很多人可能会认为,税法是行政法的一部分,即税法是行政法的特别法。但这种理解其实是片面的,也可以说是错误的。

按照法无禁止即自由的逻辑,一个人受行政机关决定的约束,应为例外而非常规。换言之,行政机关应得到法律的授权,方可作出约束人的行为的决定。而且,法律的授权,其范围应受到严格的限制。但如上所述,纳税其实是日常生活的一部分,换言之,与纳税机关打交道,恰恰是日常生活的一部分,即应为生活的常规而非例外。

当然,如同刑法一样,税法和行政法之间存在着交叉部分。征税行为本身并不是作为行政行为处理,而是对违反税法的调查和处罚行为,才是行政行为,此时才存在税收征管的特别法与行政法作为一般法之间的关系。征税行为，是由法律来直接规定纳税义务的产生，而不是通过行政机关的决定来产生，因此，征税行为，确切地说，纳税义务的产生及履行，如果是正常履行，那么，就与行政行为无关，也不依赖于行政行为（这是美国宪法能规定征税权归国会所有的逻辑依据）。只有在不履行或者履行不当时，才产生税务机关的调查及处罚的问题，此时才产生行政行为的问题。换言之，按税法的规则纳税应属于常规，违反此常规的行为应属例外，并进一步成为行政法调整的对象。

当然，按价值法的逻辑，行政法与税法的关系，则又可呈现另一种不同的面貌。逻辑上，行政法并不直接处理价值问题，而应以实现某种秩序目标为目的，例如，交通警察的执法权，其目的应在于通畅的交通，而非某种设定的金钱价值。然而，如果规则设计不当，交警的执法也可能沦落为图利执法，进而在不知不觉中演变为税收的一种。反过来，税收的目的本应为筹集财政收入，但针对某种特定目的的税收，却也可能演变为针对某种秩序目的的特定税，进而又演变为实际上的行政性的行为。

（四）税法与会计

税法与会计的关系，一向为人所知。税法和会计，都同样以价值为中心，会计所提供的财务信息，就是用货币表示和衡量的信息，因此，税法中的众多概念，也直接从会计中移植而来，诸如收入、成本、费用、损失，还有诸如固定资产、无形资产等。因此，在某种意义上，我们无法在不理解会计的条件下通晓税法，这一观点应该是成立的。然而，税法毕竟不是会计，确定应纳税额，也不能等同于会计上确定利润或者其他会计指标的过程。这是因为，会计的目的是提供决策所需的信息，而税法的目的，则是将公共的财政负担，按照法律所定的条件，分配给纳税人。所以，在会计上，其信息的收集和处理，必须考虑信息的可靠性和相关性，而在税法上，则首要的是纳税负担的公平。虽然公平的观念会在不同的国家，同一国家不同的时候，有不同的具体内容，但公平的核心观念，则不难获知。基于决策的相关性，会计上应当允许更多的估计，而在税法上，基于分配的公平，则必须要求有更为可靠的依据。例如，在会计上，对于持有的供出售的金融资产，可以在某个会计期间对其期末价值根据公允价值进行调整，调整的结果进入损益表，即成为确定会计利润的依据，然而，在税法上，对于没有出售的资产，就不能直接根据参考性的公允价值而直接要求纳税人就其差额纳税。换言之，从会计移植到税法的概念，必须根据公平的观念，根据法学的基本原理加以重新解释，而不是直接照搬会计上的看法。

（五）税法与经济学

如同会计一样，经济学也同样是直接从货币衡量的视角看问题。因此，经济学可以为税法提供非常有价值的分析工具和概念。例如，实际税率，就是经济学常用的工具，有这个工具，就可以很好地理解众多的避税行为。经济学也可以提供很好的工具，用以分析各种资产的价格变动的逻辑，这就可以为税法中对各种不同的交易行为及其结果的不同税收规则提供理解的路径。例如，国债的利息是免税的，然而，国债的转让差价，是否也可以同样免税呢？如果能理解国债利息和国债转让差价的不同来源，以及如果对其加以免税时免税利益的归属，那么，这一看起来很难的问题就可迎刃而解。

当然，税法和经济学毕竟属于不同的学科，因而会有完全不同的视角。税法作为法学的一个分支，采纳经济学所没有的内部视角。所谓的内部视角，是相对于外部视角而言。外部视角是一种实然视角，对于经济学而言，外部视角是从利益的动机去理解规则，将人理解为根据利益动机而行动的主体。而所谓内部视角，是一种应然视角，不是基于利益的动机去遵守规则，而是从切断从利害关系视角去看规则的要求。税法要求纳税人纳税，恰恰是基于内部视角而来的结论，纳税人纳税，并不隐含纳税有利于己的结论。税法会要求相关各方具有超越性，否则就会产生出"Don't Tax You. Don't Tax Me. Tax That Guy Behind the Tree!"的荒唐结论。实际上，一个国家什么时候缺乏了从超越性视角行动的能力，这个国家就会开始陷入堕落的循环。换言之，内部视角可以理解为是无视外部视角的利益，即构成对利益的某种截断，形成在决策中无需考虑自身利益的纯粹状态。从内部视角去看世界，正是法学所提供的独特视角，由此发展出来的知识体系，构成了法学知识的独特性。法学存在的事实本身表明，这种超越性必须存在，才能维持法律的良性运作。相应地，这构成对亚当·斯密国富论所主张的基于利益动机即可完成个人之间的良性互动的著名论断的否定。换言之，这一视角的存在及其意义，又反过来证明了经济学并不是无所不能的，也就是说，经济学也有其无法突破的边界。

四、材料准备

找到税法的定位之后，必须有充分的细节来安排课程的内容，这就需要有相应的材料。具体而言，可以分为三种主要材料，即法条、案例与衍生的材料。而材料的搜集、辨别、采纳、理解的过程，同时也是对中国税法的众多特征的进一步深入理解的过程。

（一）法条

中国的税法由全国人大及其常委会制定的部分是非常少的，即使有，例如个人所得税法，其内容也非常简略。新修订的个人所得税法，仅有4330字。这就导致大部分能影响税收结果的法条，都是以财政部和国家税务总局的相关文件方式发布。这些文件又极其分散，使得查找法条，变成一个比较困难的任务。这或许是中国税法不同于其他法部门的一个很重要的点。那么，何以与中国税法课程相关的法条，会呈现这样的特征呢？显然，中国的征税权并未如美国那样，规定为征税权归立法机关即全国人大及其常委会所有。中国内部权力（尤其是立法权力）分配的逻辑，显然不同于美国。理解这一点，也才能更好地评价中国税法立法的优缺点。在这个意义上，这并非是一个单纯的技术问题，而是一个复杂的秩序建构的逻辑问题，必须更深入地理解当代中国是按照何种逻辑建构秩序的。即使稍微对照一下枪杆子里出政权和社会契约论，即可知道这一问题是复杂而深刻的，并不容易有简单明了的结论。

（二）案例

美国的案例比较容易找，因为相关的诉讼比较多，而在判决书中，法官一般会将相关的事实和法律争议，表述得很清楚，但如果找中国案例，就不容易了。一方面，在中国，税收争议不易发展到诉讼；另一方面，即使变成了诉讼，甚至上升到刑事案件的，也未必都找得到。在中国的案例，如果没有上升到刑事案件，其行政处罚决定书，一般也是不予公开的，这时就只能借助于新闻媒体上的各种报道去推导了。至于何以税收争议不容易演变为法院诉讼，或者行政处罚案件不能予以公开，这背后也同样有不同的治理模式的问题。

（三）衍生材料

税收是国家能力的核心组成部分，因此，在国家税收的演变过程中的一些关键事件，往往也是国家能力建设过程中的核心事件，这些核心事件，往往一方面增强或者削弱了国家的征税能力，同时也必然改变了社会的权利结构。例如，一个典型就是，无论是在英国还是德国，欧洲从中世纪的封建制向民族国家的转型中，国王通过同意贵族获得完全的土地所有权，来换取其获得征税权。也就是说，征税权的重构过程，必然是权利的重构过程，两者是同时进行的。这就意味着，必须同时把权利的重构与征税权的重构联系起来，而不是分割开来，才能看清其演变的真实逻辑。这一逻辑同样适用于我国改革开放以来的历史进程。通过改变政府的收入权利（从统收统支，转换到财政包干制，再到分税制），为私权的重构创造了条件和激励，这就是中国通过财政改革来启动经济改革的总逻辑。某种程度上，一切改革都是财政改革，而一切财政改革，都必然带来私权的重新构造。在这个意义上，理解税法，就获得了理解社会和历史演变的一把关键钥匙。

五、课时安排

税收逻辑上分为所得税、流转税和财产税，但在中国，财产税并不重要，因此，课程主要包括个人所得税、企业所得税和增值税。其中，个人所得税侧重解释清楚所得分类的逻辑及其后果，而企业所得税则要侧重说清楚价值流转的难点，即因为企业创造的价值可以股利或者股权转让差价的方式存在，而股息的税率和股权转让差价的税率，又会因各种情形而不同，由此而产生各种困难，尤其要解释清楚企业重组的各种规则的逻辑，而增值税则要解释清楚其作为流转税的逻辑，尤其要解释清楚虚开增值税专用发票、出口退税等问题，以理解流转税所面临的不同于所得税的特殊问题。

通过上述三种税种的讲解，初步让学生建立起体系的概念。但是，对这三大税种，因课时安排的不同，需要不同的安排。我的税法课程，主要有32、48、64三种课时类型，相应安排如下：

32课时，只能讲个人所得税，或者企业所得税和增值税，二者择一。这本质上是一个阉割版的税法，存在重大缺陷。

48课时，可以完整地讲述个人所得税、企业所得税和增值税，但无法讲述与税法相关的衍生材料，即无法讲述更多宏观事项。

64课时，除了个人所得税、企业所得税和增值税，还可以讲相关的宏观事项，如税法与美国霸权的构造等。

当然，即使是只能讲述某一部分内容，作为老师，还是必须同时准备好三个部分的内容，因为实际上任何重要一点的交易，可能都会同时涉及个人所得税、企业所得税和增值税。

结 论

税法不仅是一门不同于传统法学部门的新课，而且很适合成为一门复习课，重新思考民法、刑法和行政法，并可借此进一步理解法学与相关社会科学的关系。从价值的视角，可以看到税法与别的部门法之间的联系及其差别，也可以看到税法与会计、经济学之间的异同。从法学的角度而言，法学是一个体系，不了解这个体系的构造，很难成为一个合格的法律人。但是，在分工的激励下，大学老师各有其专业，甚至在同一个专业内，各有其研究方向，法学的体系，至少在老师这个层面，就很难再现，而是被分割和碎片化了。同样地，法学与相关社会科学的关系，本应是一个更大的知识体系的一部分。换言之，包括法学在内的所有知识，也是一个体系。当然，因为这个体系现在归属于不同的学科，乃至不同的院系，这个体系就被更严重的分工所制约，甚至是老死不相往来了。因此，学生们所接触的，都是碎片化的知识，老师们不承担整合的责任，学生自己又缺乏整合的能力，见木不见林，也就成为当代大学教育的基本面貌，也是分工的必然产物。这种分工有助于提高研究的产出，却无助于育人的目标。带着一种知其不可而为之的精神，我对税法的教学，试图把一个更广的体系，带入这门课程之中，希望学生可以借助这种方式，重新发现不同学科之间的内在联系，进而发现学习的乐趣。当然，税法课程，因其基础性、普遍性和交叉性的特性，也恰恰适合于这种尝试。总而言之，对于法律规范的认识，不能仅在狭窄的法学视野内可获全面客观的认识，同样地，税法的规范，也不可能仅在税法的视域内即可获得透彻的理解。在这个意义上，我对税法课程的尝试，也再次验证朱庆育教授所提的"通过教义法学、超越教义法学"的意义。当然，这种尝试是否成功，却不敢妄言。毕竟，"兼总条贯，知至知终"，知易而行难。在目前的学术体系下，这种追求甚至带有某种乌托邦的性质。是对是错，也只能求之于国内方家的指正了。

编辑：魏立舟

读 书

法律的权威与解释
——拉兹《在权威与解释之间》的解读与阐释

朱 振[*]

拉兹的《在权威与解释之间》（*Between Authority and Interpretation*）是2009年出版的一部法哲学著作，严格来说这不是一部专著，而是一本论文集。该书收录了拉兹于1994—2004年发表的学术论文12篇，还有一篇未发表的论文（第12章"解释：多元论与创新"），外加一篇新写的导论。除导论和附录外，该书分为三个专题，分别为"方法论问题""法律、权威与道德""解释"，12章正文就被编排在这三个主题之下。

拉兹的这本书可以说是自1979年出版《法律的权威》[❶]以来最重要的一本法哲学著作，当然在这一期间他还出版了好几本重要的政治哲学和道德哲学著作。除了对哈特以来的分析法哲学的一些争议问题（主要体现在该书的第二部分以及附录中）进行了更为深入而详尽的讨论，拉兹还就建构法理学的方法论问题作了一般层面的理论论述，而且更重要的是，他这本书还收录了集中讨论解释的5篇论文（第四章的第二部分也专门论述了"权威与解释"问题）。这5篇关于解释的论文既包括对解释的一般理论论述，还试图以解释的一般理论来阐明法律解释的性

---

[*] 吉林大学理论法学研究中心、法学院教授。

[❶] 在2009年该书出了第二版，拉兹增写了一篇第二版序言，并增加了两篇文章（"The Purity of the Pure Theory""The Argument from Justice, or How Not to Reply to Legal Positivism"）作为附录。他在序言中尤其提到，《法律的权威》第三部分的三篇论文所处理的问题都是《在权威与解释之间》这本书的核心主题。See Joseph Raz, *The Authority of Law: Essays on Law and Morality*, Second Edition, Oxford University Press, 2009, "Preface to the Second Edition", p. viii.

Joseph Raz, *Between Authority and Interpretation*, Oxford University Press, 2010

质以及宪法解释的特有问题。本文主要是对该书作一个解读（或者说理论重述），并就其中一些重要问题进行简短且（可能）更进一步的讨论和阐释。

鉴于我已在其他地方讨论了"建构法理论的方法论"这一主题，❶因此下文主要讨论一些传统法哲学问题和（法律）解释问题。其中传统法哲学问题又大体上分为两个方面：一是权威问题，二是道德问题。这两个问题都是自哈特以来的分析法理学的核心论题，拉兹的排他性法律实证主义就是以其特有的权威命题来辩护法律与道德的必然分离命题。考虑到这两个论题相对独立（尽管也存在着紧密关联），且都是非常重要的论题，因此下文先分两个部分讨论它们各自包含的重要问题，最后再讨论解释的一般理论和法律解释问题。

---

❶ 参见朱振:《拉兹论法理学的方法论》，载张文显、杜宴林主编:《法理学论丛》（第六卷），法律出版社2012年版；朱振:《法律的权威性：基于实践哲学的研究》，上海三联书店2016年版，尤其是第7章。

一、权威的性质与正当性

权威理论是拉兹法哲学的核心,他关于权威的理论建构(服务性权威观)既是一种重要的政治哲学理论,也是其排他性法实证主义的标志。自从以理由为基础的权威的概念分析和以服务性权威观为代表的规范分析提出以来,拉兹的权威论受到了非常多的批评。❶ 在本书中,拉兹集中回应了这些批评,并在不同的层面上扩展适用其权威理论,这些工作进一步增强了权威的解释力和适用性。下面讨论其中的几个重要论题。

(一)服务性权威观的再阐释

拉兹在本书(主要是第 5 章"权威问题:再访服务性观念")中关于权威的主要论述没有什么改变,基本上是对原先提出的常规证成命题、优先命题和依赖命题的一个重述,并结合相关批评作了一些新的阐述。❷ 拉兹讨论的一个核心问题就是权威与自主的判断并不冲突,选择权威也是自主判断的一种体现。而且在这个论证中,拉兹有一个比较核心的想法,即成功地行动是自主判断的目的,而不仅是"自主判断"(肯定与否定)这种自由本身的价值。该看法的核心理据在《自由的道德》中已有详细的阐述,拉兹在这里试图借助这一理据的核心意涵之一,即对人的理性行动能力的一种理解,来继续辩护他的服务性权威观。

---

❶ See Heidi M. Hurd, "Challenging Authority", *The Yale Law Journal*, Vol. 100, No. 6 (Apr., 1991). Ronald Dworkin, "Thirty Years on" (Reviewed Works: *The Practice of Principle*), *Harvard law Review*, Vol. 115, No. 6 (Apr., 2002). Larry Alexander, "Law and Exclusionary Reasons", *philosophical Topics*, Vol. 18, No. 1 (Spring, 1990), Reprinted in Tom D. Campbell (ed.), *Legal Positivism*, Dartmouth Publishing Company Limited, 1999. Steven Burton, "Law as Practical Reason", *Southern California Law Review*, Vol. 62, No. 3-4 (1988-1989). Michael S. Moore, "Authority, Law, and Razian Reasons", *Southern California Law Review*, Vol. 62, No. 3-4 (1988-1989). Stephen R. Perry, "Second-Order Reasons, Uncertainty and Legal Theory", *Southern California Law Review*, Vol. 62, No. 3-4 (1988-1989). Donald H. Regan, "Authority and Value: Reflections on Raz's *Morality of Freedom*", *Southern California Law Review*, Vol. 62, No. 3-4 (1988-1989).

❷ See Joseph Raz, *The Authority of Law: Essays on Law and Morality*, Second Edition, Oxford University Press, 2009, chapter 1; Joseph Raz, *The Morality of Freedom*, Oxford University Press, 1986, chapter 3; Joseph Raz, "Authority, Law, and Morality", in his *Ethics in the Public Domain*, Oxford University Press, 1994, chapter 10.

在第 5 章中，拉兹先简述了服务性权威观，其实这个简述也带有他新的论述角度和问题意识。他认为，服务性权威观的提出受到了理论问题和道德问题的驱动，前者指的是权威性指令的地位（接受者有义务服从），而后者指的是"一个人怎么可能有义务将自己的意志和判断受制于另一个人的意志和判断"。❶ 在权威的理论问题方面，拉兹把权威和允诺（promise）作了类比，❷ 二者都强加了一个以前并不存在的义务。而且二者在回答理论问题的方式上都是一样的，即权威和允诺强加义务都必须有充分的理由，这就和道德问题关联在一起了。正是在这一意义上，拉兹引入了权威的正当性条件，它包含两个方面，其中一个是常规证成命题或条件（the normal justification thesis or condition）。❸ 除此之外，拉兹还提出了另一个条件，即独立性条件（the independence condition）："对于满足第一个条件时所指向的那些事项而言，遵守理由比不借助权威而自行决定要更好。"（第 137 页）这就是辩护权威正当性的服务性观念的两个条件，其核心在于遵循权威就是在更好地遵循理由，而遵循理由要比自行决定更好。这实际上就是说，遵循理由与自主性的观念并不矛盾，这一界定就在一定意义上回应了"权威与自主性的悖论"这个传统而根本的问题。❹

---

❶ Joseph Raz, *Between Authority and Interpretation*, Oxford University Press, 2010, p. 135. 本文以下部分引证该书的内容只在引文后标注页码。

❷ 在理由的性质上，允诺和权威都提供了一个排他性的二阶理由。关于允诺与理由的关系，拉兹指出，允诺在允诺人和受诺人之间所创造的关系，"强制允诺人要把受诺人的主张不仅作为每一个人就对他的尊重和帮助而言都会拥有的诸多主张中的一种，还要作为拥有强制性力量的主张"。Joseph Raz, "Promises and Obligations", in P. M. S. Hacker and Joseph Raz (eds.), *Law, Morality and Society: Essays in Honor of H. L. A. Hart*, Oxford: Clarendon Press, p. 227-228. 关于允诺与义务之关系的一个早期的论述，See H. L. A. Hart, *The Concept of Law*, Third Edition, Oxford University Press, 2012, p. 43. 麦考密克对哈特这一论述的总结，See Neil MacCormick, *HLA Hart*, Second Edition, Stanford University Press, 2008, p. 96. 语言哲学关于"promise"的界定，See John Searle, *Rationality in Action*, Cambridge, MA: MIT Press, 2001, p. 197.

❸ 拉兹在书中把这一命题界定为："如果受众打算受权威指令的指引，相比于他不打算这样做，那么他将更好地遵循无论如何都适用于他的理由（即除了权威指令之外的理由）。"（第 136—137 页）另参见拉兹在《公共领域的伦理学》中所作的表述不同但内涵一致的界定，Joseph Raz, *Ethics in the Public Domain*, Oxford University Press, 1994, p. 214.

❹ 权威与自主性的悖论是辩护权威正当性的核心难题，See Robert Paul Wolff, *In Defense of Anarchism*, New York: Harper & Row, 1970; Joseph Raz, *The Authority of Law: Essays on Law and Morality*, Second Edition, Oxford University Press, 2009, chapter 1. 相关中文研究参见朱振：《再探"权威与自主性"的悖论——以"服务性权威观"为中心的讨论》，载《法治现代化研究》2018 年第 2 期；叶会成：《权威、自治与实践合理性——重访"权威悖论"》，载《法制与社会发展》2019 年第 3 期。

拉兹认为，理解并解决这一问题的关键点在于，遵循理由与独立行动各自背后的关切是具有相关性的。显然，这是回应那个悖论的一个关键点。根据拉兹的论述，一方面，独立行动也是为了更好地遵循理由；而另一方面，有时遵循权威是一个道德义务，有很多理据能够辩护这一做法，而且这样做也不会对一个人的自立能力构成威胁。（参见第138—139页）由此可见，"更好地遵循理由"是拉兹论证的一个核心要点，也是权威正当性的关键。从一种功能主义的角度，拉兹辩护了"更好地遵循理由"与人的理性能力（这可以被看作自主性的另一种表述方式）的一致性。其论证的思路（也是权威证成的思路）是：人的理性能力在于确保遵循理由，而权威有益于我们的理性能力。对于这一论证我们可以具体总结如下：第一，人的理性能力是人的一种一般性能力，它包括两个方面：一是该能力意味着运用我们自己的判断来指引行动，二是其要旨在于遵循我们所面临的理由。前者还构成了后者的前提，只有运用判断才能实现对理由的遵循。第二，对人的理性能力应从一种目的的角度来理解，即确保对理由的遵循。这种能力的价值在于成功地运用它们的价值，而不取决于（尽管反映了）我们所拥有的运用或不运用这些能力的自由的价值。（参见第139页）

拉兹的整体论证，用书中的一段话总结就是："仅当权威的指令能够使其服从者更好地遵循理由，权威才是正当的；在作出这一假定时，我们就看到了权威的真实面目：权威不是要否定人们的理性行动能力，而只是一种手段，即一种方法，通过使用该手段，人们就可以实现他们理性行动能力的目标（telos），尽管并不是通过直接运用这种理性行动能力。理解问题的这种方式受到了如下事实的强化，即在遵循权威时，就像在遵循建议或受任何技术手段的指引时，一个人终极的自立得以维系，因为正是一个人自己的判断指示他承认另一个人的权威，就像这种判断指示一个人信守承诺、遵循建议、使用技术手段等等一样。"（第140页）这一论述似乎能为重新理解权威与自主性的悖论提供一个方案，即权威只是一种手段，与人的理性能力并不必然冲突，它们都共同服务于一个目标：更好地遵循理由。如果不能实现这个目标，那么单纯地由自己去选择或不选择一种行为的自由是没有什么意义的。显然，在拉兹的理解中，成功地运用人的理性能力（更好地遵循理由）是更为重要的。以此来理解的话，一个人自己去选择遵循权威就不违背自主性，而且与一个人终极的自立并行不悖。

上文所述可以概括为服务性权威观的一种功能性论证，❶除此之外，还存在一种框架性论证。拉兹特别指出了服务性权威观的柔韧性（suppleness），他特意举了一些例子来说明服务性权威观可以容纳各种证成理由，而不会局限于单一理由，比如常见的民主权威的理由。这种柔韧性或包容性旨在展现服务性观念的力量（power），拉兹指出："例如，有人可能认为，人们（某个群体的成员）有义务服从某个人或机构，这个义务也许是宗教义务，或者是源于某些历史情形的忠诚义务。在这种情况下，常规证成命题就很容易得到满足。通过服从那个人或机构，人们就履行了那个义务。或者，假设某个群体（可能是一个种族群体）的成员，负有一项义务服从某个人，他能够要求该群体效忠，这就是一种为国家的荣誉而承担的国家义务。同样，如果任何人能够要求群体的忠诚，那么这个人将满足根据服务性观念而拥有权威的条件。或者，假设一个人有义务服从任何中了彩票的人；同样地，对于任何中了彩票的人来说，服务性观念的条件也将得到满足。有些人认为，一个人有义务服从由多数人选出来的任何人。同样地，这对于服务性观念来说是没有问题的。如果是这样的话，这仅仅表明，对于这样被选出的任何人来说，服务性观念的条件都得到了满足。"（第152—153页）这段长的引文（包括其中举的一些例子）有力表明，服务性观念在解释力上具有强大的包容性。

拉兹的这段话清晰地表述了服务性观念的一个特征，即它不是一种特定的证成理由，而是一种证成模式，这种模式可以容纳很多证成理由，包括哲学无政府主义在内，❷甚至它还可能与中国古典政治权威的服务性观念相协调。古汉语中

---

❶ 限于篇幅，本文并不具体讨论功能性论证（包括下文的框架性论证）的利弊得失，这里只指出一点：拉兹也许只想提出关于权威证成的一种通常证立模式，这种模式越"通常"（normal），就可能意味着它越缺失"证成（justification）"所应当具有的规范性。它的解释范围广大，它的规范性可能越稀薄。关于权威证成的各种理论的综述，See Leslie Green, *The Authority of the State*, Oxford: Clarendon Press, 1988; Massimo Renzo and Leslie Green, "Legal Obligation and Authority", *The Stanford Encyclopedia of Philosophy* (Fall 2022 Edition), Edward N. Zalta (ed.), URL =〈https://plato.stanford.edu/archives/fall2022/entries/legal-obligation/〉; Tom Christiano, "Authority", *The Stanford Encyclopedia of Philosophy* (Summer 2020 Edition), Edward N. Zalta (ed.), URL =〈https://plato.stanford.edu/archives/sum2020/entries/authority/〉. Christiano 总结了权威正当性的四种理论：同意理论（consent theories）、合理共识理论（reasonable consensus theories）、关联义务理论（associative obligation theories）和工具主义理论（instrumentalist theories）。

❷ 拉兹甚至认为，常规证成命题可以包容亚里士多德、马基雅维利、霍布斯、卢梭、边沁等众多支持者的观点。尽管这一命题具有开放性，但它并不是中立的。参见邓正来、约瑟夫·拉兹、朱振：《关于道德与政治哲学视野中的法律哲学的对话（上、下）》，载《哲学研究》2010年第2、3期。具体的讨论参见朱振：《权威的证成及其方法论问题》，载《国家与法治研究》2018年第1卷，法律出版社2018年版。

"威"的含义很多，本身有惩罚和尊严的双重涵义；❶但不是现代意义上的个人尊严，而更是一种威严。显然，这种意义上的威严是"力"与"理"的结合，这种威严来自其他具有正当性的东西，比如"仁"或某种身份（君子等）。无论如何，"威"本身是有正当性的含义的。除此之外，它也有强制力的一面，有刑罚或惩罚的意思。"威"与"权"（它的涵义完全是消极的）是不一样的，这两个方面的含义类似现代关于事实权威/正当权威的划分。强制力需要正当性理由的辩护，中国古代政治统治的正当性来自一种特有的天命观，这种天命观的核心是"为民"，从孟子到黄宗羲，历代思想家都阐述过这一观念。

陈祖为借鉴了拉兹的服务性权威观，把中国古典政治权威的正当性观念也凝练为服务性观念，他概括为如下命题：政治统治的合法性在于服务于民众的福祉，后者具有独立的价值。❷拉兹确实也一再提及权威或政府的目的是服务于被统治者，政府就相当于一个监护人的角色。❸但儒家意义上的福祉或服务性的内容不仅是物质性的，还包括精神性。在儒家看来，"人们的美好生活不仅包括物质性福祉（对物质性福祉的渴望是完全合理的），还包括道德培育和有德性的社会关系。服务于人民还包括创造有利于这些伦理追求的一个环境。"❹这一点是儒家所特有的，也构成服务性观念的内容。陈祖为特别提到，他是借鉴拉兹的术语所作的一个概括，其实从上文的论述来看，拉兹的服务性观念完全可以囊括儒家（物质性与精神性的结合）关于政治权威正当性的民本主义论证。

（二）权威与同意：对一种具体辩护理由的批评

上文所总结的服务性观念的两个特征，即功能性（或目的性）论证和框架性

---

❶ "威"的这两种比较典型的含义既相关，又对立。威有刑罚的含义："惟辟作福，惟辟作威。"（《尚书·洪范》）"上无私威之毒，而下无愚拙之诛。"（《韩非子·用人》）另外还有"威严""尊严"的意思："君子不重，则不威。"（《论语·学而》）"不言而信，不怒而威。"（《荀子·儒效》）"仁而威，惠而信，修身而天下服。"（《史记·五帝本纪》）

❷ See Joseph Chan, *Confucian Perfectionism: A Political Philosophy for Modern Times*, Princeton University Press, 2014, p. 30. 中译本参见陈祖为：《儒家致善主义——现代政治哲学重构》，周昭德、韩锐、陈永政译，商务印书馆（香港）有限公司 2016 年版，第 33 页。

❸ See Joseph Raz, "The Law's Own Virtue", *Oxford Journal of Legal Studies*, Vol. 39, No. 1 (2019), p. 7. See also Joseph Raz, *The Morality of Freedom*, Oxford University Press, 1986, p. 56.

❹ Joseph Chan, *Confucian Perfectionism: A Political Philosophy for Modern Times*, Princeton University Press, 2014, p. 30, note 4.

论证，必然排斥某种单一论证的绝对效力；而且也不会赞成某种程序性论证的效力，因为这种程序性论证可能会接受经由程序而达成的任何结果，这并不符合权威的功能或目的，即更好、更成功地遵循理由。就这两点而言，拉兹批评的对象指向了民主权威（democratic authority）的论证以及作为这一论证之一般理论基础的同意（content）的论证。

民主权威可以算得上当前一个非常流行的权威正当性理论，这一理论的支持者有很多。❶ 拉兹在提出上文所述的工具主义回应之后，紧接着给出了一个关于民主权威的评论。拉兹刻意交代，其权威论述并没有特别提到民主权威，因为他不认为民主是唯一具有正当性的政体，也不认为所有民主政府都是正当的；但"这并不是说，在许多国家，民主政府无论是通过其产生有益结果的能力，还是因为其表达人们作为自由、自主的行动者之地位的能力，或是其所服务的其他任何价值，都不能特别地主张其享有某种被修正的或有限制的权威"。（第53页）拉兹认为更重要的理由在于民主不代表正当性，"我们不应受到当前被大大滥用的民主修辞的影响，并对民主体制的性质保持一种清醒的和批判性的视角；此外，我们应当不仅要认识到，充作民主政体的东西可能完全缺乏正当性，而且要保有我们的某种能力，以承认民主政体的局限性。"（第153页）显然，拉兹对民主论证持有一种警惕态度，无反思地接受只能削弱我们批判的能力。如果关于民主权威的批评只是在表明一种态度，那么拉兹对同意论证的批评就要深入得多。

拉兹很久以前就讨论过权威与同意的问题，他反对以同意来解释权威的正当性。❷ 而许多学者以同意作为权威正当性的主要依据，当然这些同意理论也分为许多种，有"关于自由的自然权利论证""选择论证""来自个人理由的论证""来自分歧的论证""默示同意""规范性的同意"等。❸ 在这本书的第5章和第13章，拉兹都讨论了同意在解释权威正当性方面的局限性，而第5章的讨论更多是方法论的。在一般意义上，拉兹把"同意理论"概括为这样一种表达："至少作为具有

---

❶ 有一本代表性的著作，See David M. Estlund, *Democratic Authority: A Philosophical Framework*, Princeton University Press, 2009; Thomas Christiano, *The Rule of the Many*, Boulder, CO: Westview Press, 1996; Thomas Christiano, "The Authority of Democracy", *Journal of Political Philosophy*, Vol. 12, No. 3 (September 2004), p. 266–290。

❷ See Joseph Raz, *The Morality of Freedom*, Oxford University Press, 1986, p. 80–94。

❸ Tom Christiano, "Authority", *The Stanford Encyclopedia of Philosophy* (Summer 2020 Edition), Edward N. Zalta (ed.), URL =〈https://plato.stanford.edu/archives/sum2020/entries/authority/〉。

法律的权威与解释

人格属性和自主行动者的所有人，除非出于选择，否则不能服从另一个人的意志。没有我们的同意，就没有任何人可以对我们拥有权威，并告诉我们该做什么。"（第159页）在权威的语境中，义务是另一个人强加给一个人的，没有他的同意，就不应当有意图地强加给他。拉兹明确指出，这一看法和个人自主性的理想有关。在权威情形中，对同意的需要并非来自义务的内容，而是取决于义务的来源。但拉兹认为，同意单独无法解决这一问题，他指出："仅当一些独立于同意的因素确证同意成为义务的来源，同意才是义务的一个来源。此外，这些因素还将会决定，需要什么类型的同意才能使权威正当化，并决定权威将会在什么事务上起支配作用。"（第160页）但是拉兹认为，这个检测标准无法满足，同意解决不了一个人服从另一个人的意志的正当性问题，同意对于权威的正当性来说并不是必要的。

同意（以及与此相关的民主）成为辩护权威正当性的主流理论，但是拉兹认为同意并不能确立权威的正当性，其主要根据还是依赖于理由本身在辩护权威正当性中所起到的重要作用。同意本身并不能使一个行为正当，能够使一个行为正当的是真实的理由。同意是基于理由作出的，权威也是靠理由辩护的。同意可能基于虚假的理由作出，或因为意志薄弱而作出，但权威不可能基于误导的或毫无根据的理由来辩护。所以在"理由—同意—权威正当性"这个论证链条中，问题的关键就在于："同意"是必不可少的，还是可有可无的；换言之，抛开同意，理由本身是否可以直接辩护权威的正当性。拉兹认为这是可以的，尽管并不是在所有情形下都是如此，比如与"私人"生活领域相关的很多事情。但是在政治权威领域，政府行为要处理的很多事务都涉及大量的非自愿性义务，与同意没有什么关系。于是拉兹得出结论：在许多领域，权威不必依赖同意（或不主要依赖同意），证成了同意权威的那些理由在没有同意的情况下也直接证成了权威。（参见第337—338页）

同意论证诉诸"同意"本身所具有的重要性，但对于权威来说，"同意"这件事本身并不是事情的全部，甚至不是主要部分，因为这一论证抛开了同意是否明智的问题。❶ 而明智与否对于权威的证成甚为重要，权威的正当性不可能建立在以虚假理由为基础的同意上。显然，拉兹寻求的是一种实质性的论证，服务性权威

---

❶ 当然，并不是所有的情形都是如此。比如在允诺的情形下，这问题就并不重要，无论出于什么理由而作出允诺，允诺都会产生义务；因为允诺所产生的义务是自愿性义务，是自我施加的义务。但在大部分情形下，明智的问题还是重要的。

观也要在这个基础上来理解。根据拉兹的论述我们可以看出，权威的正当性来自权威理由可以确保行动者遵循真正的理由，或更好地遵循理由，而不是同意或接受或与此相关的民主（广义上说，民主也是同意的一种方式）。这在更深的根源上来自拉兹的一个观念，即自主性、同意或福祉等都是至善主义的概念。拉兹的至善主义是自由主义的一种理论，主要立场是反对国家中立性原则。服务性权威观带有至善主义的色彩，因为权威的功能是确保好理由得到遵循，人们的福祉由此得到满足。

拉兹对福祉的理解也是至善论式的，福祉既不同于个人欲望的满足，也不同于狭隘的个人利益，因为后二者可能都是没有价值的。至善论以善观念的多元性为前提，多元性并不必然意味着中立性，因为有的善观念是无价值的。❶ 这一点同样适用于自主性这一善观念，并不是所有的自主的选择都是有价值的，"自主"的关键并不在于权利意义上的自主（个人主权意义上的自主），❷ 这一意义上的自主很可能作出坏的选择。所以拉兹在辩护服务性观念时经常强调"成功"这一限定词，权威正当性的关键就是确保行动者成功地遵循了理由，与服务性观念相关的"福祉"也是如此，拉兹指出"福祉就在于全心全意并成功地追寻有价值的关系和目标"。❸ 在实现该关系和目标的过程中，国家或权威的作用就是审慎地提供或促进有价值的选项，并消除没有价值的选择。显然，服务性权威观与这一立场是一致的。当然，与服务性权威观一样，至善论的理解方式也招致了大量的批评。❹

二、法律与道德的复杂关系

法律与道德的关系是法理学中的一个恒久话题，在哈特的法理论中，他又赋

---

❶ See Joseph Raz, *The Morality of Freedom*, Oxford University Press, 1986, p. 132–133.

❷ See Joel Feinberg, *Harm to Self (The Moral Limits of the Criminal Law, Volume Three)*, Oxford University Press, 1986, p. 28, 47–51.

❸ Joseph Raz, *The Roots of Normativity*, Edited with an Introduction by Ulrike Heuer, Oxford University Press, 2022, p. 207.

❹ 与至善论相对立的理论就是自由主义的中立性理论，代表人物是罗尔斯和德沃金。对罗尔斯式中立性的捍卫，See Jonathan Quong, *Liberalism without Perfection*, Oxford University Press, 2011. 对中立性和某种至善论（edificatory perfectionism）的连带批评并有选择地捍卫一种至善论（即 aspirational perfectionism），See Matthew H Kramer, *Liberalism with Excellence*, Oxford University Press, 2017.

予这一问题以极端的重要性。❶ 于是在众多的研究文献中，二者之间的关系似乎成为法实证主义与自然法、包容性法实证主义与排他性法实证主义之间分歧的焦点。❷ 但是关于法律与道德的关系，拉兹本人却持有一种复杂的理解，其排他性法实证主义的来源命题❸只是在特定层面上断言了法律与道德之间的关系，因此这一断言不能扩展适用于法律与道德在其他层面上的关系。在坚持来源命题的基础上，拉兹对法律与道德的复杂关系进行了更为全面的讨论。

（一）法律与道德的必然关联

其实包括哈特在内的包容性法实证主义命题"法律与道德之间不存在必然的关联"❹是在特定层面上说的，而在其他层面上，哈特也认为，法律与道德之间存在着必然关联。哈特总结的自然法最低限度的内容，已表明法律与道德在内容上存在着必然关联。❺正是从哈特的论述出发，拉兹总结了法律与道德存在必然关联的一个范例："鉴于人性和人类生活的条件（尤其是相互的脆弱性和相对的稀缺性），没有法体系必然是稳固的，除非这个法体系为其所适用的某些人的生命和财产提供保护。"（第168页）❻ 拉兹在这个问题上的基本看法有两点：一是法律与道德在很多层面上存在着必然关联，如果以"法律与道德是否存在必然关联"作为试金石来检测自然法与法实证主义的立场，那么这个试金石就是错的；二是尽管存在着必然关联，但并不是每一种必然关联都是有价值的，也有很多必然关联是没有意义的，比如"法律不能恋爱，因此法律不具有真爱的美德"。（第169页）很多这样的必

---

❶ 法律义务与道德义务之间的关系是哈特概括的三个反复出现的议题之一。See H. L. A. Hart, *The Concept of Law*, Third Edition, Oxford University Press, 2012, p. 13.

❷ 它们之间分歧的关键在于——或者说，自哈特以来的现代法理学中的核心分歧都集中于——道德与法律效力之间的关系，德沃金认为法律效力依赖于道德因素是一个本质特征，而包容性实证主义认为这是一个偶然的事情，而以拉兹为代表的排他性实证主义认为，一个规范不能因道德内容而获致法律效力。关于这一概括，See Andrei Marmor, "Exclusive Legal Positivism", in Jules Coleman and Scott Shapiro (eds.), *The Oxford Handbook of Jurisprudence and Philosophy of Law*, Oxford University Press, 2002, p. 105。

❸ "如果一个法律的内容及存在能够不使用道德论证而被确定，那么它就拥有一个来源。" Joseph Raz, *The Authority of Law: Essays on Law and Morality*, Second Edition, Oxford University Press, 2009, p. 47.

❹ Jules L. Coleman, "Negative and Positive Positivism", *The Journal of Legal Studies*, Vol. 11, No. 1 (Jan., 1982), p. 141.

❺ See H. L. A. Hart, *The Concept of Law*, Third Edition, Oxford University Press, 2012, p. 193−200.

❻ 这是拉兹在哈特论述基础上的重新表达。See H. L. A. Hart, *The Concept of Law*, Third Edition, Oxford University Press, 2012, p. 194−198.

然关联形式是没有什么吸引力的，但是有一些必然关联性是有价值的。

拉兹着重讨论了关于服从法律之义务的法律与道德之间的必然关联，这也是一种必然关联的主张。这种必然关联是一组主张："（1）必然地，每个人负有一项服从其国家之法律的义务（duty）；（2）必然地，每个人拥有一个服从其国家之法律的理由（reason）；（3）必然地，如果法律是正义的，那么其所有的受众都负有一项服从它的义务（或者说，拥有服从它的一个理由）；（4）必然地，如果一个国家的政府是民主的，那么其所有的受众都负有一项服从它的义务（或者说，拥有服从它的一个理由）；（5）必然地，人们负有一项支持正义法体系的义务（obligation）。"（第169页）拉兹重点讨论了命题1，并反思了命题1到命题4的整个推导过程，其重点是限定必然关联的范围并否定一般性的服从义务。❶

有论者认为，命题1是自然法和法实证主义的真正分野。但拉兹认为，许多自然法学者并不认同这个命题。一如既往，拉兹并不认为这个命题以及相互关联的这一组命题可以成为辨别法实证主义和自然法的试金石。对于这一组命题，他既不是完全反对，也不是完全赞成，而是持有一种复杂的观点。一方面，他反驳了"法律要是不道德的就不存在服从它的义务"这一看法。拉兹认为，法律本身的道德性与服从它的义务在概念上是可以分离的，因为"具体某个法律是否道德"与"是否存在服从的义务"所依据的理由是不一样的。如果说前者是依赖于内容的理由，那么后者就是独立于内容❷的道德理由。因此拉兹指出："这些道德理由并不依赖于如下主张，即所有法体系的每一条法律，以一种对其所有受约束者都强加一个服从义务的方式，在道德上都是值得赞扬的；而是依赖于法体系整体的一般美德和道德属性，这些美德和属性证成了服从其每一个法律的义务，这只是因为它们是那一体系的法律。如果这就是一般性服从义务的基础，那么这就与大量的道德缺陷相兼容。这就与那一体系的许多法律相兼容，也与那一体系的许多

---

❶ 关于"服从法律的义务"（The Obligation to Obey the Law），See also Joseph Raz, *The Authority of Law: Essays on Law and Morality*, Second Edition, Oxford University Press, 2009, p. 233–249。

❷ 这是拉兹的一个重要的方法论区分，"内容独立的"这个术语来自哈特。See H. L. A. Hart, *Essays on Bentham: Studies in Jurisprudence and Political Theory*, Oxford university Press, 1982, p. 254–255. 在哈特的基础上，拉兹对"内容独立的理由"这个概念给出了一个简明的界定："如果在理由和以之为根据的行动之间没有直接联系，这个理由就是内容独立的。" Joseph Raz, *The Morality of Freedom*, Oxford University Press, 1986, p. 35. 如果有直接的联系，就是内容依赖的。延续这个区分的实质内涵，拉兹又提出了"规则证立的内容独立性"（the content-independence of the justification of rules）等用法。参见本书第211页。

道德上有缺陷的或更坏的制度相兼容。"（第 171 页）尽管拉兹并不赞同存在一般性的服从义务，但是他也反对那种批评方式（即不存在服从有道德缺陷的法律的义务）。他认为，上述区分可以有效回击那个批评意见，其主要理据是：单个的法律是否是道德的，不影响服从法律之一般性义务成立的可能性。

但是另一方面，即使上述那个批评无效，也不等于内容独立的理由（民主或正义）可以证成存在一般性的服从义务。批评意见不成立，这并不意味着相反的结论就有道理，拉兹同样也反对内容独立的道德理由可以辩护存在着服从一国之法律的一般性义务。拉兹认为一般性义务的证立不能完全脱离法律的内容，也就是说，法律的体系性道德属性不可能完全独立于法律之内容的道德属性。即使一个正义和民主的政府（命题 3 和命题 4 的内容）也无法确保服从法律的义务，在一个正义的法体系下依然可能有不正义的法律。拉兹甚至认为，就是不完全遵从正义的法体系，它也能更好地发挥作用。因此，其结论是一般性的服从义务是不可能存在的。

即便无法辩护服从法律的一般性义务，法律的体系性道德属性依然是可以存在的，因为它不像从命题 1 到命题 4 那样试图把法体系道德属性的判断适用于该体系下的每一个法律。体系性道德指向的是作为制度的法律，❶从性质上说，法律与允诺类似，是一个道德上有价值的制度。法律就其自身而言拥有这一道德属性，这似乎就是法律与道德必然关联的另一种表现形式。在传统上，自然法学家赞成这一观念，而法实证主义者反对它。拉兹又详细区分了这一论证所包含的三个主张："第一，法律依其自身性质是一种制度，这一制度能被用以实现有价值的目的；第二，法律依其自身性质是一种制度，这一制度有一项道德任务要去完成；第三，法律依其自身性质是一种道德上有价值的制度。"（第 177 页）拉兹认为，第一个主张过于宽泛，纳粹的毒气室也可能会实现某个有价值的目的，比如杀死害虫，尽管效果可能不好；第三个主张不能脱离法律的历史实践而成立，我们没法说古往今来的所有法律都是道德上有价值的制度。因此能够成立的只有第二个主张，也是拉兹所认可的一个主张。当然，这项道德任务是什么，需要政治哲学去完成论证，拉兹就此提出了一个任务作为示范（这其实也是他自己的理论主张），它源自法律的权威性结构特征。"权威只有便利去遵循理由才是正当的。

---

❶ 就"法律的性质"而言，这是拉兹始终坚持的一个判断，关于"法律的制度性"（The Institutional Nature of Law），See also Joseph Raz, *The Authority of Law: Essays on Law and Morality*, Second Edition, Oxford University Press, 2009, p. 103–121。

抽象地说，法律的任务是确保一种情形，据此道德目标可被实现；而考虑到法律所在国的社会现状，要是没有法律，这些道德目标将不可能实现，而且通过法律来实现这些道德目标是可预期的。"（第178页。强调为原文所加）法律是一个独特的权威性结构，其正当性是让人们更好、更成功地遵循理由，这就是拉兹的服务性权威观，也是法律要实现的一个道德任务；要是没有法律，这个道德目标就不能被实现。显然，服务性权威观是一个道德命题。❶

至此，我们可以总结拉兹的看法如下：法律拥有体系性道德属性，但是这种属性无法还原为每一个具体法律的道德属性，无论如何都有法律可能会是不道德的，因此一个人并不负有服从其国家之法律的一般性义务。法律的体系性道德属性有多种主张，真正可以成为法律体系性道德属性（也是法律与道德存在必然关联的一个方面）的只能是作为制度的法律负有一项道德任务，即法律这种正当权威便利了遵循理由。由此可见，通过细致的区分，并借用长期以来屡试不爽的概念分析工具（比如独立于内容的理由/依赖于内容的理由、与允诺的类比等），拉兹对法律与道德的关系进行了一种颇为复杂的论述。这种论述表明，法律与道德在性质上存在着必然关联，但是这种关联是指向法体系的，而不是指向法律的存在和内容。因此这一必然关联不会对其排他性实证主义的核心主张——法律的存在和内容无需求助于道德论证——构成挑战，二者可以说是相互补充。讨论完了这一必然关联，接下来我们就看一下他对包容性实证主义之安置命题的批评。通过这个批评，拉兹坚决捍卫了法律与道德必然不存在关联的强分离命题。

（二）"安置（incorporation）命题"❷ 为什么是有缺陷的

与"法律拥有体系性道德属性"这一主张相关的是，拉兹认为法律仅当在道

---

❶ 也可参见该书第5章的论述。

❷ "安置命题"又称"道德安置命题"（moral incorporation thesis），是包容性法律实证主义或"柔性"法律实证主义（"soft" legal positivism）的另一表达方式。其主要意涵是说，承认规则中合法律性判准可以安置道德。该命题由科尔曼最先提出，See Jules L. Coleman, *The Practice of Principle*, Oxford University Press, 2001, p. 67. See also Kenneth Einar Himma, "Inclusive Legal Positivism", in J. Coleman and S. Shapiro (eds.), *The Oxford Handbook of Jurisprudence and Philosophy of Law*, Oxford University Press, 2002, p. 136–141. 后获得哈特认可，比如哈特指出，德沃金认为他的"承认规则所提供的法律有效性的判准应完全包括特定类型的显明事实"，这是错误的，因为这一看法"忽视了我明确认可承认规则可以将符合道德原则或实质价值作为法律有效性的判准"。See H. L. A. Hart, *The Concept of Law*, Third Edition, Oxford University Press, 2012, p. 250.

德上正当时才具有约束力。当然这是一种性质判断(概念分析)而不是一种经验描述,不是(从时间上)说法律直到具有道德正当性才拥有法律约束力,他是要指出:"说法律具有法律上的约束力蕴涵着它主张具有道德上的约束力,并蕴涵着仅当它具有道德上的约束力,它才具有约束力;而且我还想说,当法律主张具有约束力时,只有认为法律具有道德上的约束力的人们才会认为法律具有约束力。"(第191页)这是一种性质描述,法律主张具有道德约束力和说它有法律约束力是一回事,因为法律的约束力不能单纯依赖暴力。这也是一种体系性道德判断,但是这一判断与法律排除道德并行不悖,因为排除道德依然可以有道德上的理由。法律作为一种制度性权威会影响或改变适用道德的方式,拉兹认为这体现为三个方面:一是法律把道德具体化,并为人们适用道德的方式作出了选择;二是法律保证统一地执行道德因素;三是法律使道德目标更容易实现,而在没有法律时这些目标就无法实现。(参见第192—193页)

道德安置就是其中的一种方式,最典型的就是德国《基本法》第一条和美国《宪法第一修正案》。❶ 其实在法律中规定各种道德要求,或依据某个道德规范、人权公约条款法律才有效,或法院根据冲突法规范适用外国法,这些情形非常常见。包容性法实证主义者认为,这是法律的一部分。拉兹认为,如果说安置就是使这样的规则成为法律规则,那么上述情形就不是安置,因为它们不是法律规则。法律会承认私人间的契约具有法律效力,但是它们本身并不是法律;法律经常会承认公司章程、人权公约等具有法律效力,但它们也不是一国法体系的组成部分。总之,具有法律效力的并不一定是法律体系的组成部分,拉兹在这里作了一个对比:"使一个标准成为法律的一部分"与"仅仅赋予它某种法律效果而不使其本身成为国家法的一部分",二者之间有着微妙但关键的区分。(参见第195页)这个区分在实践上可能无关紧要,但在理论上具有重要意义,它也许是法实证主义和自然法以及法实证主义内部包容性与排他性分歧的关键所在。说到底它涉及法律的界限这个核心问题:什么是法律的一部分,什么又不是法律的一部分。

拉兹断定,包容性法实证主义的核心主张在于,法律是由法院适用的所有规

---

❶ 德国《基本法》(Grundgesetz für die Bundesrepublik Deutschland)第一条规定:"人之尊严不可侵犯,尊重及保护此项尊严为所有国家机关之义务。"美国《宪法第一修正案》规定:"国会不得制定关于下列事项的法律:确立国教或禁止信教自由;剥夺言论自由或出版自由;或剥夺人民和平集会和向政府请愿伸冤的权利。"这两个条款都典型地安置进了道德术语和道德要求。

范组成,其中包括两类:一是立法机构制定的规范,二是法律要求适用的道德标准。他具体指出:"如果那个所谓的法律标准安置了道德标准,那么这些道德标准就是法律的一部分。如果有一个法律规定,一个人在与其不负有特殊责任的人们的所有交往中,应当遵守适用于陌生人之间交往的所有道德要求,那么规定这些要求的道德标准就成了法律的一部分。我将这一版本的包容性法律实证主义命题称为安置命题。"(第201页)结合上文的论述可见,一方面,安置命题扩展了法律与道德的边界,或者说二者的边界更加不清晰了,道德规范有可能成为法律规范,当然这是一个偶然的事实;❶另一方面,安置命题又限缩了道德适用于法律的范围,因为只有被法律安置的道德才是法院要适用的道德规范或要求。而根据拉兹的论述,道德无论如何都适用于法院和法官,法官也是人,一样受到道德的支配。无论在道德安置前,还是安置后,法院和人们都受到道德的支配。拉兹并不认为安置命题是错的,只是说安置命题确实是有缺陷的。

在评述安置命题时,拉兹有一些很重要的方法论区分或主张,支撑了他的全部论述:第一,法院、法官和人们无论如何都受到道德的支配,法律仅当具有道德上的正当性时才有法律效力;第二,"什么是法律"的判断并不依赖于法官在审判中所适用的规范,法官有法律义务适用的规范并不一定是一国法体系的组成部分,因此也不一定是法律;第三,正是这一点体现了道德对法院、法官的支配地位,于是法律推理是道德推理的一部分;❷第四,法律的界限和道德的界限是清晰的,一国法体系的法律成员资格一定是基于来源的,强社会事实命题是确立法律边界线的标准;第五,法律与道德存在诸多必然关联,但是这一关联有着清晰的范围和内涵,并不意味着道德论证可以确立一国法体系的成员资格。

---

❶ 道德安置主义依然坚持了法实证主义的基本立场,这和德沃金是有根本差异的。这种"坚持"表现在两个方面:第一,法律效力依赖于道德因素,这一点不是必然的;第二,法律最终依赖于社会事实,即使包含道德判准的承认规则的存在也是一个事实问题。前者为可分离命题,后者为社会命题。对于后者,科尔曼指出:"对任何种类的实证主义论者来说,在任何社会中合法律性之判准的存在依赖于社会事实(social facts)而非依赖于道德论证(moral arguments)。"Jules L. Coleman, *The Practice of Principle*, Oxford University Press, 2001, p. 107. See also Jules Coleman, "Incorporationism, Conventionality, and the Practical Difference Thesis", *Legal Theory*, Vol.4, No.4 (1998), p. 396-397; Kenneth Einar Himma, "Inclusive Legal Positivism", in J. Coleman and S. Shapiro (eds.), *The Oxford Handbook of Jurisprudence and Philosophy of Law*, Oxford University Press, 2002, p. 126-129.

❷ 法律推理并不具有自主性,因为它主要处于道德对法官的支配领域。See Joseph Raz, "On the Autonomy of Legal Reasoning", in his *Ethics in the Public Domain*, Oxford University Press, 1994, chapter 14.

三、解释的一般理论与法律解释的性质

不同于法律适用方法意义上的法律解释理论，❶法哲学所讨论的法律解释是法概念论层面上的，即讨论解释与法理论建构之间的关系问题。❷也就是说，法哲学要讨论"为什么解释？"而不是"应当如何解释？"，后者是一个关于具体解释方法的问题。在这方面，德沃金提供了一种典范性的法理论建构。❸拉兹关于解释的论述也大体遵循这一进路，其研究具有两个显明的特色：一是注重对一般解释理论的阐述，尤其注重对与法律解释相关的艺术解释、历史解释等的比较分析；❹二是在解释与法理论方面，拉兹并不是像德沃金那样从解释出发建构法理论，而是把解释视为其权威理论的重要补充，即一个完善的权威理论（拉兹关于法性质的一种理解）必须处理法律解释的难题。因此下文重在结合一般解释理论，来展现拉兹的权威论之下的法律解释论。

（一）解释的性质与基本分类

在拉兹的论述中，法理论是关于法性质的一种说明，而解释是关于解释对象之意义的一种说明。❺其中的"说明"不是通常所理解的涵义，而是关于事物性质的一种阐释；或更确切说，是一种理论抽象。正是从这一界定出发，拉兹进一步认为，惯例不构成说明意义的根基，只有理由或构成性理由才表明解释怎样阐明了对象的意义。意义不可能脱离人而存在，拉兹认为，"在世界上只有人类赋予意

---

❶ 这一层面的法律解释研究以德国法律方法论为代表，以及英美法理学关于法律推理方法的研究，参见［德］托马斯·M. J. 默勒斯（Thomas M. J. Möllers）：《法学方法论》（第4版），杜志浩译，北京大学出版社2022年版，尤其是该书的第二部分"解释"。汉语学界的研究参见梁慧星、王利明、黄茂荣等，法理学教材也有相关内容，参见张文显主编：《法理学》（第五版），高等教育出版社2018年版；杨日然：《法理学》，三民书局2005年版，尤其是第四章"法律的解释与适用"。

❷ See Andrei Marmor, *Interpretation and Legal Theory*, Second Edition, Hart Publishing, 2005.

❸ See Ronald Dworkin, *Law's Empire*, Harvard University Press, 1986.

❹ 对于理解一般性解释来说，艺术解释尤为重要，参见下文所引海德格尔和伽达默尔的著作。伽达默尔的哲学诠释学就是从对审美意识的批判开始的。

❺ 拉兹多次提及这一点，参见该书第230、241、301页。拉兹总结了解释的七个特征，头两个就是："第一，解释是对其对象的一个说明（explanation）或（在表演解释中的）(in performance-interpretations) 一种展示。""第二，通过阐明对象的意义，解释说明了一个对象。只有具有意义的东西才能被解释。"参见该书第301页，强调为原文所加。

义的地方才存在意义"。（第230页）❶ 既然意义是人赋予的，那么这就有可能从中推导出两个完全相反的结论：第一，解释是意图主义的，即解释是阐明作者的意图，进而成功地重现意图是好解释的标志；第二，解释是主观主义的，即解释是观看者视角的，意义的唯一来源是接受者而不是创造者。拉兹认为，二者都是错误的，他提出了一种理由视角的解释论："解释回应了所存在的关注解释对象（作为其同类中的一种事物）的无论什么样的理由，在此程度上，一个解释成功地阐明了其对象的意义。"（第231页）这就意味着，关注解释对象（艺术作品、法律、历史等）的理由构成了解释的根基，也导致了多元解释的可能性。但是，多元解释并不意味着多种解释都是主观的，它们依然是客观的。即使存在多元的解释，这也并不妨碍它们都是好的解释。拉兹的解释论试图吸收并超越意图主义和主观主义，从而对解释作出一种复杂的理解，法律解释理论就是这种复杂理解的集中体现。

由此拉兹区分了三种解释：保守性解释、惯习性解释和创新性解释，他分别对这三种解释作了界定。"如果一个解释坚持认为自身成败的根据在于，该解释在多大程度上成功找回或重述原作品对于某人所具有的意义，或者该解释在多大程度上成功找回或重述原作品于过去某个时候在文化中所具有的意义，那么它就是一个保守性解释。"（第269页）保守性解释对应上文的意图主义，即解释的目的就在于重现创制者的意图，在法律解释中的体现就是旧原旨主义的解释论。惯习性解释是指"解释阐明了原作品在人们（即处于解释当时与当地的人们）的通常理解中会具有的那种意义"。（第269页）法律解释中的新原旨主义也持有同样的主张。保守性解释和惯习性解释都有可能是新的或原创的解释，只要这个解释以往没有被明确表达过或以某种方式表达过。拉兹所界定的创新性解释具有独特的含义，它是指："除了原作品通常对人们所具有的那种意义（或者过去通常对人们所具有的那种意义），这些解释表明原作品还有一个意义。"（第270页）这一区分以及关于解释的基本理解贯穿于该书5篇关于解释的论文中，基本没有大的改变，下文的论述也建立在这些基本区分的基础上。

---

❶ 许多学者都在不同层面上指出了这一点，比如冯友兰在《新原人》中说："一件事的意义，则是对于对它有了解底人而后有底。如离开了对它有了解底人，一事即只有性质、可能等，而没有意义。我们可以说一事的意义，生于人对此事底了解。人对于一事底了解不同，此事对于他们即有不同底意义。"参见《冯友兰文集》第五卷，长春出版社2008年版，第5页。

（二）艺术解释及对法律解释的启示

拉兹认为，探讨其他领域的解释（文学、历史以及音乐、绘画等艺术领域的解释）对于理解法律解释的性质来说具有重要意义，因为我们既可以探讨一般意义上的解释理论，也可以在比对中发现法律解释的独特之处。其中艺术领域的解释具有特别重要的意义，拉兹甚至在第10章专章论述艺术解释的性质。就艺术解释来说，拉兹反复提到比如对同一首钢琴曲存在着不同的演奏方式，它们可以是同样好的，戏剧表演更是如此。❶ 拉兹显然更为倾向于认为，艺术或文学作品的解释不是寻回原意的解释，文化和生活条件的变化构成了不断产生创新性解释的理由，因为看待作品的新的兴趣出现了。在这个方面，艺术是独特的，它是我们生活和世界的一面镜子。（参见第263—264页）为了更为深入而全面地呈现这种艺术解释理论，并进而更好地发现法律解释的独特性，下文先概述一种彻底的存在主义的艺术解释论。

根据海德格尔对艺术作品的理解，艺术作品首先是物，它是某种存在者。他一再强调，"艺术的本质或许就是：存在者的真理自行设置入作品"。❷ 海德格尔认为作品是一个自立的存在："……作品仅仅自为地依据于自身。而艺术家最本己的意旨就在于此。作品要通过艺术家而释放出来，达到它纯粹的自立。正是在伟大的艺术中（我们在此只谈论这种艺术），艺术家与作品相比才是某种无关紧要的东西，他就像一条为了作品的产生而在创作中自我消亡的通道。"❸ 从这一论述来看，作品独立于作者，作品完成了，作者也就消亡了；甚至作者的自我消亡就是作品创造的宿命。所以作品的意义就在于"开启"，作品这一存在者本身的开启就创造了艺术的本质。关于这一点，海德格尔说："作品之为作品，唯属于作品本

---

❶ 伽达默尔在其诠释学中曾深刻指出这一点，他说戏剧中所存在的、所影射的、所唤醒的东西都是需要在演出中呈现出来的，没有人会预先知道所呈现的或将消失的是什么。"每一次演出都是一个事件，但不是一个与文学作品相脱离的自行出现或消失的事件——作品本身就是那种在演出事件中所发生的东西。作品的本质就在于它是如此具有'偶缘性的'，以致演出的境遇使作品里存在的东西得以表达并表达出来。"[德]汉斯-格奥尔格·伽达默尔：《诠释学Ⅰ：真理与方法》，洪汉鼎译，商务印书馆2010年版，第216页。音乐也是如此，伽达默尔指出，听音乐并不是读乐谱。

❷ [德]海德格尔：《艺术作品的本源》，孙周兴译，商务印书馆2022年版，第27页。类似的表述还有："艺术作品以自己的方式开启存在者之存在。在作品中发生着这样一种开启，也即解蔽（Entbergen），也就是存在者之真理。在艺术作品中，存在者真理自行设置入作品中了。艺术就是真理自行设置入作品中。"（海德格尔书，第32页）"艺术是真理之自行设置入作品。"（海德格尔书，第84页）

❸ [德]海德格尔：《艺术作品的本源》，孙周兴译，商务印书馆2022年版，第33页。

身开启出来的领域。因为作品的作品存在是在这种开启中成其本质的,而且仅只在这种开启中成其本质(Wesen)。"❶ 海德格尔的真理美学就是超越科学真理的概念,从而把真理界定为一种揭示或解蔽;在这一过程中,海德格尔更关注存在本身,而不是艺术作品的创作者。

拉兹关于艺术作品解释的论述虽然接近于存在主义的理解方式,但是一以贯之,拉兹还特意强调了艺术解释的社会依赖性。(参见第310—313页)在这一点上,拉兹的艺术解释论不同于存在主义的理论。但这不是我们关注的重点,问题的关键在于,与艺术作品相比,法律是不是一个存在论意义上的文本,上文对各种艺术解释论的展示主要就是为了更深入地思考这一问题。拉兹似乎认为,艺术解释中的一些基本理解也适用于法律解释,比如可以存在不止一种好的解释;但同时拉兹也指出了二者的根本区分,即相对于法律解释和历史解释的关系,法律解释和艺术解释更加疏离。与艺术作品不同,法律不是镜子,它是创造它们的人所创造出来的,只能通过解释来理解。拉兹认为法律解释和艺术解释的差异性和相似性一样地显著,艺术解释的看法经由仔细修改也可适用于法律解释,但是拉兹并未具体说怎么进行修改。❷ 综合拉兹的看法,上述这一类比表明,我们关注艺术解释和法律解释的理由或规范性视角存在重要差异,法律解释更多关注创制者的原意,但法律解释也不是要寻回原意。

(三)法律解释的性质:保守性与创新性的统一体

艺术解释不同于法律解释的一个重要方面是,艺术解释(包括表演或演奏等)带有很强的主观创造性和新颖性,而且这种新颖性和一个时期的品味有关,其本身是可以得到评价的。(参见第232—233页)比如钢琴协奏曲《黄河》对《黄河大合唱》的改编与演奏本身就有独立的价值,所以我们可以单独谈论殷承宗等的

---

❶ [德]海德格尔:《艺术作品的本源》,孙周兴译,商务印书馆2022年版,第34页。

❷ 拉兹从艺术的解释中获益良多,但是怎么扩展到法律解释,他其实着墨不多。对权威的强调表明,拉兹似乎不会完全赞同伽达默尔意义上的法律诠释学,即法律是一个存在论意义上的文本。伽达默尔试图统一法律学家和法学史家的认识论进路,二者都受现时代的前理解的支配,"都生活于一种直接的意义期待之中"。法律学家研究法律本身,"但是,法律的规范内容却必须通过它要被应用的现存情况来规定。为了正确地认识这种规范内容,他们必须对原本的意义有历史性的认识,并且正是为了这一点法律解释者才关注法律通过法律实践而具有的历史价值。但是,他不能使自己束缚于例如国会记录告诉他的当时制定法律的意图。他必须承认以后所发生的情况变化,并因而必须重新规定法律的规范作用。"[德]汉斯-格奥尔格·伽达默尔:《诠释学Ⅰ:真理与方法》,洪汉鼎译,商务印书馆2010年版,第462—463页。

《黄河》钢琴曲。再如拉兹举的一个例子，乔纳森·米勒（Jonathan Miller）以20世纪20年代的芝加哥为背景对《弄臣》（*Rigoletto*）的演绎，我们也可以单独评价它。但是法律基本不会存在这个情况，对法律的解释肯定会考虑到法律创制者的意图。或者说，艺术解释中的意图不会起到支配作用，但是法律解释中的意图会具有根本的影响力。归根到底，法律是一个具有权威性的制度体系。在拉兹看来，法律与道德的一个重要区分就是，道德没有来源，且无需解释；而解释是法律实践的本质，法律解释就是指向来源的。（参见第223页）是什么因素影响了法律解释的性质？拉兹给出了两类理由：一类是持续性和权威，它们决定了对"为什么要解释"这个问题的解答；另一类是公平和法律发展，它们影响了对"怎么去解释"这个问题的解答。

持续性不是权威的副产品，即使制定了法律的权威不再存在，权威所制定的法律可能依然有效，这就是法律的持续性，它独立于权威并比权威更长久。关于权威、持续性与解释的必要性这三者之间的关系，拉兹有一段集中的论述："权威与持续性说明了解释之重要性的理由，这两个因素是系统性地相关的：法律产生于对正当权威的尊重，就此而言，法律推理必须确定法律是由权威所制定的；也就是说，法律推理必须依赖于对法律权威之决定的解释，而这些决定符合那些权威的意图。法律起因于确保持续性的需要，就此而言，即使当法律决定的作出者们不再拥有权威时，这些决定依然是有约束力的。这些决定的内容是通过解释它们而确定的，因为当关注这些决定的理由建立在尊重作出决定之权威的基础上时，这些决定就被解释了。"（第236页）持续性和权威表明了权威意图的重要性以及解释的必要性与限度，这一点显然不同于艺术解释。

但是法律解释并不是固步自封而只限于重现权威的意图，它也要满足公平和法律发展的要求。适用法律规则到具体案件，有时会产生不正义的结果，法律也需要不断发展与完善。关于二者的作用，拉兹指出："考虑改变和发展法律以完善它，使之适应不断变化的条件，并公正对待法院诉讼案件的当事人，这些需要是对法律解释方式的一个重大影响。"（第237页）其实，这两个因素并不有助于让解释在法律推理中起主要作用，但对于应如何去解释法律会产生重大影响。这四个（两类）因素都会影响我们对法律解释性质的理解，尽管它们在不同的方向起（相反的）作用，共同构成了理解法律解释的复杂张力组合。拉兹分别概括为保守性解释和创新性解释："这两类因素永远是相冲突的：权威和持续性影响着法律解释中的一个广义上的保守态度，而公平和法律发展则影响着一个创新的态度。"（第237页）拉兹把前者称为初级理由，把后者称为次级理由，它们都构成了关注法律解释之对象的理由。

关于法律解释的创新性和保守性，拉兹认为，这是必定存在于法律解释或司法实践中的一对张力关系。它们会带来一些困扰，比如："如果法律受制于创新性的解释，那么法律对人们的行动如何能够形成一个稳定的指引呢？如果可以存在多个有效解释，那么对于何谓法律怎么可能仅有一个事实真相呢？"（第239页）从上面的论述可以看出，虽然拉兹的主张偏重保守性，认为正是那些保守性因素（权威和持续性）决定了"为什么要解释法律"，但他并不认为法律解释完全是保守的。无论是主张主观主义的法律解释多元性（过于强调法律解释的创新性），还是如原旨主义（originalism）❶那样将法律解释局限于保守因素上，都是不对的。拉兹不会赞同一种原旨主义的解释理论，他认为创新性因素在理解法律解释性质方面具有重要作用。

尽管法律始终会维持着稳定性与持续性，但在法律稳定的框架内也持续进行着变革。拉兹认为，有4个因素决定了法律变革的必要性："第一，需要调整法律，因为现行法律存在缺陷。第二，需要将不同的法律规范和规定整合为一个融贯的法律体，即一个具有教义意义的法律体。第三，不可避免地需要解决法律中的冲突和不确定性。第四，需要把法律和道德结合起来。"（第318页）当然拉兹也特意指出，这4个因素并不意在提出一种裁判理论，而只是提出一些进行创新性解释的理由，而法院有权力作出创新性解释。但是否真的这样做，则取决于特定国家的法律的实际规定。一旦作出，创新性解释就改变了法律，因为司法实践是权威结构的一环。司法判决的终局性是司法的一个本质特征，司法判决是权威

---

❶ 原旨主义是美国宪法解释理论中的一种主张，甚至可以说是占主流地位的理论。根据Solum的概括："原旨主义是一个宪法理论家族，由两个核心理念组成。第一个理念［即'固定命题'（the 'Fixation Thesis'）］是，宪法文本的原意［即'沟通内容'（communicative content）］被固定在制定和批准每一个条款的时代。第二个理念［即'约束原则'（the 'Constraint Principle'）］是，宪法行动者（例如法官、官员和公民）在从事宪法实践（典型的是判决宪法案件，但也包括官员和公民在法院之外的宪法决策）时，应当受到原意的约束。" Lawrence B. Solum, "Originalism and Constitutional Construction", Symposium: The New Originalism in Constitutional Law, *Fordham Law Review*, Vol. 82, Issue 2 (November 2013), p. 456. Whittington又区分了新原旨主义和旧原旨主义，See Keith E. Whittington, "The New Originalism", *Georgetown Journal of Law & Public Policy*, Vol. 2, Issue 2 (Summer 2004), pp. 599-614。与原旨主义相对的宪法解释理论是"活宪法主义"（living constitutionalism），而试图调和二者的一种解释理论是"活原旨主义"（living originalism），See Jack M. Balkin, *Living Originalism*, Harvard University Press, 2011。

性决策过程的一部分；它不一定是正当的，但一定是有约束力的。而且在普通法国家，法院有设立先例的权力，先例对以后的裁判会起到权威性约束作用。通过这一权威性决策过程，法院的创新性解释就改变了法律。（参见第320页）

从根本上说，张力关系源于拉兹对司法性质的一个根本判断，即保守性和创新性的冲突是不可避免的，它产生自如下事实："由于人类社会的基本性质，法律和审判必须履行若干职能；因此，即使是一部理想的法律，也不能以理想的方式履行所有这些职能。"（第240页）正是这些相冲突的不同职能决定了法律解释必然包含着保守性和创新性这一相对立的性质，甚至这一点也构成了整个法律史变革的根本因素。❶

（四）权威与解释中的意图

既然意图在法律解释中如此重要，那么对于理解法律解释的性质来说，深入讨论一下意图就具有重要的理论意义。显而易见，意图和权威紧密相关；如果不相关的话，那么法律解释就可能和艺术解释一样，在很大程度上是一个主观主义的事情。正是对意图的讨论凸显了法律解释的独特性质，而背后支撑法律解释之意图论的依然还是拉兹的权威命题。

解释必定有一个对象，它面对的是一件原作品，其核心含义之一就是：解释是带有意图的，否则就不是在进行解释。但对于意图在（法律）解释中到底起到什么作用存在着不同的看法，拉兹批评了一种极端的看法，他称之为"激进意图论"（the Radical Intention Thesis）。这一命题主张："当且仅当一个解释反映了作者的意图，它在法律层面上才是正确的。"（第273页）这个主张的核心在于法律解释的目的就是确定立法者的意图，它引发了许多反对意见，诸如意图难以确定或司法实践揭示出解释不在于确立立法者的意图等。但拉兹认为它们都是不正确或不完全正确的，立法者所制定的法律一定会反映立法者的意图，否则说立法者在制定法律就是没有意义的。但是这个一般性论证并不支持"激进意图论"这样强的命题，它只支持一个相对弱的主张，拉兹称之为权威意图论（the Authoritative

---

❶ 庞德在《法律史解释》一书正文的开始部分就强调："法律必须稳定，但又不能保持静止。因此一直以来，所有关于法律的思考都在努力协调法律的稳定必要性和变化必要性这两种相冲突的要求。"See Roscoe Pound, *Interpretations of Legal History*, The Macmillan Company, 1923, p. 1. 而且，庞德还把"稳定必要性"与"变化必要性"这一对范畴作为解释整个法律史的起点。

Intention Thesis）:"法律源自审慎的立法，就此而言，法律解释就应该反映其立法者的意图。"（第275页）这样拉兹又回到他关于法哲学的奠基性理论，即权威理论，我们对解释意图的理解也取决于权威观念以及辩护权威的正当性理由。

权威意图论中的意图是一种最低限度的意图，而不包括各种额外的意图，比如法律要实现的各种社会经济目标等。他似乎走了一条中间的道路，既不像有些学者认为的，意图对于解释没有意义，也不像很多人认为的，意图包含了太多的立法者意图或作为意图的社会目标。拉兹既强调了意图的重要意义，也没有赋予其太多的实质内容。而且关于意图的作用，拉兹还特别强调，在解释的权威意图论中，意图提供了正当性，而不是提供解释的方法。"权威意图论对于立法的正当性而言至关重要。如果不按照一项法令的本意所是或意图所是来解释它，那么这项法令就不可能以立法机构的权威为基础（至少该法令不可能只以这种权威为基础）。但是权威意图论不被用作解释的一个工具或方法。"（第288页）❶ 它不是一种解释的方法，其功能在于提请法院注意立法时所盛行的各种解释惯习，他指出："任何意图的内容，都是在人们参照诸种惯习进行解释时该意图所具有的那种内容，而这些惯习是当时用来解释此类表达型行动的。"（第286页）由此可见，权威意图论中的"意图"主要用来确立法律解释的性质和正当性，而无关解释的方法，意图的内容需要参照惯习来确立。

上述看法也可以在拉兹的法律哲学思想中找到依据，拉兹式法实证主义的核心主张就是来源命题，即法律的存在和内容都是基于来源的。在成文法国家，立法是最重要的来源，立法是一种包含意志的活动，立法者的意图与法律的存在和内容紧密相关。如果法律是有权威的，那么立法者意图的重要性一定能够传导到解释活动中。拉兹的主张是，意图关乎正当性，而惯习关乎解释。拉兹在第11章的总结部分已明确提到这一点，他指出："对于承认立法是一种法源的法体系而言，其所具有的一项普遍特征就是以符合创制者意图的方式对成文法规等文本进

---

❶ 另参见第298页的一句总结："尽管权威理论表明，对立法所创制的（即基于权威的）法律而言，其正当性取决于按照创制者的意图来解释法律，但权威理论所指明的解释指导标准却依赖于解释此类相关立法文本所需的惯习，这是那些在相关立法颁布之时盛行于法律文化中的惯习。意图关乎正当性，但惯习则关乎解释。"从这一论述来看，在上文所列的解释分类中，惯习性解释可能具有两重含义：第一，在某种意义上说，惯习性解释也是意图主义的，但它不是寻找创制者的意图，而是在当时人们的一般性理解中找回意图，这正是新原旨主义论者所主张的；第二，惯习性解释是一种重要的解释方法，当有限度地赞同意图主义的时候，我们所寻回的也是盛行于当时法文化中的惯习。

行解释，因为这正是立法观念所蕴涵的。换言之，任何现实中可以想见的权威理论都要求解释符合立法意图。"（第 298 页）尽管拉兹极为强调权威对于解释的重要意义，权威信条似乎也辩护了一种保守性解释，但他并不认为，在司法实践中解释是完全依据权威的，法官在司法中依然可以脱离权威的束缚进行创新性解释。❶ 创新性是解释的属性之一，对法律来说尤为如此，创新性法律适用活动依然是在从事法律解释工作。

结　语

拉兹的《在权威与解释之间》虽然是一本论文集，初看之下似乎也没有核心主题，但从该书的内容我们可以明显看出，拉兹关于法理论建构的方法论、传统分析法哲学诸论题以及解释问题的讨论，都不离其权威理论。关于建构法理论之方法论的论述可以视为对权威命题（即"法律必然主张正当性权威"）在方法论上的理论抽象与一般化，第二部分整体上就是从各个方面捍卫权威命题、来源命题等支撑排他性法实证主义的核心主张，而拉兹关于法律解释的独特论述也是以权威作为根基的。当然，拉兹对各领域（尤其是艺术领域）的解释也进行了富有启发性的理论洞察。他主要讨论了艺术作品的解释，并简要讨论了历史领域的解释。他讨论其他领域的解释主要是为了与法律领域的解释相对比，以此来突显法律解释的特殊性。拉兹指出法律解释兼具保守性和创新性，这一定位看似平淡无奇，却包含着对法律解释的独特观察。因为拉兹注意到权威和持续性，而不是公平和发展法律，导致我们为什么要解释法律。这两类因素是相冲突的，导致了法律解释中的一对张力关系，即保守性与创新性的张力。总之，我们从该书又一次领会到，权威理论确实构成了拉兹整个法哲学的核心。

编辑：查云飞

---

❶　另参见拉兹关于法律推理自主性的讨论。其基本主张是，来源命题是正确的，但这一点并不支持法律推理的自主性命题，因为这一命题可能会导致司法判决在道德上不可接受。法律推理不仅是运用专业知识的推理，它本身就是道德推理的一部分。对此，拉兹指出："通常情况下，法院有自由裁量权去修改法律规则或作为例外不适用法律规则；此外，如果法院有这样的自由裁量权，那么他们应该诉诸道德推理来决定是否使用它，以及如何使用它。" See Joseph Raz, "On the Autonomy of Legal Reasoning", in his *Ethics in the Public Domain*, Oxford University Press, 1994, p. 335.

论颜元

屠 凯[*]

颜元，字易直，又字浑然，号习斋，河北博野人，生于1635年，殁于清康熙四十三年（1704），得年七十岁，是清初人。颜元的父亲曾给朱姓人家作养子，但和朱家养父的关系并不好，时常想要逃离。颜元四岁时，正逢关外兵至，颜父主动投靠，一起东去。颜元长大后曾经出山海关寻找父亲，得知其父后来给镶白旗的一个"董千总"当了"拨什库"，掌管一些钱财会计、监押俘虏之类的勾当。颜父在沈阳娶妻妾生育了二女。颜元和胞妹最终相认，但那时其父早已去世。[❶]颜元一生绝大部分时间都在家度过。他年轻的时候曾先后宗信陆王与程朱之学。据他自己说，居丧的时候他感觉《家礼》和本人的性情有颇多不符之处，才转而探求三代周孔的真思想。自此用心于五花八门的知识和技能，不再以宋明儒为然。年老后，曾被聘请执掌漳南书院，他颇费了一番心思来设计，可惜书院遭遇洪水，建筑被毁。颜元最主要的著作是《四存编》。

自晚清以来，有识之士对颜元哲学多有推崇，颜元也成了哲学史书写必不可少的对象。法学界的前贤亦呼应这类说法，认为颜元思想蕴藏着丰富的"进步"因素，义利兼顾，反抗权威。[❷]但是，对颜元的过度夸赞与扭曲，已经得到很大程

---

[*] 清华大学法学院副教授、博士生导师。

[❶] （清）颜元：《父颜长翁事迹》，载《颜元集》（上、下），王星贤等点校，中华书局1987年版，第585页。

[❷] 参见张骐：《法治视野中的中国传统思想初论》，载《北京大学学报（哲学社会科学版）》2003年第5期，第97页；高其才、罗昶：《胡适法律思想略论》，载《法制与社会发展》2003年第4期，第67页；张晋藩：《明末清初的实学与进步的法律观》，载《法制与社会发展》2016年第2期，第89页。

论颜元

（清）颜元：《颜元集》（上、下），王星贤等点校，中华书局1987年版

度的纠正。❶ 他本是个平庸人物，此前的议论或许高估了其思想的价值。❷ 比如，章太炎先将其推崇为与荀子并驾齐驱的大儒，后虽降格，仍认为颜元是不与清廷同流合污的高洁之士。❸ 颜元对规范与权威等话题确有明显丰富的讨论。但由这些细致辨析也可见，不但其思想的抽象度有限，颜元还是一个不敢有丝毫悖逆之心、拥护朝廷功令的乡曲之士。有人称他是忠顺君子，这已经是秉持恕道的宽厚评价了。

---

❶ 参见王东杰：《乡里的圣人：颜元与明清思想转型》，南京大学出版社2021年版，第19—20页；解成：《近代中国对颜元形象的两次改造》，《河北学刊》1988年第1期；张循：《"颜元"的诞生：清初学者颜元思想激变过程的重建与诠释》，载《中山大学学报（社会科学版）》2019年第5期，第107页。

❷ 参见王东杰：《乡里的圣人：颜元与明清思想转型》，南京大学出版社2021年版，第20页。

❸ 参见章太炎：《检论·正颜》，载《章太炎全集（三）》，上海人民出版社2018年版，第480—481页。

一、规范的来源

颜元认为,人天生具有某些功能。使这些功能正常发挥作用的机理,就是人所应当遵循的规范。如果把人当作一部机器,在颜元哲学中,所谓规范更像是"操作说明"那类东西。对于此种规范("物则"),颜元也用"性"这一范畴来指涉。在《性理评》中颜元说:"诗云:'天生烝民,有物有则;民之秉彝,好是懿德。'孔子曰:'为此诗者,其知道乎!有物必有则;民之秉彝也,故好是彝德。'详诗与子言,物则非性而何?"❶

在颜元哲学中,规范和功能是一体两面、不可分割的。在很有趣的《棉桃喻性》一文中,颜元比喻说:"领可护项,袖可藏手,襟裾可蔽前后,即目能视、耳能听、子能孝、臣能忠之属也,其情其才,皆此物此事,岂有他哉!"❷ 如果把人当作一件衣服,那么"护项""藏手"和"蔽体"都是这件衣服的功能。而一件衣服也"应当"发挥保护头颈手腕、遮蔽身体的作用,否则就算不得衣服了。正如观看是眼睛的功能,聆听是耳朵的功能,那么眼睛也应当去看,耳朵也应当去听。世上没有不看的眼睛、不听的耳朵,不听不看,耳目就成了摆设。于是乎,在颜元看来,为人臣,为人子,也有忠孝的功能和发挥功能的义务。颜元之逻辑大体如此。

概括而言,人具有哪些功能,又应当遵循何种规范呢?每个人类个体都是"二气四德"所创造,在功能上本当一致,功能发挥作用的机理("性")也本当一致。具体而言,也不过是满足不好名利、不杀不淫等基本的纲常要求。颜元说:

> 其肖乎天地者,人之全体也;其孝乎天地者,人之大用也。故人并天地而称三才。其尊出万物之上,故曰,"天地之性人为贵"。其灵异万物之蠢,故曰,"人为万物之灵"。其中异万物之偏,故曰,"人得天地之中以生"。一体不全则为不肖,一用不大则为不孝;是故人而无目,犹天地无日月也;人而伤手足,犹山崩岳陷也;是谓天地残患之子。人而不仁,是自斩其生机也;人而不义,是自塞其行路也;是谓天地暴弃之子。诸不能全其人体者视此也。人而好名,是瞒父母而卖好于家人也;人而好利,是剥父母兄弟而窃肥于私

---

❶ (清)颜元:《性理评》,载《颜元集》(上、下),王星贤等点校,中华书局1987年版,第14页。

❷ (清)颜元:《棉桃喻性》,载《颜元集》(上、下),王星贤等点校,中华书局1987年版,第4页。

室也；是谓天地奸巧之子。人而好杀无辜，是屠戮其兄弟也；人而奸淫非类，是奸污其姐妹也；是谓天地乱贼之子。诸不能大其用者视此也。故不肖天地，非人也；不孝天地，非人也。人之义大矣哉！❶

但是，十分重要的是，颜元注意到，事物的功能是由它的物质条件所决定的，"盖气即理之气，理即气之理"。❷ 所谓 "理气融为一片"。就人而言，则是 "性" 与 "气" 的统一。❸ 现实的问题在于，每个人的具体物质条件显而易见地各不相同。颜元在承认每个人的 "气" 不同的前提下，也就必须得承认 "性质" 的某种不同。对他画的一幅《性图》，颜元解释：

> 姑以人之性质言之。……理气会其大中，四德全体，无不可通，而元亨为尤盛。得其理气以生人，则恻隐辞让多；或里元而表亨，则中惠貌庄之人也；或里亨而表元，则中严貌顺之人也。然以得中也，四德无不可通也，则有为圣人者焉，有为贤人者焉，有为士者焉；以通元亨之间，去利贞之济远也，则亦有为常人者焉；皆行生之自然，不可齐也。仁之胜者，圣如伊尹，贤如颜子，士如黄宪，常人如里巷中温厚之人；礼之胜者，圣如周公，贤如子华，士如樊英，常人如里巷矜持之人。……偏亨用事，礼胜可知也。准中之礼盛例，而达乎元者颇难，达乎利贞者尤难。然而可通乎中以及乎贞，可边通乎元利，可斜通乎利亨之交，可边通乎亨利之间，而因应乎元贞之间，可边通乎亨元之间；而因应乎贞利之间，可斜通乎亨元之交。故虽礼胜而四德皆通，无不可为樊英、子华、周公也。……偏元用事，仁胜可知也。准中之仁胜例，而达乎亨者难，达乎贞利者更难。然而可通乎中以及于利，可边通乎贞亨，可斜通乎贞元之交，可边通乎元贞之间，而因应乎利亨之间，可边通乎元亨之间；而亦因应乎利贞之间，可斜通乎元亨之交。故虽仁胜而四德皆通，亦无不可为叔度、颜子、伊尹也。……元亨之间也，然直通元亨之斜以达乎中，而与贞利之间为正应，虽间，而用力为之，亦无不可为黄、樊、颜、

---

❶ （清）颜元：《习斋记余卷六·人论》，载《颜元集》（上、下），王星贤等点校，中华书局1987年版，第513页。

❷ （清）颜元：《驳气质性恶》，载《颜元集》（上、下），王星贤等点校，中华书局1987年版，第1页。

❸ （清）颜元：《性理评》，载《颜元集》（上、下），王星贤等点校，中华书局1987年版，第15页。

西、伊、周也。……居元亨斜间之交，而似中非中。然斜中达于大中而通及贞利，虽间斜，而用力为之，亦无不可为黄、樊、颜、西、伊、周也。❶

就人的具体品类而言，"得其厚者敦庞，得其薄者硗瘠，得其清者聪明，得其浊者愚蠢，得其强者壮往，得其弱者退逶，得其高者尊贵，得其下者卑贱，得其长者寿固，得其短者夭折，得其疾者早速，得其迟者晚滞，得其全者充满，得其缺者破败"。❷ 诚可谓"又不可胜穷焉"。❸

因为人之品类无穷，在现实世界，人类社会规范的一致性是否就被迫要放弃了呢？这是很困扰颜元的问题。为了解决这个问题，颜元援引了孔子所谓"性相近"的说法：

孔子曰："性相近也，习相远也。"此二语乃自罕言中偶一言之，遂为千古言性之准。性之相近如真金，轻重多寡虽不同，其为金具相若也。惟其有差等，故不曰"同"；惟其同一善，故曰"近"。将天下圣贤、豪杰、常人不一之恣性，皆于"性相近"一言包括，故曰"人皆可以为尧、舜"；将世人引蔽习染、好色好货以至弑君弑父无穷之罪恶，皆于"习相远"一句定案，故曰"非才之罪也"，"非天之降才尔殊也"，孔、孟之旨一也。昔太甲颠覆典刑，如程、朱作阿衡，必将曰"此气质之恶"。而伊尹则曰"兹乃不义，习与性成"。大约孔、孟而前，责之习，使人去其所本无，程、朱以后，责之气，使人憎其所本有，是以人多以气质自诿，竟有"山河易改，本性难移"之谚矣，其误世岂浅哉！❹

颜元此说是在坚持人类社会规范在本源和实质上一致的前提下，将每个个体选择接受的不一致"规范"归咎为"习染"。所以太甲的物质条件不是其罪恶的根源，他"颠覆典刑"的行为和决定都是"习染"对于"本性"的取代。相应地，

---

❶ （清）颜元：《性图》，载《颜元集》（上、下），王星贤等点校，中华书局1987年版，第25—26页。
❷ （清）颜元：《性图》，载《颜元集》（上、下），王星贤等点校，中华书局1987年版，第25页。
❸ （清）颜元：《性图》，载《颜元集》（上、下），王星贤等点校，中华书局1987年版，第25页。
❹ （清）颜元：《性理评》，载《颜元集》（上、下），王星贤等点校，中华书局1987年版，第7页。

人在物质条件上的不同,以及由此不同导致他们在现实世界接受不同的具体规范,则无可厚非。颜元说:

> 尧、舜之性与途人之性果"一"乎?孔子何以言"性相近"也。性、情、才、气质果有恶乎?孟子何以言性善,又言才、情皆可为善也?盖性自尧、舜至途人,万有不同,而皆出于天命之善,故不曰"一"而曰"相近"。才、情、气质自尧、舜至途人,亦万有不同,而亦同而出于天命之善,故不惟性善,而孟子并才、情皆以为善。吾又谓气质皆善,以清浊厚薄虽不同,而性皆元亨利贞之理,情、才、气质皆元亨利贞之力、之气若质也,从何处加"不善"二字?人之为不善,必引蔽、习染使之。虽圣人复起,不易吾言。❶

颜元对于情才气质和习染的这种区别保证了人类社会规范在理论上的一致性,而又对现实世界的规范多元性予以了极大的宽容。但他尚未充分回答的问题是,究竟如何在具体条件下区别情才气质和习染?看似具体规范的内容,哪些算是真实,哪些算是虚伪呢?

二、应用规范的判断

就颜元的经验而言,个人情感恰恰是使其认识、分辨规范真伪的因素。他说:"第自三十四岁遭先恩祖母大故,一一式遵文公家礼,颇觉有违于性情,已而读周公礼,始知其删修失当也。"❷ 在颜元哲学中,"情"就是个人情感之意。他曾分辨情实之情与情感之情,而选择了后者。他说:

> 夫情即常言恩情、情义之情。大凡争讼,皆起于无情义之人。大人明明德于天下,使仁让成风,人知羞恶。概世皆有情之人,方愧我之仁未及、让未及而相爱相敬之不暇,又岂有责人之不仁、不让而起争起讼者乎?即有一二无情义者,亦口羞说不得。便强说一两句,自己见他人仁让,终是羞惭

---

❶ (清)颜元:《四书正误卷六·孟子下·告子》,载《颜元集》(上、下),王星贤等点校,中华书局1987年版,第237页。

❷ (清)颜元:《习斋记余卷六·王学质疑跋》,载《颜元集》(上、下),王星贤等点校,中华书局1987年版,第497页。

说不尽，便强说几句，旁人便阻拦劝解，终"不得尽其辞。"❶

颜元毫不掩饰地充分肯定了情感的价值。在回答别人提问时，颜元拿"风"举例子说："其所以为风处是性，发而动是情，吹木是功，吹木使之青，发枝发叶是效。"❷情感既然是规范的载体，则并无过分与不及的问题。颜元对于"情炽"这个短语有一段讨论：

> 朱子述伊川曰："形既生矣，外物触其形而动于中矣。其中动而七情出，曰喜、怒、哀、惧、爱、恶、欲，情既炽而益荡，其性凿矣。""情既炽"句，是归罪于情矣。非。王子曰：程子之言似不非。炽便是恶。予曰：孝子之情浓，忠臣之情盛，炽亦何恶？贤者又惑于庄周矣。❸

"情炽"不但不是错，恰恰相反，颜元反复赞美这种现象。颜元集中常出现"热肠""热情"等字眼，甚至把普通人的"热肠""热情"说成是人类社会规范的基础。他反驳佛教的"清凉世界"：

> 释氏甘空寂，自谓"清凉世界"，故指两间为"火宅"。不知乾坤中二气五行全赖此火。天地非太阳真火则黑暗，人非命门真火则灭绝，忠臣孝子一副热肠，愚夫愚妇一段热情，酿成世界，这大地众生离了火宅，便过不得日子。且释氏亦自火宅中生出，即结成舍利子，亦是火宅中豆大火光。彼自己且偷出不去，又乌得偷出众生哉！曰"偷出"者，圣祖原老贼一种偷出贪心而定罪耳。火便是世间生生不穷的种子，火宅便是世间君臣、父子、夫妇、兄弟、朋友行走的去处，佛氏尽欲偷出，正名定罪，真是老贼了！❹

颜元教育门人也是鼓励而非否定他们的情感作用。所谓"志不真则心不热，

---

❶ （清）颜元：《四书正误卷一·大学·戴本大学》，载《颜元集》（上、下），王星贤等点校，中华书局1987年版，第160页。

❷ （清）颜元：《颜习斋先生言行录卷上·言卜第四》，载《颜元集》（上、下），王星贤等点校，中华书局1987年版，第630页。

❸ （清）颜元：《性理评》，载《颜元集》（上、下），王星贤等点校，北京：中华书局1987年版，第5页。

❹ （清）颜元：《存人编卷三·明太祖高皇帝释迦佛赞解》，载《颜元集》（上、下），王星贤等点校，中华书局1987年版，第148页。

心不热则功不紧,故多睡之人无远图,立志之子多苦想"。❶他自己也无时无刻不受到个人热切情感的影响。他说:"仆少读书,见伊阿衡先觉觉后觉,一夫不被尧、舜之泽,如己推内沟中,不觉其懊憹热中何似也;见孟邹公充塞仁义,杨、墨不熄,孔道不着,惧人将相食,不觉其棘手惶惧何似也。"❷正所谓"昔人之懊憹热中、棘手惶惧、悲苦无计者,乃具尝试于仆心矣"。❸

三、习得规范

规范是使人的功能正常发挥作用的机理。因此,颜元所讨论的具体规范都是结合人之行为的动态过程而言的。甚至于,他只谈实践中的规范,而否定抽象的规范,把人们在实践中的做法、步骤就当做规范本身。所谓"明明'践迹'是'入室'的真路头、真步法,先生辈何不向周公、孔子三物上着脚乎"?❹

那么,人们实践中的可行做法、步骤都应当包括哪些呢?颜元认为只有"六艺"才算。他说:"惟言乎性道之作用,则六德、六行、六艺也;惟体乎性道之功力,则习行乎六德、六行、六艺也;惟各究乎性道之事业,则在下者师若弟,在上者君臣及民,无不相化乎德与行艺,而此外无学教,无成平也。"❺规范的内容是"六德""六行""六艺",这是颜元经常说的。但以"六艺"为规范,主要是因为其实在而可行,而非其他什么形而上的原因。

六艺当然是规范的表现。颜元说:"六行乃吾性设施,六艺乃吾性材具,九容乃吾性发现,九德乃吾性成就;制礼作乐,燮理阴阳,裁成天地,乃吾性舒张,万物咸若,地平天成,太和宇宙,乃吾性结果。"❻而规范要得到表现,也必须通

---

❶ (清)颜元:《颜习斋先生言行录卷下·教及门第十四》,载《颜元集》(上、下),王星贤等点校,中华书局1987年版,第673页。
❷ (清)颜元:《习斋记余卷三·寄桐乡钱生晓城》,载《颜元集》(上、下),王星贤等点校,中华书局1987年版,第439页。
❸ (清)颜元:《习斋记余卷三·寄桐乡钱生晓城》,载《颜元集》(上、下),王星贤等点校,中华书局1987年版,第440页。
❹ (清)颜元:《四书正误卷四·论语下·先进》,载《颜元集》(上、下),王星贤等点校,中华书局,1987年版,第208页。
❺ (清)颜元:《存性编卷二·图跋》,载《颜元集》(上、下),王星贤等点校,中华书局1987年版,第33页。
❻ (清)颜元:《存性编卷一·明明德》,载《颜元集》(上、下),王星贤等点校,中华书局1987年版,第2页。

过六艺这一媒介不可。所谓"唐、虞之'一中',第尧、舜、禹三圣面授,而以'一中'之作用,如三事六府,与天下共见之而已。孔门之'一贯',第孔子与颜、曾面授,而以'一贯'之散殊,如四教、六艺,与三千人共见之而已"。❶ 这一媒介为天下共见,相对客观,不容易被扭曲。颜元说他"于六艺尤致意焉,谓是六德之作用,六行之材具,斯非心头惺觉笔端剽窃所得假冒矣"。❷ 脱离六艺而谈规范,则言人人殊,并不能付诸实践。他说:"仆妄谓性命之理不可讲也,虽讲,人亦不能听也,虽听,人亦不能醒也,虽醒,人亦不能行也。所可得而共讲之、共醒之、共行之者,性命之作用,如诗、书、六艺而已。"❸ 而脱离实践言规范,则等于没有规范。颜元回答别人的提问说:"子、臣、弟、友,道之归宿。礼、乐、射、御等,道之材具。若无之,则子、臣徒具忠、孝之心,而无其作用。如明末死节诸臣,不可见乎!"❹

颜元所谓"六艺"不等于诗书。颜元之"六艺"是合"六德""六行"和(狭义)"六艺"而言的。他说:

> 井田、封建、庠序,先王之规矩六律也。战国之君臣处士,别有种种富强、捭阖、纵横,卒致秦、汉以后如彼,而尧、舜、三代之仁政斩焉扫地矣。孟子一生苦心,谆谆成法,读此及王道诸章,令人扼腕太息。三事、六府、六德、六艺,圣人之规矩六律也。❺

"六德""六行""六艺"出自《周礼》。所谓"周礼大司徒:'以乡三物教万民而宾兴之:一曰六德,知、仁、圣、义、忠、和。二曰六行,孝、友、睦、姻、任、恤。三曰六艺,礼、乐、射、御、书、数'"。❻ 这些当然不只是诗书所能概

---

❶ (清)颜元:《习斋记余卷三·答许酉山御史书》,载《颜元集》(上、下),王星贤等点校,中华书局1987年版,第424页。

❷ (清)颜元:《习斋记余卷一·大学辨业序》,载《颜元集》(上、下),王星贤等点校,中华书局1987年版,第396页。

❸ (清)颜元:《存学编卷一·总论诸儒讲学》,载《颜元集》(上、下),王星贤等点校,中华书局1987年版,第41页。

❹ (清)颜元:《颜习斋先生言行录卷下·习过第十九》,载《颜元集》(上、下),王星贤等点校,中华书局1987年版,第693页。

❺ (清)颜元:《四书正误卷六·孟子下·离娄》,载《颜元集》(上、下),王星贤等点校,中华书局1987年版,第230页。

❻ (清)颜元:《存治编·学校》,载《颜元集》(上、下),王星贤等点校,中华书局1987年版,第109页。

括。他说:"颜子所好之学,仆不敢言。但七十子于诗、书、六艺皆习而通之。后之大儒全废六艺,只尚诗、书,其于诗、书又非如古之学且为者。"❶ 而且,后人之所谓诗书又非古人所谓诗书,不过是章句训诂之类的东西。❷

颜元所谓"艺"乃是技艺、技能的意思。他说:"试观公西子之礼乐,冉子之艺能,当知夫子之所以教,与三千人之所以学矣。"颜元建立的漳南书院也专门设有"艺能"之斋。所谓"西第二斋东向,曰'艺能',课水学、火学、工学、象数等科"。❸ 在其他地方,他也说:"存心养性不到终食不违处,反不如技艺农桑专心致志者羁着此心,不驰于人欲。"❹

因此,即便真正的《诗》《书》,也不过就是获得技艺的操作说明而已,虽然必要,但绝不等于技艺本身。颜元说:"孔子所留,经世谱也。"❺ 又说:"文,诗、书、六艺耳。诗、书亦只是三物之谱。"所谓"大约书是古人为学为治谱也"。❻ 操作说明当然也有用。颜元说:"岂可全不读书!但古人是读之以为学,如读琴谱以学琴,读礼经以学礼。"❼ 但熟读操作说明毕竟不等于会操作。因为规范必须体现为实践中的做法,所以操作说明终究不能代替规范。颜元说:

> 譬之学琴然:诗书犹琴谱也。烂熟琴谱,讲解分明,可谓学琴乎?故曰以讲读为求道之功,相隔千里也。更有一妄人指琴谱曰,是即琴也,辨音律,协声韵,理性情,通神明,此物此事也。谱果琴乎?故曰以书为道,相隔万里也。千里万里,何言之远也!亦譬之学琴然:歌得其调,抚娴其指,弦求中音,徽求中节,声求协律,是谓之学琴矣,未为习琴也。手随心,音随手,

---

❶ (清)颜元:《四书正误卷三·论语上·雍也》,载《颜元集》(上、下),王星贤等点校,中华书局1987年版,第187页。
❷ (清)颜元:《四书正误卷三·论语上·述而》,载《颜元集》(上、下),王星贤等点校,中华书局1987年版,第191页。
❸ (清)颜元:《习斋记余卷二·漳南书院记》,载《颜元集》(上、下),王星贤等点校,中华书局1987年版,第413页。
❹ (清)颜元:《四书正误卷六·孟子下·告子》,载《颜元集》(上、下),王星贤等点校,中华书局1987年版,第239页。
❺ (清)颜元:《习斋记余卷六·张氏总论评》,载《颜元集》(上、下),王星贤等点校,中华书局1987年版,第496页。
❻ (清)颜元:《四书正误卷三·论语上·雍也》,载《颜元集》(上、下),王星贤等点校,中华书局1987年版,第190页。
❼ (清)颜元:《存学编卷一·学辨二》,载《颜元集》(上、下),王星贤等点校,中华书局1987年版,第54页。

清浊、疾徐有常规，鼓有常功，奏有常乐，是之谓习琴矣，未为能琴也。弦器可手制也，音律可耳审也，诗歌惟其所欲也，心与手忘，手与弦忘，私欲不作于心，太和常在于室，感应阴阳，化物达天，于是乎命之曰能琴。今手不弹，心不会，但以讲读琴谱为学琴，是渡河而望江也，故曰千里也。今目不觌，耳不闻，但以谱为琴，是指蓟北而谈云南也，故曰万里也。❶

要掌握真正的规范，必须基于自身物质条件在实践中习得。颜元引用孔子的话："幼成若天性，习惯如自然。"❷ 又说："孔门三千人都已六艺习惯，兵农素娴。"❸ 这都是说孔门已经将规范像技艺那样习得在身，娴熟自如。这当然需要一个动态的过程才能实现，也无往而不在动态的过程之中。如果只是空口谈论，则永远没有掌握规范的一天。颜元说："即诗、书、六艺，亦非徒列坐讲听，要惟一讲即教习，习至难处来问，方再与讲。讲之功有限，习之功无已。孔子惟与其弟子今日习礼，明日习射。"❹ 又说："但以人之岁月精神有限，诵说中度一日，便习行中错一日；纸墨上多一分，便身世上少一分。试观朱子晚年悔枝叶之繁累，则礼乐未明，是在天者千古无穷之憾也。"❺

四、实定法、权威和决断

如上所述，人的具体条件显然不同，人所能掌握的具体规范也必然有程度的区别。他说：

> 有为一人之人，有为十人之人，有为百人之人，有为千人之人，有为万人之人；有为一室之人，有为一家之人，有为一乡之人，有为一国之人，有

---

❶ （清）颜元：《存学编卷三·性理评》，载《颜元集》（上、下），王星贤等点校，中华书局1987年版，第78—79页。
❷ （清）颜元：《礼文手钞卷一·通礼·祠堂》，载《颜元集》（上、下），王星贤等点校，中华书局1987年版，第329页。
❸ （清）颜元：《四书正误卷三·论语上·泰伯》，载《颜元集》（上、下），王星贤等点校，中华书局1987年版，第196页。
❹ （清）颜元：《存学编卷一·总论诸儒讲学》，载《颜元集》（上、下），王星贤等点校，中华书局1987年版，第41页。
❺ （清）颜元：《存学编卷一·总论诸儒讲学》，载《颜元集》（上、下），王星贤等点校，中华书局1987年版，第41—42页。

论颜元

为天下之人；有为一时之人，有为百年之人，有为千年之人，有为万年之人，有为同天地不朽之人。然则为之者愿为何许人也哉！❶

既然如此，作为个体当然应该在主客观方面进行努力。颜元说：

> 某闻气机消长否泰，天地有不能自主，理数使然也；方其消极而长，否极而泰，天地必生一人以主之，亦理数使然也。然粤稽孔、孟以前，天地所生以主此气机者，率皆实文、实行、实体、实用，卒为天地造实绩，而民以安，物以阜。虽不幸而君相之人竟为布衣，亦必终身尽力于文、行、体、用之实，断不敢以不尧、舜，不禹、皋者苟且于一时虚浮之局，高谈袖手，而委此气数，置此民物，听此天地于不可知也；亦必终身穷究于文、行、体、用之实，断不敢以惑异端、背先哲者肆口于百喙争鸣之日，著书立说，而误此气数，坏此民物，负此天地于不可为也。❷

他又说："天生元无用之人，亦置之无用之地，富贵功名，自弱冠便付之膜外矣。然不自甘于木石，日夕拳拳，恒思人即无用，无用亦人，人而无用，天之命也；因无用而即不成其人，人之罪也。"❸

理论上，这种努力应该能够成功。而成功者自然也应该把成功的诀窍、正确的规范予以传播。颜元对"在上"和"在下"者提出不同要求。他说：

> 天相吾道，吾人而在上也，一面兴礼乐，谨学校，以修其本，一面立法禁，施诰命，以治其标；天不相吾道，吾人而在下也，一面崇仁义，励躬行，以修其本，一面详辩论，著书说，以治其标。夫礼乐明，则人才出而操戈排佛者益众，此本而标之之法也；辩论著，则君相悟而礼乐兴，此标而本之之法也。❹

---

❶（清）颜元：《习斋记余卷六·人论》，载《颜元集》（上、下），王星贤等点校，中华书局1987年版，第513—514页。

❷（清）颜元：《存学编卷一·上太仓陆桴亭先生书》，载《颜元集》（上、下），王星贤等点校，中华书局1987年版，第47页。

❸（清）颜元：《习斋记余卷四·答陈端伯中书》，载《颜元集》（上、下），王星贤等点校，中华书局1987年版，第460页。

❹（清）颜元：《存人编卷二·唤迷途·第四唤》，载《颜元集》（上、下），王星贤等点校，中华书局1987年版，第135页。

按照颜元的理论设计,通过在上在下的共同努力,理想世界是注定要降临的。颜元说:"文盛之极则必衰,文衰之返则有二:一是文衰而返于实,则天下厌文之心,必转而为喜实之心,乾坤蒙其福矣。达而在上,则为三代,即穷而在下,如周末文衰,孔子转之以实,虽救之未获全胜,犹稍延二百年吾儒之脉。"❶

颜元哲学在此的一大问题是,由于他不重玄想,而重视具体物质条件,所以人之履行伦常的抽象功能没有什么障碍地就被转化为履行朝廷功令的具体功能。针对番僧,颜元直截了当地问:"我们是天朝好百姓,为甚么不做朝廷正经的百姓?"❷ 他解释:"上与朝廷添个好百姓,这便是忠,下与祖父添个儿孙,这便是孝,使我上面千百世祖宗有儿孙,下面千百世儿孙有祖父,生作有夫妇、有父子、有宗族亲友的好人家,死入祖宗坟墓,合祖宗父兄族人埋在一块土,做个享祭祀的鬼。"❸

理想的"在上"者也没有什么障碍地就被等同于实际的"在上"权威。他说:

> 朝廷设官分职以为万民长,立法定律以防万民欲。人虽贤智,只得遵朝廷法律而行,所谓"虽有其德,苟无其位,亦不敢作礼乐也"。你们辄敢登高座谈禅,使人跪问立听,辄敢动刑杖,是与天子长吏争权也;辄敢别定律令,号招士民,谓之受戒,各省直愚民呼朋引类,赴北京五台受禅师法戒,是与天子争民也。堂堂皇王之天下,俨然半属梵王子之臣民,倘朝廷震怒或大臣奏参,岂不可惧!猛醒猛醒!❹

还说:"回头做朝廷好百姓,省做会的财物,孝父母,敬兄长,养子弟,省上会的工夫,作活计,过日子。只守王法,存天理,便是真正的善。"❺ 按照颜元的一贯逻辑,有这种说法倒也没什么值得惊奇之处。

在颜元哲学中,实定法就是使人发挥其实际功能的机制。他说:

---

❶ (清)颜元:《存学编卷四·性理评》,载《颜元集》(上、下),王星贤等点校,中华书局1987年版,第93页。

❷ (清)颜元:《存人编卷一·唤迷途·第一唤》,载《颜元集》(上、下),王星贤等点校,中华书局1987年版,第121页。

❸ (清)颜元:《存人编卷一·唤迷途·第一唤》,载《颜元集》(上、下),王星贤等点校,中华书局1987年版,第122页。

❹ (清)颜元:《存人编卷一·唤迷途·第二唤》,载《颜元集》(上、下),王星贤等点校,中华书局1987年版,第126页。

❺ (清)颜元:《存人编卷二·唤迷途·第五唤》,载《颜元集》(上、下),王星贤等点校,中华书局1987年版,第143页。

律，万法所自出。说文："均布也。"尔雅谓之"分律取管，可以分气也。"释名训"累也，累人心，使不得放肆也。"元按，诸解"律"，乃法度之法，非法效之法。袭，重衣也。占筮不袭，亦言不重卜也。因解已属牵扭，况此处乎？律，法治之也。"上律"即裁成天地，调燮阴阳是也。袭，文被之也。"下袭"即文明世道，黼黻山河是也。❶

在颜元看来，三代正是通过实定法来治理的。他说："古之人皆然，可以观三代之治矣。盖其先世积德之厚系人心也，盖其礼法制度闲邪明分也。"❷ 但实定法不是不可改变的。总体而言，这当然按照儒家固有观念来说是一退化的过程。颜元说：

吾每叹三代之良法，汉莫及焉；汉之良法，唐莫及焉；唐之良法，宋莫及焉；宋之良法，明莫及焉；盖气运治术之递降也如此。汉家不复三代，夫人而知之也；至汉之举孝廉，重守令，三代余意也，唐失之。唐之立府兵，节度自征士，三代余意也，宋失之。宋之十科举士，郡守生徒自聘师，三代余意也，明失之。❸

但这句话也可以解释为每一朝代的实定法都有其积极因素，甚至是在创新中恢复了三代的精神。不但如此，如果当代的实定法有所规定，不同于三代，那么在颜元看来还是要遵守当代的规定。他的态度是："丧礼中惟国家制度更定者，宜遵行而不返古。若律令所不载，情理所不合者，皆当决断去取而变更之。"❹ 这是因为，在权威和实定法二者之中，权威还是更重要的，归根结底，规范是权威（在上者、吾上）的发现和命令。颜元对于铸刑鼎事件的讨论，将这层意思表达得最为清楚：

---

❶ （清）颜元：《四书正误卷二·中庸·中庸原文》，载《颜元集》（上、下），王星贤等点校，中华书局1987年版，第172页。

❷ （清）颜元：《四书正误卷四·论语下·宪问》，载《颜元集》（上、下），王星贤等点校，中华书局1987年版，第220页。

❸ （清）颜元：《习斋记余卷一·送张文升佐武彤含尹盐城序》，载《颜元集》（上、下），王星贤等点校，中华书局1987年版，第404—405页。

❹ （清）颜元：《习斋记余卷十·明吊奠礼》，载《颜元集》（上、下），王星贤等点校，中华书局1987年版，第574—575页。

观左传至简子铸刑鼎,孔子叹曰:"晋其亡乎?失其度矣。"以为晋之亡在任刑威耳。而下文乃曰:"铭在鼎矣,何以尊贵?何业之守?"盖其失不在刑书,而在铸刑书于鼎。夫法度操于人,则民知范吾功罪者吾上也,司吾生死者吾上也,时而出入轻重以为平允者皆吾上也。天下凛王,一国凛君,一狱凛吏,士、农、工、商罔敢怠于职中、逸于职外者,惟吾上是神,是严也;而上下定矣,贵贱辨矣,贤德彰矣。今铭在鼎,则国人必将以鼎为依据,而不知受法于天者王,守法者君,序守者卿、大夫、百执事,是使之忽人而重鼎。民不见所尊,必将不遵其度;不遵其度,必不守其业。故曰"何以尊贵,何业之守"也。贵贱无序,何以为国?❶

既然权威更加重要,而规范与实践的动态过程紧密结合,那么相对于实定法,颜元当然更重视"决断"。所谓"善恶要知,更要断,知一善则断然为之,知一恶则断然去之,庶乎善日积而恶日远也"。❷决断是一种认识规范的能力。正如其它一切能力一样,使用这种能力,对于提高这种能力是关键的。颜元说:"人能去其荒心、荒身、荒口耳目之事,则常觉,则能断;断则不怠,觉则不荒,斯可以寻孔子之道矣。"❸

其不能确知如此是病者,苦于不觉也;其不能即不如此者,苦于不断也。不断,怠也;不觉,荒也。夫人日有以荒其心,日有以荒其身,日有以荒其耳、目、口、舌,虽得孔子与为师,颜、曾与为友,不能强其心而使之断也。故荒则不觉,不觉则益荒;怠则不断,不断则益怠。觉则不荒矣,断则不怠矣;常觉则断有力,常断则觉亦有力。四者之功过环相生,而互相成者也。❹

当然,决断者还是在上者,不是什么人都可以决断的。颜元说:"儒者得君为治,不待修学校,兴礼乐,只先去其无用,如帖括诗赋之事,世间才人自做有用

---

❶ (清)颜元:《习斋先生记余遗著·孔子叹晋铸刑鼎说》,载《颜元集》(上、下),王星贤等点校,中华书局1987年版,第591页。
❷ (清)颜元:《颜习斋先生言行录卷上·理欲第二》,载《颜元集》(上、下),王星贤等点校,中华书局1987年版,第622页。
❸ (清)颜元:《颜习斋先生言行录卷上·言卜第四》,载《颜元集》(上、下),王星贤等点校,中华书局1987年版,第632页。
❹ (清)颜元:《习斋记余卷四·答刘孝廉焕章书》,载《颜元集》(上、下),王星贤等点校,中华书局1987年版,第453页。

功夫。有人才则有政事，有政事则有太平，天地生民，自受其福矣。又不必得君，但遇有位，以此告之，得一人决断之，乾坤幸矣。"❶

五、结语

和之前的哲人相比，颜元显然具有鲜明的特色和新意。他抛弃了程朱陆王的教训，而希望恢复周孔时代三事六府的有用之学。他看待人，重视其实际的能力与实践的表现，甚至把具体的可行做法就等同于规范本身。由此推论，有才力者自可在上宣令，无才力者只好在下听命，做个好百姓。表面上，这是排斥形而上的善恶，而肯认个人炽热情感引导的决断。实质上，则为政治权威取消了道德约束，允许他们牧民以恣欲。归根结底，颜元不过是一个拥护朝廷功令的乡曲之士，毋庸过誉。

他曾经自比一柄白扇。箴曰：

> 扇心若车轴，扇股若车辐，外转而中定，君子则之，以正其主。竹为之骨，纸为之肉，君子师之，刚其体而柔其敷。敛之则方，张之则圆，君子视之，以神其变。遇书字矣，遇画图猗，君子鉴之，以慎其习。朴素其质，层叠其文，君子取之，以淑其身。时夏则出，时秋则藏，君子袭之，出处云臧。鼓之风宣，不鼓则否，君子友之，以箴其口。天地有气，摇之使动，溽暑过极，挥之使冷。小物能调燮，君子法之，以自理其性。逐蝇以净几，驱蚊以爱躯，蔽目以闲神，凉枕以悦亲，君子用之，以行其仁。❷

也许有很多人欣赏他的实用精神，我却看到一个懂得慎习缄口、忙于逐蝇驱蚊的拨什库儿子，清廷治下的一种新人。

编辑：王凌皞

---

❶ （清）颜元：《颜习斋先生言行录卷下·学须第十三》，载《颜元集》（上、下），王星贤等点校，中华书局1987年版，第667页。

❷ （清）颜元：《习斋先生记余遗著·白扇箴》，载《颜元集》（上、下），王星贤等点校，中华书局1987年版，第593页。